营销策划实务

（第3版）

刘厚钧　刘　剑◎主编
曹　源　张晓丽　李雁函◎副主编

電子工業出版社
Publishing House of Electronics Industry
北京·BEIJING

图书在版编目（CIP）数据

营销策划实务 / 刘厚钧，刘剑主编. —3 版. —北京：电子工业出版社，2021.5
ISBN 978-7-121-41036-9

Ⅰ. ①营… Ⅱ. ①刘… ②刘… Ⅲ. ①营销策划－高等职业教育－教材 Ⅳ. ①F713.50

中国版本图书馆 CIP 数据核字(2021)第 071450 号

责任编辑：杨洪军
印　　刷：涿州市京南印刷厂
装　　订：涿州市京南印刷厂
出版发行：电子工业出版社
　　　　　北京市海淀区万寿路 173 信箱　　邮编 100036
开　　本：787×1092　1/16　印张：13.25　字数：318 千字
版　　次：2009 年 9 月第 1 版
　　　　　2021 年 5 月第 3 版
印　　次：2021 年 5 月第 1 次印刷
定　　价：52.00 元
凡所购买电子工业出版社图书有缺损问题，请向购买书店调换。若书店售缺，请与本社发行部联系，联系及邮购电话：（010）88254888，88258888。
质量投诉请发邮件至 zlts@phei.com.cn，盗版侵权举报请发邮件至 dbqq@phei.com.cn。
本书咨询联系方式：（010）88254199，sjb@phei.com.cn。

前言

《营销策划实务》（第 3 版）以崭新的形象呈现在广大师生面前。本教材是为了贯彻落实《国家职业教育改革实施方案》，以及《教育部 财政部关于实施中国特色高水平高职学校和专业建设计划的意见》，推进高水平高职学校和专业群建设项目。本教材是在深化产教融合，校企合作，开展教师、教材、教法“三教”改革，积极探索职业院校与企业“双元”合作开发精品教材，提高人才培养质量，以及探讨互联网背景下线上线下营销策划新模式的大背景下修订的。

本教材的编写团队由具有营销策划职业经验的“双师型”教师和相辉邦元文化发展（北京）有限公司总经理刘剑组成。校企双方首先分析了企业对营销策划人员的要求：既要会说——善于沟通交流，又要会做——善于制定营销策划方案和实施营销策划方案，还要会写——善于撰写营销策划方案。其次分析了互联网背景下市场营销发展变化的趋势。在此基础上确立了本教材的编写思路：一要与市场同步，吸收线上线下营销策划的新知识、新方法；二要与企业营销策划工作岗位的需求接轨，进而明确课程定位、课程培养理念、课程培养目标、课程培养内容、课堂形式、课程培养方法。在编写方法上，本教材突出“实”与“行”，重点解决线上线下营销活动策划的操作程序、方法、技巧与营销策划应注意的问题，对互联网背景下线上线下营销策划的新模式和职业院校与企业“双元”合作开发精品教材进行尝试。第 3 版比第 2 版更具准确性、职业性、技能性、实战性、操作性，能够更好地提高学生市场营销策划的能力。

1. 课程定位的创新——准确性

“营销策划实务”是市场营销专业最后一个学期开设的一门专业核心技能课程，需要综合运用营销理论和方法，解决企业线上线下营销实践问题。本课程的培养目标：通过实战训练，使学生树立现代营销策划观念，掌握营销策划的基本方法、程序和技巧；具备综合运用营销理论和方法进行线上线下营销活动策划的能力；具备撰写、推介营销策划方案和管理营销策划方案的能力；具备团队合作和创新思维能力。本教材改变了当前营销策划教材与市场营销教材内容重复的现状。

2. 设计理念的创新——职业性

在综合分析企业营销策划工作岗位的要求和互联网背景下市场营销环境发展变化的基础上，为了实现“营销策划实务”课程的培养目标，改变当前营销策划教材与企业营销策划工作实践相脱节的现状，本教材以职业性为导向，以企业线上线下营销活动策划为主线，使学生营销策划的能力与市场要求同步，与企业营销策划工作岗位接轨，力争使学生毕业后能够尽快适应工作岗位。

3. 内容的创新——技能性

按照本教材以职业性为导向的设计理念，科学安排教材内容，遵循“是什么、为什么、如何做”的思维模式，根据高等职业教育培养目标，突出“是什么、如何做”两个环节。“是什么”环节按照“理论够用、实务主导”的原则，突出“新”与“精”。“如何做”环节突出“实”与“行”，重点解决线上线下营销活动策划的操作程序、方法与技巧，以及营销策划应注意的问题。第3版在第2版的基础上，增加了品牌营销策划、会员营销策划、社群营销策划、网络营销策划、软文营销策划、新媒体营销策划等内容。

4. 培养模式的创新——实战性

为了突出职业性、技能性，本教材创立了“营销活动策划方案分析研讨”工学结合团队项目任务化实战培养模式，在每个项目中增加该项目策划的实战训练，与每个项目的策划理论同步进行，使学生通过每个项目认识营销策划、体验营销策划与实践营销策划，做到“学中做，做中学”。

5. 编写方法的创新——操作性

为了将传统的普通高等教育学科型教材的编写模式，转变为职业院校与企业“双元”合作技能型教材的编写模式，校企双方认为，对于本教材的编写，不是把它作为一门学科去研究，而是把它当作一种技能去培养，这样便于学生学习与训练，所以本教材在编写方法上进行了创新。

（1）绪论为课程整体设计，包括课程定位、课程培养理念、课程培养目标、课程培养内容、课堂形式、课程培养方法。学习和掌握课程整体设计，不仅能够解决教师“为什么教”“教什么”“如何教”即代表学校如何培养学生的问题，而且能够重点解决学生“为什么学”“学什么”“如何学”即学生自我培养的问题，使学生明确学习状态。

（2）为了达到教材技能性的要求，突出“如何做”的问题，本教材重点讲述每种线上线下营销活动策划的操作程序、方法、技巧和应注意的问题。

（3）几乎每个项目都配备了二维码链接，内容包括案例、图表等，可以成为学生学习的资源库。

（4）在编写纸质教材的同时，完成线上教程，便于线上线下教学的融合，更好地方便学生学习。

本教材的主编是刘厚钧、刘剑，副主编是曹源、张晓丽、李雁函。校企双方经过讨论，确立了编写思路与课程整体设计，创立了“营销活动策划方案分析研讨”工学结合团队项目任务化实战培养模式。刘厚钧、刘剑负责课程整体设计，对教材进行修改和统稿。刘厚钧编写了项目1、3、4、5，刘剑编写了项目8、9、14，曹源编写了项目6、10，张晓丽编写了项目2、7，李雁函编写了项目11、12、13。

本教材是对互联网背景下线上线下营销策划的新模式、推进高水平高职学校和专业群建设，以及职业院校与企业“双元”合作开发精品教材的尝试，难免存在这样或那样的问题，欢迎企业管理者、高职高专教师和学生批评指正。

刘厚钧

目录

绪论

为了提升教师和学生对“营销策划实务”课程的认识，进而提高本课程的人才培养质量，首先要掌握课程整体设计，包括课程定位、课程设计理念、课程培养目标、课程内容、课堂形式、工学结合团队项目任务化实战培养模式等。本教材解决学生“为什么学”“学什么”“如何学”的问题，使学生处于明确、清晰的学习状态，而不是迷茫、模糊的学习状态，便于学生积极、主动地配合教师完成学习任务，从而达到对学生的培养目标。

1. 课程定位（解决学生“为什么学”的问题）

“营销策划实务”是市场营销专业开设的一门专业核心技能课程，是解决企业营销实战问题的方法与艺术，是培养企业需要的既要会说又要会做还要会写的营销策划人的核心技能课，需要综合运用营销理论和方法。所以，“营销策划实务”具有极强的职业性、技能性和实战性。

2. 课程设计理念（解决课程设计的指导思想）

“营销策划实务”课程设计理念：以职业性为导向，吸收线上线下营销策划的新知识、新方法，以企业线上线下营销活动策划为主线，使学生营销策划的能力与市场同步，与企业营销策划工作岗位接轨，对互联网背景下线上线下营销策划的新模式和职业院校与企业“双元”合作开发精品教材进行创新。因此，科学地设计“营销策划实务”的培养目标、培养内容、培养模式和编写方法。

3. 课程培养目标（解决学生“学什么”的问题）

通过学习与培养，使学生树立现代营销策划观念，掌握营销策划的基本方法、程序和技巧；具备综合运用营销理论和方法，进行线上线下营销活动策划的能力；具备撰写、完善、推介营销策划方案的能力；具备营销策划方案实施、控制和效果评价的能力；具备团队合作和创新思维能力。

4. 课程内容（解决学生“学什么”的问题）

按照“营销策划实务”以职业性为导向的课程设计理念和课程培养目标，科学安排“营销策划实务”的内容，包括整体认知营销策划、培养营销方式策划的能力、培养营销策划管理的能力 3 个部分、14 个项目。

5. 课堂形式（解决学生“如何学”的问题）

课堂形式由理论课堂向校内实训课堂、网络课堂、创新创业课堂、社会（市场）课堂、企业课堂延伸，形成课堂形式的多样化，保证课程培养目标的实现。

第一课堂为基础	+	第二课堂为条件	+	第三课堂为辅助	+	第四课堂为依托	+	第五课堂为提升	+	第六课堂为关键
理论课堂		校内实训课堂		网络课堂		创新创业课堂		社会（市场）课堂		企业课堂

6. 工学结合团队项目任务化实战培养模式（解决学生“如何学”的问题）

根据“营销策划实务”课程的培养目标，设计了 14 个“营销活动策划方案分析研讨”工学结合团队项目任务化实战培养模式，让学生针对选择的企业运用所学的营销策划理论进行诊断分析、策划。采用项目团队化方式，按照自愿组合的原则，4 ~ 6 人组建一队。民主选举队长，由队长组织团队成员进行 CIS 设计。每次上课时，每个团队由队长带领成员展示团队形象，每个团队完成某个项目的策划方案后，在营销活动策划方案分析研讨会上宣讲，由同学讨论、评议，教师指导，达到交流、提高的目的。

7. 学习角色定位（解决学生“如何学”的问题）

依据“营销策划实务”课程的属性、培养目标、工学结合团队项目任务化实战培养模式的要求，学生需要掌握营销策划的所学规律和方法，明确学习营销策划课程的角色定位。

（1）学习者。学习营销策划的理论和方法、线上线下营销活动策划的理论和方法、营销策划管理的程序和方法，以及营销策划运用中应注意的问题。

（2）分析者。运用营销策划的理论和方法，结合 × × 公司的营销策划现状，分析存在哪些营销策划方面的问题。

（3）解决者。运用营销策划的理论和方法，设计解决 × × 公司营销问题的方案，撰写 × × 公司营销活动策划方案，制作 PPT 并宣讲营销活动策划方案。

（4）提高者。通过营销策划实务的学习，以及工学结合团队项目任务化的培养，使学生具备运用营销策划理论与方法分析问题和解决问题的能力，具备写作、展示、宣讲、答辩、实施营销策划方案的能力，具备运用 PPT 的能力，具备团队合作的能力，以实现课程培养目标。

项目 1

整体认知营销策划

教学目标

知识目标：

通过学习，理解营销策划的内涵与价值关联原理；掌握营销策划的方法与技巧；掌握营销策划的程序。

能力目标：

通过实战训练，具备运用营销策划方法的能力。

1.1 认知营销策划

1.1.1 营销策划的概念

营销策划是企业对将要发生的营销行为进行超前规划和设计，以提供一套系统的有关企业营销的未来方案。这套方案是围绕企业实现某一营销目标或解决营销活动的具体行动措施。这种策划以对市场环境的分析和充分占有市场竞争的信息为基础，综合考虑外界的机会与威胁、自身的资源条件与优劣势、竞争对手的谋略和市场变化趋势等因素，制定出规范化、程序化的行动方案。

1.1.2 营销策划的特点

1. 营销策划的对象是未来的营销活动

营销策划的对象是营销活动，特别是针对未来将要开展的营销活动进行的一种超前的谋划活动。它是在对未来营销环境变化做出前瞻性的判断和预测的基础上对将要开展的营销工作所做的安排。

2. 营销策划的根本任务是促进商品交换

营销的本质是商品交换，营销策划的根本任务是通过对营销活动的策划，促使企业与客户之间顺利实现商品交换。通俗地说，营销策划就是为企业出谋划策，促进企业通过满足客户需要赚取利润来实现营销目标。

3．营销策划的依据是信息

营销策划的依据是指策划人必须具有的信息和知识，既包括策划人的知识储备或信息积累（这是进行有效策划的基本依据），又包括有关策划对象的专业信息，如企业内部条件、客户情况、竞争对手情况等。显然，这些信息是营销策划的重要依据。因此，全面准确地掌握企业营销活动及其所有影响因素的信息是营销策划得以开展的先决条件，是营销策划能否成功的关键所在。

4．营销策划的灵魂是创意

在营销策划的过程中，不断推出新的创意将是企业营销策划制胜的关键。营销策划并无定法，打破常规、出奇制胜是营销策划的魅力所在，也是营销策划的制胜法宝。实践证明，只有构思独特、有所创新的营销策划，才能产生巨大的市场冲击力与震撼力，才能给企业带来持久的生命力与竞争力。

5．营销策划的成果是营销策划方案

营销策划的成果是形成一套切实可行的营销策划方案。营销策划经过一系列活动，最终要形成一套切实可行的营销策划方案，并以书面形式反映在营销策划书中，供客户（或决策者）评价与分析，以决定是否执行。

6．营销策划方案成功实施的保证是不断调适

任何营销策划方案都不会是很完善的，所以在营销策划方案实施过程中，要根据营销活动所要实现的目标与外部营销环境变化所提出的要求，不断调和，逐步完善，只有这样才能保证营销策划方案顺利实施并取得预期效果。

1.1.3 营销策划的原则

1．创新性原则

创新是指策划人借助系统的观点，利用新思维、新技术、新方法，创造一种新的更有效的资源整合配置方式，以促进策划项目或企业管理系统综合效益的不断提高，达到以尽可能少的投入获得尽可能多的产出的目的，并具有动态反馈机制的经营管理活动。创新是营销策划的生命和灵魂。创新性原则就是面对新经济、混沌环境和可持续发展的要求，用新的观点、新的方法，领先一步将企业的有限资源与动荡复杂的环境实现联动优化。

2．科学性与艺术性相融合原则

科学性与艺术性相融合原则是在营销策划的过程中实现科学性和艺术性两种方法的联动优化，也是营销策划科学性和艺术性统一的一种反映。营销策划的科学性，一方面体现在营销策划的思路、方案及创意等营销策划内容方面的科学性；另一方面体现在营销策划方法的科学性，包括营销策划使用的数量分析模型方法及计算机辅助应用等技术性的方法和手段。营销策划的艺术性，就是营销策划的灵活性，更多地表现为策划的技巧、经验和艺术，这是策划人的知识、灵感、经验、分析能力、洞察能力、判断能力和应变能力的综合体现，目的是在营销策划的过程中闪现创意的新奇亮点和应时而变的灵活性，以做到出其不意和营销策划方案便于贯彻执行。科学性与艺术性相融合要求营销策划方案既要有科学的设计、系统的规划和方便的执行力，还要有一定的艺术魅力，像一幅优美的画卷能吸引营销策划方案的委托者和客户。

3. 综合集成性原则

随着社会的不断发展，营销策划学逐步从系统分析、多角度分析发展到综合集成。综合就是把各种不同类别的资源和方法组合在一起；集成是将各类事物中好的方面、精华部分集中并组合在一起。营销策划的综合集成就是要通过科学而巧妙的创造性思维，从新的角度和层面来联动各种营销资源，拓展营销的视野和疆域，提高各项要素的交融度，以利于优化和增强营销对象的有序性。在具体的营销策划行为中，要综合运用各种方法、手段、工具，促进各项要素、功能和优势之间的互补、匹配，使其产生“1+1>2”的效果，从而为企业创造出更大的竞争优势。

4. 信息性原则

营销策划是在掌握大量而有效的营销信息基础上进行的，没有这些信息，将导致营销策划的盲目性和误导性。同时，在执行市场营销策划方案的过程中将会出现方案和现实有出入的情况。调整方案也要在充分调研现有信息的基础上进行，占有大量的市场信息是营销策划及实施成功的保证。

5. 可操作性原则

营销策划要用于指导营销活动，其指导性涉及营销活动中每个人的工作及各环节的处理，因此其可操作性非常重要。不能操作的方案创意再好也没有任何价值，也必然要耗费大量人力、财力、物力，管理复杂，效果差。

6. 营利性原则

营销策划在特定的时期或某一阶段，其具体的营销目标可能是树立企业及产品形象，也可能是提高市场占有率。总之，这样的目标不能取得即时利润，但能为企业的长远利润做好铺垫，做出贡献。一个营销策划的目标，如果不能取得即时利润，就要取得企业的长远利润。这个营销策划是有作用的，是成功的。反之，一个既不能取得即时利润，也不能产生长远利润的营销策划，将对企业的经营起到消极的反作用力。营销策划最终是为企业的利润服务的。

实用链接 生活家地板暖心解答1+1=1

1+1=几？

有人会回答等于“2”，因为这几乎是一切数学的开端……

有人会回答等于“3”，因为当爸爸妈妈有了孩子后……

有人会回答等于“61”，因为当小时与分钟刚好偶遇的时候……

生活不是一道数学题，任何答案都有可能。

2020年5月20日，关于“1+1=几”的提问，席卷了微博。这道简单的数学题引来了很多网友的解答。大家各抒己见，给出了各种脑洞回答，有温馨感人的，有诙谐幽默的，还有趁着“520”撒狗粮的……

而对于生活家地板来说，这个答案就是“1”。1+1=1！

“1+1=1”包含着一层与“家”有关的温暖含义：一个房子+一群人=一个家，房子里有人才是家。借由这道简单的数学题，生活家地板启动2020年全民恋家节。2020年全民恋家节开启线上线下新零售模式，节日营销、网红直播、网络引流等多种方式玩转购物狂欢节。

截至5月26日下午5时20分前，转发指定微博，就有机会获得“恋家表白礼”——抽取一位幸运儿送出玫瑰花；最为特别的是，本次活动在微博转发多少次，就送幸运儿多少支玫瑰！这种“无上限玫瑰花”的操作，引得网友纷纷留言点评：太“豪横”了！期待“玫矿”主人出现！在生活家地板官方微博上，生活家呼吁大声向家人表达爱，为爱增加亲密值。向家人表达爱，可以送他们“一被子”的温暖。在生活家各专卖店，“全民恋家节1+1=1”还有第二层意义，即：买两样东西，只花一样钱。5月20日至6月18日，2020年生活家地板全民恋家节期间，买生活家地板送等额梦洁家纺。生活家地板“全民恋家节1+1=1”，不仅得到了众多网友的“打call”，也赢得了多位业界“大咖”的支持，如中国女足队员王霜的微博“520”表白，国足艾克森助阵“618”带货直播。

生活家地板总经理林德英表示，“全民恋家节的初衷，是亲情的传递，也是恋家文化的传递，借此倡导全民恋家，全民践行恋家。此外，为消费者集中让利，也能让更多家庭充满爱意，享受高品质的居家生活”。

（资料来源：中国新闻网，2020年5月22日）

1.1.4 营销策划的误区

1. 观念误区

（1）策划不等于建议。有的企业提倡民主管理，号召员工提出好的发展建议。但建议如何实现，通过什么样的方式实现，能不能得到有效实现，往往是很多建议者没有考虑的，也是很多决策者在采纳建议时没有考虑的。策划不仅要有好的建议，更重要的是，要对建议的可行性进行彻底的论证，并结合营销目标和市场实际的要求，制定出清晰的、可操作的方案。因此，策划不等于建议。

（2）策划绝不是点子。20 世纪 90 年代，何阳的一个点子被卖了 40 万元，得到了大量媒体的追捧和众多营销者的炒作，使得人们认为策划就等于点子。在这个观念的指导下，策划被传得神乎其神，点子被吹得玄而又玄。相当多的企业盲目迷信点子，以为企业在营销竞争中面临的困难可以一“点”就灵，“点”石就可以成金，有人甚至提出“点遍中国”。这种理论上的简单化、片面化造成实践中的轻率和盲从。在目前经济全球化和竞争国际化的知识经济时代背景下，在精细化营销、整合营销、网络营销成为新的营销思想与方法论指导的条件下，系统化的、精耕细作的全方位营销策划已经成为企业运筹帷幄、决胜千里的重要保证。因此，策划绝不等于点子，点子只是策划中的一个组成部分。再优秀的点子若没有整体上的策划思路和方案设计，也只能如水中月、镜中花一般。

（3）策划不等于“冥思苦想”的修炼。策划来自实践又回到实践，在此基础上总结实践规律、形成系统，并指导实践进一步以最小化的投入获得最大化产出是策划科学与规律的发展道路。要让策划理念得到普及，就要还原策划原理与方法产生的本来路径，从实践中来，到实践中去，最后再超越实践。这就需要从事策划工作的策划人摆脱策划只要自己通过“冥思苦想”想出几个好的点子、好的主意就能解决问题的误区。策划需要“冥思苦想”的修炼，但同时需要来自对市场的观察、对客户需求和心理的研究等摸爬滚打的一线工作，要有营销人员躬耕的精神和孜孜以求的奋进过程。只有二者的有机结合，策划才能做到完美而无缝隙，营销才能做到从高空中来，又能顺利“软着陆”。

2．操作误区

（1）策划不等于计划。策划与计划之间的联系与区别如表 1-1 所示。

表 1-1　策划与计划的联系与区别

对比面	策　划	计　划
联系	策划包含计划；策划的有效执行离不开一个详细安排、分工明确的计划	计划是策划的一个组成部分；计划详细与否对策划的执行到位具有重要的支撑作用
区别	整体性、系统性	部分性
	侧重于策略安排，要求有创意表现	侧重于计划安排，无须创意表现
	控制时间的方向与原则	注重细节与程序
	策划在执行过程中要随环境、客户、竞争对手的变化而不断调整与完善，具有灵活性	计划制订完毕，就要严格执行
	策划能力的获得与提高需要一定的专业素养和较长时间的训练	计划能力的获得与提高，可以在短时期内完成

（2）策划不是做决策。有人将策划过程等同于做决策。事实上，策划不是做决策。策划是前期调研、多方案设计、筛选并最终选择的系统过程，而决策只是其中一个环节。

打个比方，策划层就好比军队中的总参谋部，为军事部署、调兵遣将提供周密的策略安排，在企业里承担这一职能的是营销部或营销策划部；而决策层就好比军队中的司令员，根据参谋部提交的选择方案就如何作战进行最终的定夺，在企业里承担这一角色的是企业的董事会决策层或经理决策层。因此，仅仅把策划等同于做决策是错误的。

3. 执行误区

（1）营销策划不是营销策划书的完稿。营销策划是一个包括界定问题、明确目标、收集信息、制定策划方案、沟通方案、执行方案、调整方案、反馈方案、继续策划等各环节的复杂化、动态化的过程。而营销策划书的制定是一个各种材料收集、整理、汇总并成文的较简单化、程序化的过程。一旦营销策划书制定完毕，就处于相对的静止状态。营销策划书完成以后，需要“策划导演们”向策划演出的投资商（委托策划人或企业决策层）进行反复的沟通与营销，以便他们支持你的“策划剧本”，从而为你的策划演出亮出绿灯；还需要“策划导演们”为策划的演出配备合适的演员，搭建适合演员演出的表演舞台；同时需要向作为观众的客户证明其价值，以便客户为你的策划演出心甘情愿地买单。

所以，营销策划并不是营销策划书的完稿，而是在拿到营销策划书这个“演出剧本”后进行精彩的演出。只有作为观众的客户和投资者认可，策划才能成就其价值和作用。

（2）策划的成功需要持续的沟通。正如前面所述，营销策划并不是营销策划书的完稿，还需要向投资者、决策者、客户进行具体的“策划演出”。而在整个“演出”的过程中，能否取得成功，其中一个很重要的因素就在于是否采取了正确的方法、合适的渠道、合适的时机与客户、决策者、投资者进行沟通。然而，在现实的策划过程中，策划人常常有这样一种认识，那就是营销策划书完成后，整个策划工作就算完成了。事实却远非如此。事实上，策划成功的过程，本身就是一个持续沟通的过程，从策划项目的启动、资料的收集与整理、方案的讨论与写作、策划书的交付、方案的执行与推进，每个过程都需要进行不断的沟通和反馈。

（3）策划的成果不仅体现在方案的执行完毕。既然策划人在策划的过程中，要认识到营销策划不止步于营销策划书，策划的成功需要持续的沟通过程，那么，是不是摆脱了这两个执行误区，通过贯彻沟通的技巧，执行完策划方案以后，策划的成果就完全实现了呢？其实不然，到这里，策划的成果仅仅体现在静止的点的效果上，还需要把这个点的静态成果上升到面的动态的扩散化成果上，以实现“把策划作为撬起市场支点”的价值。

1.1.5 营销策划价值关联原理

营销策划价值关联原理的核心思想是，在市场环境的变与不变及客户的变与不变之间，一定存在着某种关联，策划人的任务就是寻求基于企业生态价值系统的创意与策略，实现市场价值系统和客户内在需求要素之间的关联。营销策划价值关联原理，将作为一个最基本也是最核心的原理，来指导策划人在策划过程中对策划项目的构思、立意、策略设计等各个步骤，从而成为贯穿整个策划过程的核心要素。

1. 市场的动态性与市场价值的稳定性原理

（1）市场的动态性原理。我国市场的动态变化集中体现在消费环境上：随着我国经济的持续强势增长和人均 GDP 的不断提高，市场整体需求将得到不断提升。根据国家统计局公布的数字，2019 年我国 GDP 总量达到 99.1 万亿元，接近 100 万亿元，位居世界第二。在我国，传统消费方式与新型消费方式交织发展。一方面，随着以互联网为代表的信息技术的快速发展和西方多元文化的冲击，消费者的消费方式不断发生转变，集中体现为：消费方式从物质性消费向功能性消费转变，消费结构从实物性消费向象征性消费转变等，并催生出新新人类、“80 后”、“90 后”、“00 后”等新的消费群体，从而拉动了市场转型，创造了需求和市场机会。另一方面，传统消费方式也会在一定程度上得到继承和发展，尤其是传统消费习俗与新的消费方式结合起来所催生的市场价值，其市场“蛋糕”同样不可估量。人口结构的改变带来消费结构的改变，催生出消费者需求的动态性变化。首先是人口老龄化带来了消费结构的变化；其次是 2019 年年末全国城镇常住人口达 84 843 万人，占总人口比重（常住人口城镇化率）为 60.60%，城镇化率首次突破 60%。人口结构的改变所带来的人口迁移和城市化进程将使城市中下层消费人口大量增加，他们将给城市人口的消费方式并给城市的基础设施建设、公共医疗改革等带来压力，同时也是市场机会。这也是为什么在空调、洗衣机、电视机、冰箱等行业已经进入微利时代的白热化竞争状态后，还有许多新的进入者。因此，在相当长的一段时间内，我国市场环境的外在特征就是处于动态性的变化之中。这种变化表现为我国市场的阶段式发展和分层式跳跃。抓住每一次阶段式发展和分层式跳跃，策划人就抓住了企业发展的拐点，并通过策划的外部途径实现企业的成长。这也正体现了策划的魅力所在，即在变化的市场中寻找策划的机会。

（2）市场价值的稳定性原理。尽管整个市场环境，不论是宏观层面，还是微观层面，都呈现出显著的动态性变化的特点，但透过这种变化，其背后总蕴含着一种不变的稳定性要素，那就是由市场变化所体现出来的市场本身在交易过程中及市场与企业产品要素结合在一起而为客户所提供的价值。这种价值贯穿于市场变化的始终并处于稳定的状态，也是消费者所追求的要素，是策划人在变化的市场条件下通过不同的策略与方式要传达给消费者的要素。

变化背后不变的价值系统表现在以下几个方面。

①交易价值。作为一个企业与消费者完成交易的“交易场所”价值，这是最基本的价值所在。

②机会价值。对于千变万化中蕴藏的机会，谁发现它并从中找到与消费者价值认知系统相吻合的关联，谁就是变化市场中的弄潮儿、市场竞争中笑到最后的赢家。这也是跨国公司大举进入我国市场的动机所在。

③效用价值。一方面，市场本身蕴藏了无数的市场机会，而机会本身具有一定的效用，这种效用具有一定的价值。例如，针对市场信息收集、整理与分析的各种市场信息

调查公司、市场研究公司，在视信息为财富的经济发达地区，比比皆是。另一方面，企业基于市场环境下，针对消费者所提供的各种产品与服务，满足了消费者某种特定的需求，体现了其巨大的效用价值。

市场的动态性与市场价值的稳定性原理即“变”与“不变”原理在营销策划中的运用：市场环境最突出的一个特点就是变化，“唯一的不变就是变化”，因此，市场的变化是外在的、表象的，它为策划人提供了策划的动力和源泉；不变则是本质的、内在的，它为策划人利用其价值系统建立与消费者需求之间的关联提供了基础和保障。

2. 消费者需求要素的变化性与稳定性原理

（1）消费者需求形式与内容的动态性。日本电通公司的调查研究发现，20世纪五六十年代，10位消费者只有一种声音；到20世纪七八十年代，10位消费者有10种声音；到20世纪90年代，一位消费者就有10种声音。可见，消费者的需求越来越多样化。进入21世纪，随着信息技术革命带来的文化融合、生活方式融合，消费者的需求形式与内容的动态变化更加明显。

①全球消费行为的多样性和趋同性。从全球范围来看，一方面，计算机和互联网的发展使全球消费者建立了一个统一的、能够相互传递信息和相互沟通的平台，为全球的多样化消费提供了可能。例如，电子商务、快递服务、电子银行等服务盛行；各种快乐消费、旅游消费兴盛；“全球地方化”的消费成为一种“同中存异”的趋势。另一方面，技术的发展带来了新的消费力量和消费群体，如网络一族、游戏一族、IT一族等。同时，全球经济一体化的发展也带来了全球趋同性的消费需求和消费趋势。

②我国消费者需求的差异性和演变性。我国地域大、亚文化圈多、市场变化快，因此市场本身存在更大的差异性，集中表现在市场的多元性和多样性上，即一国多个市场、一国多层市场，所带来的消费者需求是区域消费差异和时代消费差异。例如，在区域消费差异上，城市和农村、南方发达地区和中西部不发达地区形成了巨大的消费水平的差异，带来的是消费需求和消费形式的巨大差异。

无论是全球消费行为的多样性还是我国消费行为的差异性抑或是二者的交叉融合，都对营销方式的创新和发展提出了新的要求，也为策划人建立市场价值系统与消费者需求要素之间的关联提供了挑战。

（2）消费者需求结构和层次的稳定性。消费者需求形式和内容将处于一个长时期不稳定的、非线性的动态化演变中。然而，变中蕴含着不变，隐藏在消费者需求形式和内容背后的则是相对稳定的需求结构和层次。这也正是策划人要在市场价值系统和消费者需求要素之间建立关联的内在逻辑所在。

①消费者需求结构的稳定性。消费者需求形式和内容是变动的，消费者需求结构则是相对稳定的。无论何种需求形式和内容，都能归属到消费者需求结构的某一层级上，从而把市场要素和企业生态价值系统的价值归属，与消费者需求结构的某个层级通过策划建立关联。

②消费者需求层次的稳定性。企业提供给消费者的产品或服务，其价值最终都会归

纳到马斯洛需求层次理论的 5 个需求层次的某一种或某几种上。同样，无论消费者需求形式和内容如何变化，消费者需求要素如果按照层次来进行归纳总结，最终也会归纳到这 5 个需求层次上。

③消费者需求结构和需求层次对接后的需求要素系统。如果把消费者需求结构和需求层次进行对接，就可以发现，二者共同构成了消费者在变化多端、杂乱无章的需求背后稳定的需求要素系统，如图 1-1 所示。

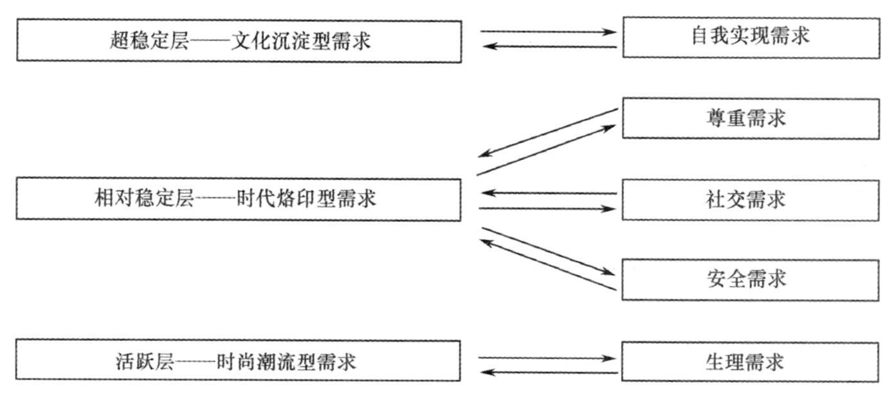

图 1-1　消费者需求结构和需求层次对接后的需求要素系统

消费者需求要素的动态性与稳定性原理即“变”与“不变”原理在营销策划中的运用：消费者需求形式与内容的变化性，为策划人建立市场价值系统与消费者需求要素之间的关联提供了挑战。消费者需求结构和层次的稳定性，正是策划人要在市场价值系统和消费者需求要素之间建立关联的内在逻辑所在。消费者需求结构和需求层次对接后的需求要素系统形成了策划人建立市场价值系统与消费者关联的对应要素。

3. 企业生态价值系统的动态性与稳定性原理

（1）企业生态价值系统。“物竞天择、适者生存”是生物界亘古不变的法则，就如任何生物都有自己的生态系统一样，企业作为社会分工与发展体系中的一个重要组成部分，也有着自己的生态价值系统。一方面，在宏观层面上，企业要受到社会经济、政治、文化等大环境的制约；另一方面，在微观层面上，企业要与它有关的供应商、竞争对手、渠道成员、消费者（产业客户）等产生交易或合作关系，并在宏观环境的制约下形成共存的生态价值系统。同时，企业为了维护自己在整个生态价值系统中的有利地位，要在管理等方面形成系统机制，并在营销等方面形成系统力，参与整个生态价值系统的分工与合作，从而形成企业营销的外部动力和各种营销理念、方式与策略，并随着市场环境和生态价值系统的变化而变化，表现出营销理念与实践的多样性演变过程。

企业生态价值系统，与市场价值一样，处于动态的变化过程中，同时在变化的背后蕴藏了不变的价值系统。它和市场环境一起，构成了满足消费者需求的价值系统，为实现与消费者需求的关联起到了桥梁和指向作用。

（2）“变”中求胜——动态化的要素博弈与多元化的营销趋势。企业生态价值系统明确了一家企业在价值链条上的作用，却没有明确企业应该采用什么样的方式去运作市场并在价值系统中占据主导位置，这为营销理论与方法的变化和发展提供了空间，也为策划人的大展宏图提供了条件。一个基本特点就是营销理论、方法、趋势的多元化。

①企业所处生态价值系统各要素之间地位的动态化博弈。从市场机制诞生的那一天起，企业生态价值系统构成要素之间始终处于为争取有利地位的动态化博弈过程中，其带来的结果便是各自地位的此消彼长。

②营销趋势的多元化。在 5G 时代下，主要体现在以下几个方面：

- 线上营销渠道更畅通，提供更深入的沉浸式体验。
- 线上线下一体化深度融合，提供更全方位的交互体验。
- 数据海量，精准营销更具个性化。
- 多载体融合营销，应用场景更广阔。
- 应用行业更多元化，成为主要营销趋势。

营销趋势的多元化给企业把握营销方向和消费者需求增添了不少难度，因为趋势较之潮流而言，总是渐进的、不易直接感知和觉察的。然而，营销趋势的多元化又为建立市场价值与消费者需求要素之间的关联及选择多样性的策略提供了基本条件。

（3）“不变”中求发展——基于消费者需求的稳定价值供给系统。不论企业生态价值系统构成要素之间如何动态化博弈，不论营销理论和营销趋势、手段如何发展，在变化的背后，同样存在不变的核心要素，这个要素就是基于消费者需求的稳定价值供给系统。也就是说，在一个不断变化的市场条件下，在一个动态化博弈的生态系统里，企业要适应变化，从变化中找到机会，创造条件，科学地策划与运作，为消费者提供与其需求相符合的价值要素。这实际上也是企业建立价值系统与消费者需求要素之间关联的过程。

具体而言，企业所能提供给消费者的价值系统主要体现在两大方面。

①效用价值。无论提供给消费者的产品与服务的形式怎么变化、内容怎么变化，其本质都是一种效用。按照产品整体概念理论，整体产品包括 3 个层次，即核心产品、有形产品、附加产品。这 3 个层次形成了一个有机的整体产品，全方位地满足了消费者的需求，并代表了产品的 3 个不同层次的效用。

核心产品是最基本的产品层次，它为消费者提供了最基本的效用价值；有形产品是产品的实体形态，从产品的特性、包装、品牌、功能等方面保证了消费者用以满足实体性需求的效用价值；附加产品则从购买承诺、信用、售后服务保证、技术升级及咨询等方面为消费者提供了附加价值。

不同层次的产品概念满足了消费者不同层次的需求，为消费者提供了不同层次的效用价值。无论产品形式与内容如何改变，其提供给消费者的效用价值则是万变不离其宗的。

②归属价值。如果说效用价值侧重于为消费者提供实物性、功能性、物质性的消费价值，归属价值则侧重于为消费者提供精神性、情感性的消费价值。一方面，以上不同层次的效用价值在每个层次都体现了为消费者提供的一种归属价值；另一方面，马斯洛

从“人不仅是单纯追求物质刺激的经济人，而且是具有物质需求和精神需求的社会人”这一假设出发，总结出了人的 5 种需求，即生理需求、安全需求、社交需求、尊重需求及自我实现需求。马斯洛认为，人的这 5 种需求一般是按照由低到高的顺序来依次实现的，即前一层次的需求得到满足之后，下一层次的需求就变为迫切的需求，直到实现了所有需求。

因此，基于消费者需求的稳定价值供给系统，就是在企业生态价值系统动态化博弈和营销趋势多样化发展背后，所具有的稳定表现要素。这种要素为企业在变化中寻求营销的根本、策划关联的根源建立了现实条件。

（4）企业生态价值系统在营销策划价值关联中的作用。

①桥梁作用。营销策划价值关联原理的核心是建立市场价值系统与消费者需求要素之间的关联，从而实现企业的策划目标。企业生态价值系统在策划关联过程中代表了企业要承担的策划任务和目的，并在市场环境的要求和制约下为策划创意和策略表现提供方向，从而起到连接市场价值系统和消费者需求要素的桥梁作用。

②指向作用。企业生态价值系统不但起架设市场价值系统与消费者需求要素的桥梁作用，而且作为策划的主体，企业向消费者提供产品或服务。而产品或服务的本质是效用，这种效用最终与市场环境一起形成市场的效用价值，来满足消费者的需求，并通过策划实现二者的关联。因此，企业生态价值系统还对建立市场价值系统与消费者需求要素之间的关联起到了重要的指向作用。

4．营销策划价值关联原理在营销策划中的运用

营销策划的核心在于建立市场价值系统与消费者需求要素之间的关联。

（1）营销策划的价值关联模型。在市场的变与不变、企业生态价值系统的变与不变、消费者需求要素的变与不变，以及市场价值系统与消费者需求要素之间关联的基础上，提出营销策划的价值关联模型，即策划的本质就在于在变与不变中建立市场价值系统与消费者需求要素之间的关联。按照王志刚先生的论断“条条道路通罗马，策划就是找到其中最近的那条”，因此，建立关联的过程就是完成策划的过程，就是寻找通向“罗马王国”最便捷的那条，就是找到打开消费者心智之门钥匙的探询过程。

营销策划的价值关联模型如图 1-2 所示。

从图 1-2 中可以看出，营销策划完成的过程，就是在变与不变中建立价值供给系统与消费者需求要素系统之间关联的过程。其中，市场的变化和消费者需求形式与内容的变化，为策划人在一个动态的环境里寻求策划机会、选择策划方法与关联途径创造了条件，正所谓时势造英雄；而稳定的价值系统与消费者需求要素，则为策划人寻求策划的内在逻辑，使“变”适应“不变”，并为建立策划的权威性和排他性提供了可靠保证。

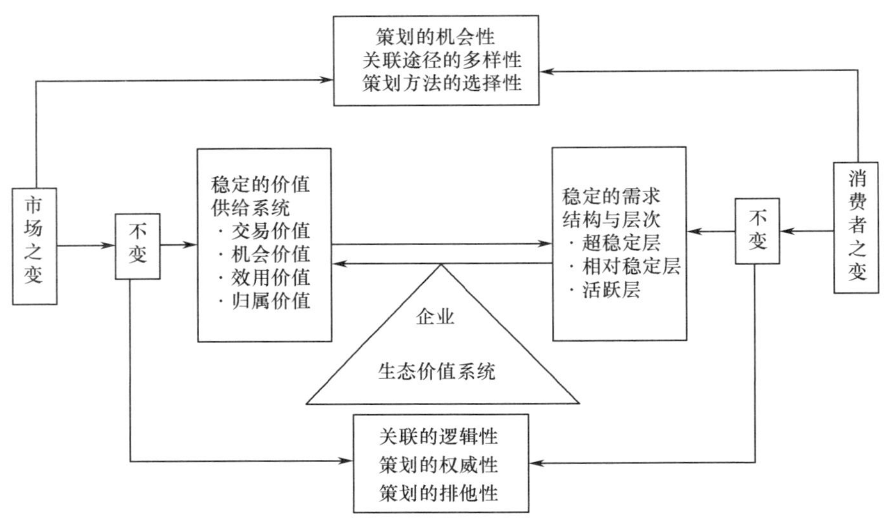

图 1-2 营销策划的价值关联模型

（2）"跳出策划做策划"——在变化中寻求关联的机会与方法。营销策划价值关联原理的提出，给了重新审视策划过程的机会。在一个一切似乎都是不确定的变动的环境下，在市场的变化和消费者的变化条件下，策划人面对一个策划项目时，首先不是要考虑策划项目涉及什么样的专业分工、要用到什么样的分析工具、设计出什么样的流程等专业本身，而是要"跳出策划做策划、跳出项目做项目"。跳出项目本身、策划本身，站在一个宏观的全局的角度来审视项目之外看似与策划项目本身无关但实质上能对策划项目产生拉动或促进作用的各种各样的变化要素，并从这些变化要素中寻求策划关联的机会。高度决定深度，当你站高望远、一览众山小时，一切与策划有关的要素自然就会浮出水面，变得豁然开朗。

（3）"百川归海"——在不变中建立策划关联的内在价值系统。如果说市场之变、企业生态价值系统之变、消费者之变为策划寻求关联的多样性、策划的机会性提供了条件，那么市场之变、企业生态价值系统之变、消费者之变背后稳定的价值供给系统与消费者需求要素系统则为策划在不变中建立关联提供了内在的逻辑系统，并为制定权威性、唯一性、排他性的策划方案提供了保证。正所谓百川归海，变化的要素最终都会通过不变的纽带形成策划的关联系统。

因此，营销策划价值关联原理作为策划的基本原理，贯穿营销策划的始终，并统帅营销策划的具体方法与操作过程。营销策划的过程就是建立市场价值系统与消费者需求要素之间关联的过程；变化的多样性决定了关联途径、方法的多样性；不变的稳定性决定了关联的逻辑性和策划的权威性、唯一性和排他性。

1.1.6 营销策划的过程

营销策划的过程分为分析立项、形成方案、实施方案与总结方案 4 个阶段 10 个步骤，简称营销策划 4 阶段 10 步工作法，如图 1-3 所示。

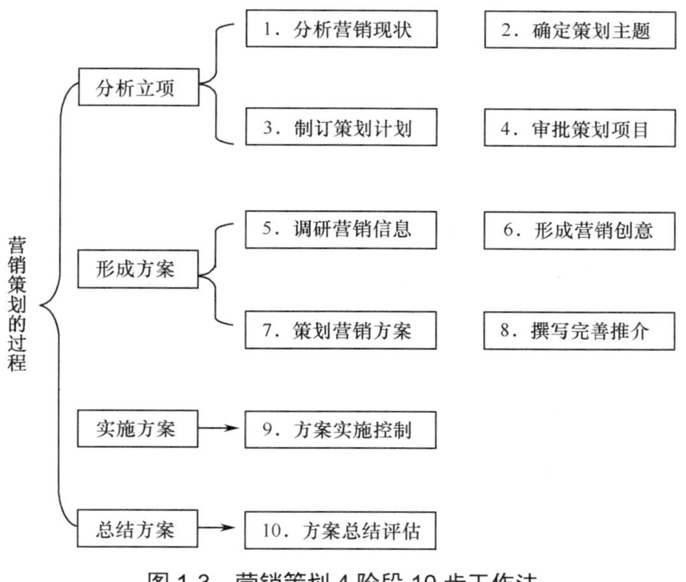

图 1-3　营销策划 4 阶段 10 步工作法

1.2　营销策划创意的方法与技巧

1.2.1　认知营销策划创意

1．营销策划创意的概念

营销策划创意是在营销策划策略指导下，围绕营销策划目标，凭借直觉力和策划技能，利用所获取的各种创造元素进行筛选、提炼、组合、转化并加以原创性表现的过程。营销策划创意是营销策划策略的一个重要组成部分，营销策划创意受制于营销策划策略并为之服务。

营销策划创意的内涵包括以下几个方面。

（1）创意来源于独特的心智，令竞争对手无法模仿。创意必须以市场营销策略为依据，但高明的创意又不是市场营销策略的灌输，不能把营销策划简单文字化。

（2）创意是用新的方法组合旧的要素的过程。这就是创意的本质，即创意就是在不断寻找各种事物、事实存在的一般或不一般的关系（要素之间的关系），然后把这些关系重新组合、搭配，使其产生奇妙、变幻的创意。

（3）真正使营销策划方案取得奇效，影响消费者购买与否的是创意的内容，而不是创意的形式。

2．营销策划创意的特点

（1）积极的求异性。创意思维实为求异思维。求异性贯穿于整个创意形成的过程之中，表现为对司空见惯的现象和人们已有的认识持怀疑、分析和批判的态度，并在此基础上探索符合实际的客观规律。企业营销策划活动既是一种创意活动，也是一种求异活动。只有建立在积极的求异思维基础之上，才能独树一帜，引起公众广泛的关注和支持。

（2）睿智的灵感。灵感是人们接受外界的触动而闪现出的智慧之光。它是人们在平时知识积累的基础上，在特殊情况下受到触动而迸发出来的创造力。灵感是随意迸发的，是不可刻意乞求的。但灵感是思维的积累，有知识、材料的积累，才有灵感的迸发。灵感产生于有准备的头脑。

（3）敏锐的洞察力。洞察力是以批判的眼光，细致入微、入木三分地观察并认知复杂多变的事物之间关系的能力，并能提出正确的问题。敏锐的洞察力是创意者提出构想和成功地解决问题的方案的基础。缺乏洞察力就会遗弃和漏掉大量的创意资源。

（4）丰富的想象力。想象是表象的深化，想象力是人们凭借感知而产生的预见、设想。想象力是发展知识的源泉，也是推动创意发展的源泉。想象力包括联想、设想、幻想，它是思维的无拘束的自由驰骋，是智慧的发散和辐射。想象力应该奇妙，只有出奇，才能在“山重水复疑无路”时“柳暗花明又一村”。只有美妙的想象，才能产生诱惑力和色彩斑斓的世界。

3. 营销策划创意的过程

（1）准备期。策划人在接受策划任务之后，在创意之前，往往有一个充分准备的过程。在准备期，策划人往往围绕策划主题，根据相关度由远到近、由粗到细，大量收集相关的知识和资料，分析研究同类问题创意的经验与教训，以激发灵感，产生创意。

准备期需要注意的问题有以下几个。

①信息储备多多益善。此时的信息收集有可能是漫无目的的，但这种大范围的浏览和阅读文献资料，全面且细致地向客户了解基本情况是很有必要的。因为没有足够的信息，大脑对策划主题的认识只能是空白的或狭隘的。只有掌握了足够多的信息，大脑对策划主题的看法，才能有一个比较清晰的轮廓和总体的认识。

②寻求答案不要急于求成。策划人在最初艰苦的信息收集过程中，往往会“一筹莫展”“不知所措”“大脑死机”，思路没有任何进展。此时，谨记不要放弃。可以适当进行休整，去打打球、洗个澡、看看小品、聊聊天、听听音乐等，总之，放松紧绷的神经，然后回来继续收集信息。因为策划本来就是一种非程序性的心智劳动，创意的产生并无明确的思路可循，只能逐步攻克、逐步分化，以寻求答案。

③出现灵感千万要及时记录。在收集信息的过程中，策划人可能受某一信息点的刺激，不时冒出各种思维的火花，也可能在某一阶段受某一因素的刺激，突然兴奋，迸发灵感，还可能因为随着信息的逐渐增多，不时形成解决问题的某种思路。没有经验的策划人往往是，一冒出思维火花，马上就欣喜若狂，终止信息收集工作，拿起笔来开始拟订策划方案。此时由于收集的信息并不全面，因此策划人对问题的认识也不全面，导致在拟订方案的过程中容易“卡壳”，遇到意想不到的困难。明智的做法是随时把这些灵感尽可能详细地记录下来。一些没有经验的策划人没有及时记录这些灵感的习惯，而这些灵感往往稍纵即逝，过后苦思冥想都很难回忆起来。

（2）酝酿期。在充分收集大量信息后，策划人大脑中已经储备了大量的创意素材，对策划主题也有了一个比较全面的认识，此时，就可以进入创意的第二个阶段——酝酿期。酝酿期需要对所要解决的问题进行周密的、多角度的、反复的思考。

在酝酿期，就可以把准备期记录的那些零星的思维火花，进行逐个分析。这些思维火花有的可能是谬误，有的可能是不现实的，有的在解决问题方面可能实际价值不大。因此，策划人往往要经过较长的酝酿期。在这一时期需要花费相当数量的劳动，但仍然百思不得其解，处于停滞状态，恰如“山重水复疑无路”。在酝酿期，人们在探索、多方寻找解决问题的新思路，苏联心理学家巴甫洛夫把这种现象称为“相互诱导”。

酝酿期需要注意的问题有以下几个。

①详细记录取舍理由。需要强调的是，在分析各个思维火花的过程中，最好将分析取舍各个创意的理由和过程尽可能详细地记录在一张表上。过一段时间后，用一张新表对这些原创意再进行一次分析，然后对比两张表，分析两次取舍是否一致，汇总后绘制一张新的取舍意见表。如果可能，也可以将这些原创意和空白表拿给其他一些人分析取舍，看对你形成创意有没有启发。如此循环反复多次，形成好创意的可能性就会大大增加。

②改进原创意，产生新创意。在对这些创意源分析的过程中，一般人会受到启发提出一些新的想法。例如，有人会说“如果这个创新这样改进一下，效果会更好”。你一定要及时详细地记录下来，然后按照前面所述的办法循环反复，很可能就会产生理想的创意。

（3）豁朗期。在经过长时间的充分酝酿后，策划人就策划主题重新进行全面思考或审视，或者暂时把其搁置转而进行其他活动以图受到某种刺激，创意突然产生，使人眼前一亮、豁然开朗、令人振奋，百思不得其解的问题一举突破，恰如“柳暗花明又一村”。豁朗期的到来，也可以说是一种科学意义的灵感和直觉作用的结果。

（4）验证期。验证期是对豁朗期所提出的创意进行验证补充和修正完善，使之趋于合理可行。验证的方法有两种：一种是直接验证，即通过实践来验证，看这种创意是否有效。例如，新产品的小范围试销，促销效果的小范围尝试等。另一种是间接验证，即通过推论来检验。直接验证虽然可靠，但局限性很大，有些创意不可能或不允许进行直接验证。间接验证一般是由策划人在头脑中用推论的方式进行的，通过推论，淘汰错误的成分，保留合理的成分，形成最合理的创意。

验证期需要注意的问题有以下几个。

①尽可能形成创意链。有过创意经历的人常常有这样的体会，一旦打破思维的藩篱，就会产生前后关联的一系列好主意。策划人常常滔滔不绝地说：“我们可以这样做，然后可以这样做，然后就可以这样做，然后……”因此，创意初步形成后，还需要“乘胜追击”，扩大成果，将创造性火花加以进一步挖掘展开、加工扬弃、发展提高，进而形成比较完整的创意说明，交给策划文案写作人员，为下一步策划工作奠定良好的基础。

②推论尽可能周密。由创意到策划方案，由策划方案到营销活动，要受到许多约束条件的限制，而策划人不一定是各方面的专家，某种创意尽管从理论上分析可能十分独

特，但从技术上、资金上、法律上、政策上及其他环境因素上考虑不一定十分可行，这就需要策划人进行尽可能周密细致的分析推论。例如，可以谦虚地向有关专家进行必要的咨询与考证，以确保创意的切实可行。因为一旦创意形成方案被执行，就有可能适得其反、弄巧成拙或事倍功半。

实用链接 营销策划中的痛点、痒点和卖点

一、什么叫痛点

痛点是消费者在正常生活中所碰到的问题、纠结和抱怨。如果这个事情得不到解决，他就会浑身不自在，就会很痛苦。因此，需要找到一种解决方案来化解这个问题，解开这个纠结，抚平这个抱怨，以使他恢复正常的生活状态。例如，上火是不是一个问题？一个本来嗜好吃香辣火锅的美食爱好者，很可能因为怕上火而不敢吃了，这会影响他的食欲，影响他正常的生活所需。因此，王老吉发现了这个普遍存在的问题，然后名正言顺地提出来并告诉消费者："我能帮你解决这个问题。"如此获得大成！

所以，消费者在生活中所担心的、纠结的以及不方便的和影响身心健康的问题，就叫痛点。营销策划要做的，就是发现某个问题，然后解决某个问题，最后义正词严地告诉消费者："我能帮你解决这个问题。"

二、什么叫痒点

痛点是消费者必须解决的问题，而痒点不一定非得需要。痒点是促使消费者心中的"想要"，让他一看到或一听说这样的产品，心里就痒痒，就特别有兴趣，特别向往，就像很多经济条件不太好的工薪人士，也对苹果手机特别向往，一看到那种赏心悦目的外观，一看到那种超酷的性能，心中就激动万分！

所以，痛点对应的是解决消费者的问题，而痒点就是满足消费者的欲望。为什么说不疼不痒没感觉呢？说的就是，如果产品不能解决消费者切实的问题，又不能满足他心中的欲望，他就难以产生购买的想法。例如，万科城市花园、西郊庄园、碧桂园给你一个五星级的家，就是在刺激人们心中的痒点。普通住宅也能住，但五星级住宅不是更有生活品位吗？例如，余额宝为你带来超越银行活期收益 14 倍的利益，痒不痒？这个痒点，就是你把钱从银行转入余额宝的理由。因此，给人一种在情感上和心理上更好的满足感，就叫痒点。

三、什么叫卖点（也称兴奋点）

卖点是站在卖家角度说的。狭义上的卖点，就是指产品自身的特色，但这个特色不一定能被消费者发现。只要商家说出来，消费者就会对产品的特色怦然心动，那么你所塑造的卖点就成功了。真正有杀伤力的卖点，能在瞬间打动人。例如，酒店怎么在瞬间打动 80%的商务人士？"五星级的待遇，四星级的价格。"这句话一打出去，至少 80%的商务人士都会被降伏。因为正常来说，五星级的待遇按理应该是五星级的价格，但现在只需要四星级的价格，真是太超值了。想不想在这里住？又如，藏鸡蛋为什么 5 元一个？卖点在哪里？你要怎么告诉消费者，这不是一般的鸡蛋？这种鸡蛋不是一般鸡生的

蛋，这种鸡是吃天山雪莲长大的，是吃冬虫夏草长大的，是在唐古拉山的野外环境中长大的，7 天才生一个鸡蛋。因为来源不凡，所以价值不菲。

1.2.2 创意在营销策划中的表现形式

1. 发散思维与聚合思维

发散思维是人们通常所说的“从不同角度考虑问题”，其表现形式为从某一点开始，向四面八方做尽可能多的发散，即从所给的已知信息中产生新的信息。也就是说，以观察到的某一事物为中心，从其用途、构成、替代物及存在的条件等众多方面尽可能地进行思考、联想与猜测，以求发现事物某一方面与当前所要解决的问题之间所具有的某种隐秘的联系。如果能将这种联系强化，很可能就会在“山重水复疑无路”的情况下“柳暗花明又一村”，发现曲径通幽处。

聚合思维，也称求同思维、集中思维、辐合思维和同一思维等，就是把广阔的思维聚集成一个焦点的方法。它是一种有方向、有范围、有条理的收敛性思维方法，与发散思维相对应。因此，聚合思维对于从众多可能性中迅速做出判断、得出结论是最重要的。

2. 逆向思维与侧向思维

逆向思维，也称反向思维、求异思维，是指从常规思维路径的反面去寻求解决方案的一种思维方法。事实证明，逆向思维往往能得到“出其不意”“求异存同”“标新立异”的效果。要培养逆向思维，就要在思想上摆脱传统的习惯，多从一些反传统、反常规的思路上考虑问题。例如，北京市有“难寻物品商店”，盐城市有“大不同鞋店”，苏州市有“无声商店”……

侧向思维，也称另辟蹊径，一般是在解决问题的思维路径较明显或者确定的情况下，在人们习惯地沿着某一条思维路径攻关不下时，果断地选择其他思维路径，并提出创造性设想的思维方法。侧向思维既不与一般思维相同，也不是正好相反，而是从旁侧开拓出思维路径的一种思维方法。

3. 直观思维与灵感思维

直观思维是人们不经过逐步分析而迅速对问题的答案做出合理的猜测、估计或设想的一种跃进式思维，它是一种基于经验和有关知识的综合判断。其判断过程之迅速，以致使人只是记住结果而无法记住过程。其判断结果之准，以致使人感到“莫名其妙”。男女交往中的所谓“一见钟情”，以及我们经常听到的“我觉得就该如此”“我觉得就是这样”等说法，就是直观思维的表现。

灵感思维是人们借助直觉启示突然出现的一种超常的、最富有创造性的思维。诗人、文学家的“神来之笔”，军事指挥家的“出奇制胜”，思想战略家的“豁然贯通”，科学家、发明家的“茅塞顿开”等，都说明了灵感的这一特点。它是在经过长时间的思索，问题没有得到解决，但是受到某一事物的启发，问题突然得到解决的思维方法。“十月怀胎，一朝分娩”，就是这种方法的形象化描写。灵感来自信息的诱导、经验的积累、联想的升华、事业心的催化。灵感思维是指凭借直觉而进行的快速、顿悟性的思维。它不是一种简单逻辑或非逻辑的单向思维运动，而是逻辑性与非逻辑性相统一的理性思维过程。

4. 类比思维与联想思维

类比推理是形式逻辑所揭示的一种思维推理方式。其基本思想为：如果 P 事物具有 A、B、C、D、E、F 这 6 种属性；同时 Q 事物具有与之相同或相似的属性 a、b、c、d、e，那么 Q 事物也可能具有属性 f，即与 F 相同或相似的属性。可见，类比推理，就是根据已知的两事物在某些方面存在的相似或相同关系，推导出它们在其他方面也存在相似或相同关系的思维形式或思维方法。类比思维是通过对两事物之间的比较或对比，进行类比推理，从而获得创造性设想的思维方法。

联想思维是人们通过对一种事物的触发而迁移到另一种事物上的思维。具体地说，就是借助想象，把相似的、相连的、相对的、相关的事物联系在一起的心理活动过程。联想能够克服两个概念在意义上的差距，并在另一种意义上把它们连接起来，由此可以产生一些新颖的思想。

5. 想象思维与组合思维

想象思维是一种对记忆中的表象进行加工、改造、重新组合形成新形象的思维过程。它以形象性知识为素材，但不是这些表象的简单再现。在想象过程中，表象得到积极的再加工、再组合，加入新联系之中，成为新形象的一个有机组成部分。想象有助于打破原有联系方式的局限性，使人从新的角度去看待事物，从而起到拓展思路、激发创造性思维的作用。

组合思维是指在思维过程中，根据营销策划的任务，将不同性质的事物或功能组合在一起，从而产生创意的思维方法。

1.2.3 营销策划创意的方法

1. 6W2H 法

（1）6W2H 法的概念。6W2H 法代表了 8 种问题类型或 8 个方面分析问题的思路。在营销策划中，针对具体的对象，只要在每一模式中填入具体内容，就会产生 8 个不同的问题：何事、何故、何人、何时、何地、何去、何如、几何。

（2）6W2H 法的运用程序。

①确定对象。根据营销策划的任务与目标，确定发现问题的对象。

②提出问题。针对确定的对象，从 6W2H 8 个方面提出问题，即何事——What，何故——Why，何人——Who，何时——When，何地——Where，何去——Which（哪一方面、哪一部分等），何如——How to do，几何——How Much。

③分析问题。从 8 个方面所列举的问题中，选择和确定实现营销目标需要解决的关键问题，作为营销策划或创意的对象。

2. 和田 12 法

和田 12 法是我国学者许立言和张福奎在奥斯本稽核问题表基础上，借用其基本原理，加以创造而提出的一种思维方法。

（1）加一加。在原有的基础上改进就是创新（加大、加长、加高、加宽）。

（2）减一减。省略不必要的（减少、减短、减窄、减轻、减薄）。

（3）扩一扩。功能、用途、使用领域扩一扩（放大或扩展）。

（4）变一变。方式、手段、程序等变一变（改变原有事物的形状、尺寸、颜色、滋味、浓度、密度、顺序、场合、时间、对象、方式、音响等）。

（5）改一改。针对现有的做法提出意见、建议，做得更好（带有被动性，常常是在事物缺点暴露出来后，才用通过消除这种缺点的方式来进行创造）。

（6）缩一缩。压缩、缩小、降低。

（7）联一联。看看事物之间有什么联系。

（8）学一学。借鉴、学习、模仿其他物品的原理、形状、结构、颜色、性能、规格、方法等，以求创新。

（9）代一代。用其他工具、方法、材料代替。

（10）搬一搬。移动、转作他用或把物品的某一部件搬动一下，产生一种新的物品。

（11）反一反。将某一事物的形态、性质、功能及正反、里外、前后、左右、上下、横竖等加以颠倒，从而产生新的事物。

（12）定一定。对新产品或新事物定出新的标准、型号、顺序，或者为改进某种东西及提高工作效率和防止不良后果做出的一些新规定，从而实现创新。

3. 列举法

列举法是一种借助某一具体事物的特定对象（如特点、优缺点等），从逻辑上进行分析并将其本质内容全面地一一罗列出来的手段，用以启发创意设想，找到发明创意主题的创造技法。

（1）缺点列举法。缺点列举法是一种通过发散思维，发现和挖掘事物的缺点，并把它的缺点一一列举出来，然后再通过分析，找出其主要缺点，据此提出克服缺点的课题或方案的创造性思维方法。

运用缺点列举法，第一步是找出事物的缺点，第二步是分析缺点产生的原因，第三步是针对缺点产生的原因，有的放矢地提出解决方案。

运用缺点列举法时可以采用扩散思维的方法。例如，以钢笔为主题，列出它的缺点，如易漏水、不能写出几种颜色、出水不流畅、灌墨水不方便等。然后找出主要缺点，逐个研究并考虑切合实际的改革方案。

（2）希望点列举法。古往今来，许多发明创造往往寓于希望之中，从人们的需要和愿望出发来提出构想，从而促使产生发明创造。这是一种有效的创造创意技法，叫希望点列举法。希望点列举法的原则是“如果能这样该多好”。

（3）特性列举法。特性列举法是通过对发明对象的特性进行分析，并一一列出，然后探讨其能否进一步改革，怎样找出实现改革的办法。这也称为分开分析思考法。

特性列举法的操作程序：

①选择目标较明确的创意课题，宜小不宜大。

②列举创意对象的特征——名词特性、形容词特性和动词特性。

③从各个特性出发，提问或自问，启发广泛联想，产生各种设想，再经评价分析，优选出经济效益高、美观实用的方案。在运用该法时，对创意对象的特性分析得越详细越好，并尽量从多角度提出问题和解决问题。例如，一种鸣笛水壶就是按这一思路创意成功的：蒸汽口设在壶口，水烧开后自动鸣笛；盖上无孔，提壶时不烫手；水壶外壳是倒过来冲压成型的，焊上壶底，外形美观，还可以节省能源。

下面以杯子为例加以说明。

- 名词特性（整体、部分、材料、制法）。
  - 整体：杯子。
  - 部分：杯体、杯盖、杯耳、杯底。
  - 材料：搪瓷、金属、玻璃、塑料。
  - 制法：冲压、模压、焊接。
- 形容词特性（轻、重、大、小、方、圆、高、矮）。
- 动词特性（功能），如装水、装固体、量水、保温、保健、测温等。

4．组合法

组合法是将两个或两个以上已有的技术原理或不同的形态结构，通过巧妙的结合或重组，以获得具有统一整体功能的新技术、新产品的创造创意方法。

实用链接

在一次盛大的宴会上，中国人、法国人、德国人、意大利人都争相夸耀自己的酒，只有美国人笑而不语。中国人首先拿出古色古香、做工精细的茅台，打开瓶盖，香气四溢，众人为之称道。紧接着，德国人拿出伏特加，法国人拿出大香槟，意大利人亮出了葡萄酒，德国人取出了威士忌，真是异彩纷呈！最后，大家都把目光投向了美国人，想看看他到底能拿出什么来。美国人不慌不忙地站起来，把大家先前拿出来的各种美酒分别倒了一点在酒杯里，将它们兑在一起，说："这叫鸡尾酒，它体现了我们美国的精神——博采众长，综合创造……"的确，这酒既有茅台的醇，又有伏特加的烈；既有葡萄酒的酸甜，又有威士忌的后劲……

（1）同物组合。同物组合是指两种或两种以上相同或相近事物的组合，特点是参与组合的对象与组合前相比，其基本性质和结构没有根本变化，只是通过数量的变化来弥补功能上的不足或得到新的功能。例如，杭州某小学的陈立先同学看到许多大宾馆里挂着一些大挂钟，觉得既占地方又费钱，就把大挂钟的时针改为时盘，在一口钟面上就能

准确地读出多个国家的相应时刻，既经济又实用。

（2）异物组合。异物组合是指两个或两个以上科学领域中的技术思想或物质产品在一起组合，组合的结果带有不同的技术特点和技术风格。异物组合实际上是异中求同、异中求新，由于其组合元素来自不同领域，一般无主次之分，参与对象能从意义、原理、构造、成分、功能等任何一个方面或多个方面进行互相渗透，从而使整体发生深刻变化，产生出新的思想或新的产品。例如，日历式笔架、挂历毛巾、闹钟式收音机、变形金刚式文具盒、多媒体电视机等都是异物组合的结果。

（3）主体附加组合。主体附加组合是指以某一特定的对象为主体，增添新的附件，从而使新的物品性能更好、功能更强的组合技法。这种技法容易产生组合设想，但不可能对原有事物产生有重大突破的改进。例如，湖南赵忠诚对普通手杖进行主体附加改装，使其具有拄杖助行、照明、按摩、磁疗、报警、健身防卫等多项功能。

（4）重组组合。重组组合是改变原有事物结构的组合方式，使原有元素在不增加数量的情况下，改变原有事物的性质的组合。重组组合是在事物的不同层次上分解原来的组合形式，然后再以新的思想重新组合起来，特点是改变了事物各部分之间的相互关系。例如，家电生产企业的售后服务通常由商家代理，厂家为商家支付一定费用。海尔集团将售后服务改由厂家维修队直接实施，不但厂家费用没有增加，而且售后服务更加深入客户，显示了厂家对客户的高度负责精神，使海尔集团的企业形象在市场上更受欢迎。

5. 联想法

联想法是依据人的心理联想而创新的一种创意方法。许多新的创意创造都来自人们的联想。可以在特定的对象中进行联想，也可以在特定的空间中进行联想，还可以进行无限的自由联想。而且这些联想都可以产生出新的创造性设想，获得创造的成功。

（1）接近联想法。在时间、空间上联想到比较接近的事物，从而产生创意，设计出新的发明项目。

（2）对比联想。由某一事物的感知和回忆引起跟它具有相反特点的事物的回忆，从而产生新的创意项目。例如，杭州岳飞庙有这样一副楹联，写的是“青山有幸埋忠骨，白铁无辜铸佞臣”。“有”和“无”是相反的，埋下烈士忠骨和铸就奸臣是相对比的。相传这里埋着民族英雄岳飞的忠骨，后人由于痛恨奸臣秦桧用阴谋害死了他，用铁铸了秦桧夫妇的跪像放在墓前。只要记住这副对联的上句，下句也就不难凭对比联想回忆起来了。我们背律诗，往往感到中间两联好背，原因就是律诗的常规是中间两联对仗。对仗常用这种对比，如“金沙水拍云崖暖，大渡桥横铁索寒”。又如，唐朝诗人王维的《使至塞上》的中间两联：“征蓬出汉塞，归雁入胡天。大漠孤烟直，长河落日圆。”相对比之处很多，由前一句可以很自然地想起后一句。

（3）相（类）似联想法。这是根据事物之间在性质、成因、规律等方面有类似之处而建立起来的联想方法。当一种事物和另一种事物相类似时，往往会从这种事物引起对另一种事物的联想。在外语单词里，有发音相似的，有意义相似的，这些都可以利用相似联想法来帮助记忆。

（4）从属联想法。这是根据事物之间因果、从属、并列等关系增强知识凝聚的联想方法。通过关系联想，引导思考、理解知识彼此之间的关系，使思考问题有明确的方向，有规律可循。

（5）聚散联想法。这是指运用聚合思维对一定数量的知识通过联想，按照一定的规律组合到一起，或者运用发散思维对同一知识，从多个方面进行联系的方法。聚散联想法包括聚合联想记忆法和发散联想记忆法，二者互为逆过程。运用聚散联想法有助于举一反三，触类旁通，扩大思路，建立知识的“联想集团”。

（6）形象联想法。这是把所需要记忆的材料同某种具体的事物、数字、字母、汉字或几何图形等联系起来，借助形象思维加以联想。形象联想既有利于激发兴趣、调动思维的积极性，又有利于加深记忆。

6. 类比法

类比法是一种确定两个以上事物间同异关系的思维过程和方法，即根据一定的标准尺度，把与此有联系的几个相关事物（既可是同类事物，也可是不同类事物）加以对照，把握住事物的内在联系进行创意。

（1）直接类比法。从自然界或已有的技术成果中，寻找与创意对象类似的现象或事物，从中获得启示，从而设计出新的产品项目。例如，石头刃和石刀、石斧；鱼骨和针；茅草边的齿和锯；鸟飞和飞机。

（2）间接类比法。间接类比法是用非同一类产品类比，产生创造。在现实生活中，有些创造缺乏可以比较的同类对象，这就可以运用间接类比法。采用间接类比法可以扩大类比范围，如许多非同一性、非同类的行业，也可由此得到启发、开拓新的创造力。例如，空气中存在的负离子，可以使人延年益寿、减缓疲劳，还可以辅助治疗哮喘、支气管炎、高血压、心血管病等，但负离子只在高山、森林、海滩湖畔较多。后来通过间接类比法，创造了水冲击法产生负离子，后吸取冲击原理，又成功创造了电子冲击法，这就是现在市场上销售的空气负离子发生器。

（3）幻想类比法。通过幻想类比进行一步步的分析，从中找出合理的部分，从而逐步达到发明的目的，设计出新的项目。

（4）因果类比法。两个事物的各个属性之间可能存在着同一因果关系，因此，我们可以根据一个事物的因果关系，推出另一个事物的因果关系，这种类比法就是因果类比法。例如，日本一个叫铃木的人运用因果类比法，联想到在水泥中加入一种发泡剂，使水泥也变得既轻又具有隔热和隔音的性能，结果发明了一种气泡混凝土。

（5）仿生类比法。模仿生物的结构和功能等，设计出新的产品项目。例如，人走路与步行机，人体与机器人，人眼与人造眼，蛙眼与电子蛙眼，鹰眼与电子鹰眼，蜻蜓眼与复眼照相机，手臂与新式掘土机等，后者都是模仿前者创造出来的。

7. 移植法

移植法是将某个学科、领域中的原理、技术、方法等，应用或渗透到其他学科、领域中，为解决某一问题提供启迪、帮助的创新思维方法。

（1）原理移植，即将某个学科中的科学原理应用于解决其他学科中的问题。例如，电子语音合成技术最初用在贺年卡上，后来用在了倒车提示器上，还有人把它用在了玩具上，从而出现了会哭、会笑、会说话、会唱歌、会奏乐的玩具。它还可以用在其他方面。

（2）技术移植，即将某个领域中的技术应用于解决其他领域中的问题。

（3）方法移植，即将某个学科、领域中的方法应用于解决其他学科、领域中的问题。例如，香港中旅集团有限公司总经理马志民赴欧洲考察，参观了融入荷兰全国景点的“小人国”，回来后就把荷兰“小人国”的微缩处理方法移植到深圳，集融华夏的自然风光、人文景观于一炉，集千种风物、万般锦绣于一园，建成了具有中国特色和现代意味的崭新名胜“锦绣中华”，开业以来游人如织，十分红火。

（4）结构移植，即将某种事物的结构形式或结构特征，部分或整体地应用于其他事物的设计与制造。例如，将缝衣服的线移植到手术中，出现了专用的手术线；将衣服鞋帽上的拉链移植到手术中，完全取代了用线缝合的传统技术，“手术拉链”比针线缝合快10 倍，且不需要拆线，大大减轻了病人的痛苦。

（5）功能移植，即设法使某个事物的某种功能也为另一个事物所具有而解决某个问题。

（6）材料移植，即将材料转用到新的载体上，以产生新的成果。例如，用纸造房屋，经济耐用；用塑料和玻璃纤维取代钢来制造坦克的外壳，不但减轻了坦克的重量，而且具有避开雷达的隐形功能。

8. 头脑风暴法

头脑风暴法是美国 BBDO 广告公司的亚历克斯·奥斯本创造的创意方法。简单地说，头脑风暴法是在会议中运用集思广益的方法，以收集众人构想的一种思考方法。

运用头脑风暴法的操作程序如下。

（1）选定项目。确定所面临的问题或所需要解决的问题，并由此确定会议的主题。

（2）头脑风暴。召集会议，集思广益。召集会议的注意事项如下。

- 选出 5～7 名会议参加者。人数过多将减少每个人发言的机会并增加管理难度，会议参加者应尽可能来自不同领域。
- 确定会议主持者。
- 召开会议前，给参加会议者最低程度的预备和知识等相关资料。但有时为了避免先入为主，也可以不提供资料。
- 会议的时间在 90 分钟左右较为适宜。

另外，会议中还应遵循以下基本原则。

- 禁止批评他人意见。
- 充分自由发挥，荒唐无稽都可以。
- 注重数量不注重质量，其目的是提出尽可能多的想法。

- 可自由组合、改善、追加他人的想法。

（3）选择与评估。头脑风暴引出的创意是否有效，还需要针对目的及目标进行选择与评价，并考虑其实现的难度及障碍。一般来说，选择与评估创意的常用方法是矩阵评价表法。

对头脑风暴法感兴趣的读者可上网搜索头脑风暴法的相关视频、文章等。

1.2.4 势、时、术营销策划的技巧

运“势”、驾“时”、使“术”是营销策划的技巧。“势”是指在营销策划中组织环境的发展变化，对“势”的运筹是对谋略所处的宏观战略、长远形势的筹划。“时”是指根据形势的发展变化而决定的谋略运演的最佳时机。“术”是指谋略所采用的招数，任何一种招数要以人为对象，符合自己的行动方向，对谋略的行使方式进行战略性、整体性的筹划。

1. 运“势”策划的技巧

“势”是一种趋势，是组织环境的发展变化，也就是通常所说的“氛围”“大环境”“形势”“趋势”“潮流”等。从哲学的角度来看，势的发展是事物运动的必然结果，是不可阻挡的。孙中山先生说的“天下大势，浩浩汤汤，顺之者昌，逆之者亡”也是这个道理。借势、顺势，是治国之大略，是人生之要领，更是策划人所必须看重的。因此，策划人在策划之前，要先度势，后运势，只有认清势的发展规律，并且顺应它，才能使“势”真正为我所用。营销策划中“势”的运用包括借“势”、造“势”、顺“势”、转“势”等。

（1）营销策划中的“势”的增长链。“势”的增长链是指在营销策划过程中，不断寻求环境中各种因素的支持，使“势”处于周而复始、循环增长的过程。

①寻求优势。探究企业营销策划活动的优势。弄清“势”的多少和表现，用“势”研究可能达到的目标等，这是“势”的增长链的第一环节，是两次循环的连接点。寻求优势是发挥优势的前提，没有优势就谈不上发挥优势。

②发挥优势。对策划优势进行有机组合，使之发挥必然效应，是寻求优势的目的，也是其逻辑的和历史的推进，这是“势”增长链的第二环节。

③保持和强化优势。这是对第一、第二环节的补充和必然要求，保持和强化优势就等于再次寻求和建立了优势，为发挥优势提供了新的可能。

④寻求新的优势。这是“势”增长链的第二次循环的开始。这样策划人便能巩固已有的优势，并进一步发挥优势。

营销策划一定要追求更高的“势”，追求更强的“势”，追求更优的“势”，这是营销策划成功的一大秘诀。

实用链接　杜蕾斯感恩节——十三撩

2017年感恩节，许多企业都在忙着感恩消费者，讲段子、送祝福、派福利，杜蕾斯

却不走平常路，运用“十三撩”海报将节日借势玩出了新意——感谢其他品牌，让杜蕾斯有了“用武之地”。

（2）借“势”策划的技巧。借“势”是借助具有相当影响力的事件、人物、产品、故事、传说、影视作品、社会潮流等，策划出对自己有利的活动。借“势”在营销实践中的做法有很多。例如，借鸡下蛋、顺路搭车、借花献佛、别人搭台我唱戏等，其实质是“乘着东风好远航”。

①认知借“势”策划的原则。

- 关联性。所借之“势”，必须与策划的目标和整个策划活动有着紧密的内在联系。
- 有效性。所借之“势”，自身必须有较大的影响力、辐射力，能够达到提升效果的目的。
- 经济性。借势之举本为少花钱多办事，花小钱办大事，“以小搏大”。如果借之要付出高成本，则可排除在借势之外。
- 趋向性。所借之“势”的发展趋势、发展走向要仔细考察，如果随着趋势的演进，所借之势可能朝着反方向发展，朝着不利于企业的方向发展，那么借势是很危险的。

②借“势”策划的方法。

- 借行业演进之“势”。借助行业成长阶段与发展趋势、技术创新等进行营销策划。
- 借决策之“势”。借决策之“势”，也称借政策之“势”，主要是指借助各级政府的重大经济决策进行营销策划。策划人从政府的重大经济决策中可以发现商机，抢住先机，趁势而为，取得佳绩。借政策之“势”的要点是对政策的理解、把握、熟悉和运用，政策不是一成不变的，所以要敏锐地观察政策在不同时期的变化。
- 借人物之“势”。借人物之“势”是指借助于某个名人的影响，策划出相应的活动或开发项目，以达到自己的目的。人物可以分为古人和今人，只要他们有一定的影响，都可以“为我所用”。注意名人的知名范围有所不同，有不同的等级，影响力也有时期性。不同的名人拥有不同的认知对象，关键要分析企业所要传播的目标对象与名人的拥戴者的重合部分有多少，名人在企业目标客户群中能否引起共鸣。

- 借舆论导向之“势”。借舆论导向之“势”是指借助一定时期内大众和新闻舆论的关注焦点、热点、倾向和走向进行营销策划。舆论导向有着引起人们心理共鸣的特征，有益于从深度和广度传播企业品牌。
- 借时间之“势”。借时间之“势”是借助某个特殊的、有重大纪念意义的时间进行营销策划，以达到自己的目的。特殊的时间往往具有特殊的意义。有些活动，在平时显得毫无意义，但一旦将其放到某个特殊的时间里举行，就显得意义非凡了。

③借“势”策划应注意的问题。

- 所借之“势”与本企业策划项目有无关联性，能否带来非常效应。
- 所借之“势”的发展趋势如何，有无发展潜力。
- 所借之“势”的影响指数如何，能否产生较强的影响力，价值意义怎样。
- 所借之“势”是否合法、合理。

实用链接 “11.11”购物狂欢节借势营销策划二部曲

自天猫 2009 年首创“11.11”购物狂欢节以来，每年的这一天已成为名副其实的全民购物盛宴。“11.11”购物狂欢节已成为电商自己的促销节，标志着中国的零售业态正在发生根本性变化——线上交易形式已经由之前的作为零售产业的补充渠道之一，转型为拉动中国内需的主流形式，由此开始全面倒逼传统零售业态升级。“11.11”购物狂欢节的成功是阿里巴巴创造了电子商务的奇迹，是营销策划的魅力，是借势营销的典型案例。

20 世纪 90 年代，南京大学一个寝室的学生在一起聊天，提议将“11.11”设为光棍节。随着一批批学子告别校园，这个节日被渐渐带入社会，并随着成年单身男女群体的庞大，以及群体活动和网络媒体的传播，光棍节在社会流行开来，并由光棍节发展出了“脱光节”。现代恋爱婚姻成本的上升使广大青年男女生存压力越来越大。“脱光节”成为一个炒作的网络话题，成为未婚男士不是正式节日的节日，并逐渐成为未婚男士社交的平台。

一部曲：借“11.11”光棍节为“11.11”促销节

我国电商企业在营销策略上基本沿用传统的零售商模式，没有形成独有的营销模式。如何突破，创立符合电商特点的营销模式呢？

每年的消费高峰是元旦、春节、劳动节、中秋节、国庆节。电商企业要选择突破口，就要避开这些传统节日，寻找适合电商特点和电商消费者购买行为的时间点。经过分析发现，“11.11”光棍节这个不是国家法定节日的节日，对“70 后”“80 后”“90 后”有一定的影响力，这些未婚男士受教育程度比较高，容易接受电商新事物，是电商的目标消费群。并且“11.11”刚进入初冬，是服装换季、护肤、保暖、养生用品的需求旺季。根据这两点论证，可以借“11.11”光棍节为“11.11”促销节。2009 年“11.11”首届天猫促销节启动，当天销售额 0.5 亿元，电子商务需求的逆势“井喷”，透露出我国网上消费的巨大潜力。

二部曲：再次借势，借狂欢节为购物狂欢节

狂欢节是欧美各国的传统节日。它起源于古罗马的农神节，发展于中世纪，盛行于当代。狂欢节的节期，各国不一。有的开始于元旦，有的开始于圣诞节或其他日子。但多数国家在二三月间气候宜人之时举行。拉丁美洲是世界公认的“狂欢节之乡”。化装舞会、彩车游行、假面具和宴会是狂欢节的几大特色，最负盛名的要数巴西狂欢节，狂欢节为期4天，在每年的2月中下旬举行。

为了吸引更多的消费者加入网购队伍，商家利用电商的优势，形成电商销售新模式，寻找新的创新点，使网民一边购物一边娱乐，一边娱乐一边购物，借巴西狂欢节的形式与影响，融入“11.11”促销节，更名为“11.11”购物狂欢节。2010年首届购物狂欢节开幕，销售额9.36亿元。2014年更名为“11.11”全球购物狂欢节，销售额571亿元；2019年销售额2 684亿元，是2009年的5 368倍。

“11.11”已经成为风靡世界的购物狂欢节。马云说：“我希望在‘11.11’，大家买到的不仅是商品，更是惊喜；抢到的不仅是便宜，更是创新；等待的不仅是包裹，更是快乐。‘11.11’不是一个促销活动，而是一种文化的交流、快乐的分享，是一个中国人创造的、全世界认同的节日。”

（3）造“势”策划。造“势”就是制造声势，组织和制造具有新闻价值的事件，吸引媒体、社会团体和消费者的兴趣与关注，促使消费者在不知不觉中受此信息的影响而产生消费的欲望。

营销策划的本质就是“迎势”“谋势”。“谋事者”方能执市场之牛耳，花小钱办大事。正如《孙子兵法》所云：“故善战人之势，如转圆石于千仞之山者，势也。”具体而言，处在不同发展阶段的企业，谋事的重点又有不同：初级阶段要造势，发展阶段要蓄势，成熟阶段要乘势。

①找准造势的基础。可以是一个新产品、一件公益事件、一个大众话题、一个新奇概念等，所有宣传造势的有关活动都要建立在这个基础之上并围绕其展开。

②定位造势的高度。如果造势的前提是一个宏观的高度，就可以给造势形成宣传推广的良好氛围，并创造出造势的外部生态环境。

③造势策略的合理组合。软硬性广告的铺排，新闻发布会的召开，焦点任务的策划，花絮事件的制作，以及其他重要组合方式的应用。

④关注点的形成。造势的落脚点必须与民众关注的热点相结合，这样才能最大限度地唤起民众的心理共鸣。

⑤第三方的借用。在造势的过程中，如果要有更好的说服力，必须在客观性的基础上，以第三方（如社会、消费者、媒体评价的方面）来表现。

（4）顺“势”策划。顺“势”就是顺应潮流之“势”，也就是常说的顺水推舟。由于消费者的消费需求是随时代发展而不断变化的，因此策划人在进行营销策划时，要顺应时代发展潮流，顺应人们的消费需求变化趋势，不断进行项目和活动的创新，从而使企业立于不败之地。

（5）转“势”策划。转“势”就是通过一定的手段和方法将某种“势”转化为另一种对自己有利的“势”。通过转“势”，劣势往往能够转化成优势。

2. 驾“时”策划的技巧

“时”就是时机、时间、机会和机遇。因为时来去不定，转眼即逝，所以人们尤为看重时机，甚至认为“时”是决定事情成败的关键，“万事俱备”，但因为“只欠东风”，即便再好的营销策划，也只能付诸东流。营销策划若能捕捉到时机，就能取得事半功倍的效果；若与时机擦肩而过，那么，事后即使花费更多的力气，也收不到时机之效。对“时”的把握要求：要与时俱进，适应主流文化，要牢牢地树立时间观念和时效原则，要有善于发现和把握机会的头脑，要根据形势的变化发展，机动灵活地决定营销策划的最佳时机。

（1）“时”的特点。

- 不可逆性。稍纵即逝。
- 不确定性。变数较多，突发性强。
- 均等性。均得而生竞争。
- 可预测性。

（2）“时”的类型。

①寻时。寻时是指寻找营销策划的最佳切入时间。可捕捉的营销策划时机是多方面的，主要有：

- 社会节假日。包括国家性节庆、民族性节庆、外来节庆、各种文化艺术节、纪念日等。此外，还有许多地方性的节庆活动。因此，策划人应该抓住这些节庆契机，精心策划营销项目，借题发挥，借鸡生蛋，以达到事半功倍的效果。
- 重大社会活动。社会上具有一定影响的重大活动比较多，如各种体育盛会（奥运会、世界杯、亚运会、网球大满贯赛等）、政治活动、外交活动、教育活动、大型展览会等。
- 公众热点。公众关心、议论的热点和焦点，也是营销策划的最佳时机。如果抓住这些时机，则可以吸引公众的眼球，引起人们的关注，从而提升企业的知名度，创造良好的效益。

②等时。策划的时间效应与时间变更有时并无绝对关联，也就是说，时间可不断行走，而策划时机可储存，等到时机成熟时再蓄势迸发，从而创造策划奇迹。例如，在我国人们利用黄金周长假营造假日经济，利用中国传统节日春节大力促销产品等都是很好的证明。

③用时。用时是指策划活动所用时间的期限，用时长短直接关系策划成本的高低，一般来说，时间越少，策划效率就越高，收益就越大。

（3）驾“时”策划的操作程序。

①知“时”。这是捕捉营销策划时机的第一步，即充分地掌握和了解多方面的信息，仔细判断和评估这些信息所表明的营销策划空间的运动轨迹。一旦发现营销策划空间的势态发展对己有利，便蓄势准备，待势态运动到最佳时刻，就迅速推行营销策划。这里预先的“知”是非常重要的，杰出的营销策划正在于预先洞察到推行的时机。

②算“时”。在“知”的基础上，对有可能出现的机会，在利用上认真计量、分析各种可能影响营销策划活动的内部因素和环境因素，以便准确把握。

2019 年经典营销策划案例分析

③胜“时”。高人一等的计谋准备，不打无把握之仗，有效地利用可能出现的机会，使之一蹴而就。

3．使“术”策划的技巧

营销策划的“术”，是指营销策划战术，也就是营销活动中所采用的奇招异术。奇招异术是指方法策略不同寻常，或标新立异，或千奇百怪，不为常人所预料；或反其道而行之，或功效奇特，给人意想不到的结局。总而言之，“术”是不落俗套，超出常规，非同寻常，不可等闲视之。

“术”指营销策划过程中所采用的战术、招数、套路或手段。策划人根据不同的形势和时机，采用不同的招数和手段，可以使形势和时机符合自己行为的方向，从而用最少的资源撬动最大的市场，获得最大的利益。

（1）对“术”的运用，要求在遵循基本游戏规则的前提下，先守正后出奇，敢为天下先，为别人所不能，出奇制胜，非同寻常，标新立异，千奇百怪，想别人想不到的，做别人做不到的。

（2）营销策划之“术”要有让人眼前一亮的“兴奋点”。这个“兴奋点”的实质就是要及时捕捉消费者的心理导向，抓住消费者特有的需求变化，注入某种情感、审美思想和文化品位，凭借情感的力量打动消费者，激发其潜在的消费动机，最终实现占领市场的目的，同时还要诱发需求，创造市场。

思考与应用

1．思考题

（1）通过澄清营销策划的误区，谈谈你是如何认识营销策划的。

（2）简述营销策划的程序。

（3）简述营销策划创意的方法。

（4）如何运用“势”“时”“术”营销策划的技巧？

2．案例分析

21金维他线上线下整合营销

7月9日，国内某知名街拍KOL（Key Opinion Leader，关键意见领袖）更新了与21金维他的街拍照片，引发网友的热烈讨论与持续关注，不少网友直夸21金维他的购物袋“实在太好看了”。照片中的模特手提印着21金维他购物袋改编的包包，自然、时尚、青春之感满满。红、黄、蓝、绿、紫五色手提包，搭配不同风格与样式的衣服，瞬间提亮夏季街头，给酷热的暑期带来一抹亮色。

这是21金维他今年第几次搞事情了？已经数不清了。除去本次的社会化营销，之前在热播大剧《知否知否应是绿肥红瘦》《带着爸爸去留学》中的“惊艳”亮相，都在宣告着，这个品牌坚定的年轻化决心。

一、IP合作是推进年轻化的重点

选择大众喜闻乐见的大剧IP，使用较为创新的广告形式“创可贴”，通过剧情触发广告，文案时而活泼生动，时而温暖走心。在当前热播的留学题材电视剧《带着爸爸去留学》中，“我妈还让你多吃21金维他”“维生素也要适合中国人体质”“美好，不过刚刚好”等等，巧妙结合剧情打出文案，获得观众的好评如潮。

二、多形式、多内容、多渠道触达目标人群

随着互联网的飞速发展，大众的触媒越来越复杂，指望用单一形式、单一内容、单一渠道去影响目标人群越来越难以实现。因此，只有筛选更多适合品牌传播的形式、内容、渠道，拓宽品牌传播之路，才能在纷繁复杂的品牌竞争中脱颖而出。21金维他的打通各方渠道、采用不同形式，使得品牌的广告近乎“无孔不入”。

渠道1：客厅情景

有关资料显示，近年来OTT端的开机率日益增长。21金维他注意到这点，通过客厅这个易被忽略的场景，唤起30多岁有家庭的用户。

渠道2：移动娱乐情景

移动端媒体形式多样，用户注意力也更为碎片、分散，如何合理选择、组合也是一大挑战。21金维他在移动端选择了更为聚焦的渠道、更具创意的内容实现突围。

渠道3：出行情景

线上全方位覆盖的21金维他，当然也不会放过线下这一渠道。和深耕线上的互联网品牌比，老品牌对线下传播显然更得心应手。

早上出门上班的时候，你会发现电梯里有21金维他的广告。

如果你乘坐公共交通出行，在等公交车时，会发现21金维他在你身后陪你。幸运的话还能坐上健康“专列”。

要是你乘地铁上班，会看到更具视觉表现力和冲击力的21金维他系列海报。

传播更具亲近感，避免自说自话，高高在上的传播模式。

21金维他在内容选择和传播过程中，放低了传统药品企业的高姿态，以倾听者、倾诉者的姿态走进消费者。真诚而有趣地走进大众的娱乐和生活，打造出一个亲和力极强的品牌形象，而行业及用户的反馈，也从侧面印证了策略的正确。

三、年轻化创新，不断引发关注

身处竞争越发激烈的市场中，一次出圈容易被遗忘，只有持续的创造高质量的内容，才能被关注。而 21 金维他就有这样不断输出的创新力，并且引起了一些业内探讨，这么看研究这个宝藏品牌我们已经算晚了。

品牌年轻化已经不是一句口号，真正的年轻化需要极强的现实认知和执行力，确保落实到每个细节之处。相信日后的 21 金维他，能够像它的口号一样，将品牌传播，做到刚刚好。

（资料来源：公关界的 007，2019-07-17）

思考题：

通过案例分析，谈谈你对互联网背景下线上线下营销策划的看法。

3．实战训练

实战项目 1　组建项目实战团队

项目要求：

按照自愿组合的原则，4～6 人组建项目实战团队。民主选举队长，由队长组织团队成员进行 CIS 设计，确立团队理念，根据团队理念设计队名、队旗、队歌，团队分工，制定管理制度。每次上课时，每个团队由队长带领成员展示团队形象，朗诵队名、团队理念，合唱队歌，增强团队意识，培养学生团队合作的能力。

项目 2 ■■■■

品牌营销策划

教学目标

知识目标：

通过学习，熟悉品牌营销策划的概念；掌握品牌营销策划的内容；掌握品牌营销策划的操作程序、时机、方法和策略。

能力目标：

通过实战训练，具备品牌营销策划的能力。

2.1 认知品牌营销策划

2.1.1 品牌营销策划的概念

品牌是一个企业的形象和代表，也是企业的核心竞争力。品牌营销是通过市场营销运用各种营销策略使目标客户形成对企业品牌、产品和服务的认知、认识、认可的一个过程。品牌营销策划是在掌握大量信息的前提下，为企业品牌的整体营销活动提供一个科学的活动规范方案的决策活动过程。

中秋节品牌营销策划经典

一个有足够品牌影响力的企业不仅能够获得消费者的青睐，并能够得到消费者的信任，甚至赢得消费者的赞誉，反过来，消费者还会主动为企业进行品牌口碑宣传。品牌营销策划的最终目的是扩大品牌的知名度、美誉度和影响力，提升品牌价值，从而转化为企业的财富。

2.1.2 品牌营销策划的内容

1. 品牌营销环境分析

（1）竞争优势（Strength，S）分析。

①技术技能优势。包括独特的生产技术、低成本生产方法、领先的革新能力、雄厚

的技术实力、完善的质量控制体系、丰富的营销经验、优质的客户服务。

②有形资产优势。包括先进的生产流水线、现代化车间和设备、丰富的自然资源储存、充足的资金、完备的资料。

③无形资产优势。包括优秀的品牌形象、良好的商业信用、积极进取的公司文化。

④竞争能力优势。包括产品开发周期短、强大的经销商网络、与供应商良好的伙伴关系、对市场环境变化的灵敏反应、有利的竞争态势。

（2）竞争劣势（Weakness，W）分析。

①品牌知名度不高、形象不佳，影响产品销售。

②产品质量不过关、功能不全，致使品牌被消费者冷落。

③品牌定位不当，品牌渠道选择有误，使销售受阻。

④品牌传播方式不当，消费者不了解企业产品。

⑤品牌形象老化，行业竞争能力差或正在丧失。

（3）发展机会（Opportunity，O）分析。

①能争取到新的客户群，有进入新市场或市场面的可能。

②技能技术向新产品、新业务转移，能为更大客户群服务。

③市场需求增长强劲，可快速扩张。

④出现向其他地理区域扩张，有扩大市场份额的机会。

（4）不利因素（Threat，T）分析。

①人口特征、社会消费方式的不利变动，客户需求与爱好逐步转变。

②竞争者进入，竞争压力较大。

③替代品抢占企业销售额，主要产品市场增长率下降。

④行业政策的变化，国际国内经济形势的变化。

运用 SWOT 分析法进行品牌营销环境综合分析后，进行品牌定位，确定品牌营销战略。品牌营销战略包括：SO 战略，即扩张战略；WO 战略，即防卫战略；ST 战略，即分散战略；WT 战略，即退出战略。

2. 品牌定位

品牌定位是指企业在市场定位和产品定位的基础上，对特定的品牌在文化取向及个性差异上的决策。它是建立一个与目标市场有关的品牌形象的过程和结果。品牌定位要从主客观条件和因素出发，寻找适合竞争目标要求的目标消费者，满足他们的特定需要，唤起他们内心的需要。品牌定位的关键是要抓住消费者的心。品牌定位方法有：

（1）品牌功能定位法。利用产品在质量、性能、服务等方面的优势展开广告诉求。例如，立白的“立白洗衣粉，不伤手的洗衣粉”“用了立白洗衣粉，天天都穿新衣服”。

（2）品牌差异定位法。如果品牌具备资源的唯一性或稀缺性，可利用此策略。这是拉开竞争品牌的有利定位。例如，来自阿尔卑斯山的依云矿泉水。

（3）品牌数据定位法。通过数据导入，让品牌诉求显得更有说服力。例如，香飘飘的“杯装奶茶开创者，连续 6 年销量领先；一年卖出 7 亿多杯，连起来可绕地球两圈”。

（4）品牌情感定位法。在产品同质化与营销同质化的今天，通过研究消费者心理，运用情感定位法是最为普遍的。例如，郭德纲代言的“好这口，爱这味，冰糖葫芦汁儿”，娃哈哈纯净水的“我的眼里只有你”。

（5）品牌防御定位法。一般主要通过暗示手法强调品牌在行业的独特位置与优越性。例如，“法式小面包，还是盼盼好”“今年过节不收礼，收礼只收脑白金”。

（6）品牌识别定位法。通过强化视觉识别差异元素，加深客户对品牌的印象。例如，白加黑的“白天吃白片儿，不瞌睡；晚上吃黑片儿，睡得香”，暗示在治感冒的同时可以给予精神和睡眠上的帮助。

（7）品牌联想定位法。品牌联想定位是充分利用产品特征、文化元素等，达到有效牵引起客户对品牌的有效认知与记忆。例如，大众甲壳虫最早的老广告“想想还是小的好”，让你在准备买精致小车的时候就会联想到甲壳虫。

（8）品牌区隔定位法。通过植入产品特性、文化差异、品牌符合等元素与竞争品牌形成隐形对比，暗示自我品牌的优势，从而不断培育客户的忠诚度。例如，农夫山泉最早的“农夫山泉有点甜”，以及后来的“我们不生产水，我们只是大自然的搬运工”。

（9）品牌诱惑定位法。适宜品牌推广初期，主要目的是促进目标群体尝试购买。例如，欧莱雅的“你值得拥有”。

（10）品牌对比定位法。比较定位通过与竞争对手的对比来建立品牌定位，这个竞争对手往往不是同一个领域的，消费者因为难以获得，往往只能选择替代方案，即自己的品牌。例如，简一的“不用大理石，就用简一”，就采用了这一方法，突出了简一瓷砖跟天然大理石一样的品质，成为消费者的优选。

3. 品牌形象策划

（1）品牌的外观形象。品牌的外观形象是指品牌名称、外观设计、商标图案、包装装潢等直观的视觉、听觉效果。例如，“奥迪”牌汽车的商标是串联着的4个圆圈，“南山”牌奶粉外观设计的主题背景是绿色的草原等都属于品牌的外观形象，这是品牌形象系统中最外层、最表面化的形象。

（2）品牌的功能形象。品牌的功能形象是指被消费者所普遍认同的本品牌所具有的物理功能性的特征，也就是品牌能够让消费者产生的对产品的实用性、可靠性、安全性、便利性、先进性、舒适性、环保性等各种物理功能特性的联想。例如，一听到“格力”，人们就会联想到高质量，就会习惯性地认为，只要是“格力”的产品，质量就是最好的；一看到“华为”，人们就会联想到高科技，就会认为只要是“华为”的产品，科技就是最先进的；等等。

实用链接 白加黑——治疗感冒，黑白分明

1995年“白加黑”上市仅180天，销售额就突破1.6亿元，在拥挤的感冒药市场上分割了15%的份额，登上了行业第二品牌的地位，在中国大陆营销传播史上，堪称奇迹。

这一现象被称为“白加黑”震撼，在营销界产生了强烈的冲击。一般而言，在同质化市场中很难发掘出“独特的销售主张”，感冒药市场同类药品甚多，市场已呈高度同质化状态，而且无论中药还是西药，都难以做出实质性的突破。康泰克、丽珠、三九等“大腕”，凭借着强大的广告攻势才各自占领一块地盘，而盖天力这家实力并不十分雄厚的药厂，竟在短短半年里就后来者居上，其关键在于崭新的产品概念。“白加黑”是个了不起的创意。它看似简单，只是把感冒药分成白片儿和黑片儿，并把感冒药中的镇静剂“扑尔敏”放在黑片儿中，其他什么也没做；实则不简单，它不仅在品牌的外观上与竞争品牌形成很大的差别，更重要的是，它与消费者的生活形态相符合，达到了引发联想的强烈传播效果。在广告公司的协助下，“白加黑”确定了干脆简练的广告口号“治疗感冒，黑白分明”，所有广告传播的核心信息是“白天服白片儿，不瞌睡；晚上服黑片儿，睡得香”。产品名称和广告信息都在清晰地传达产品概念。

（3）品牌的情感形象。品牌的情感形象是指被消费者所普遍认同的品牌所具有的情感性的特征，也就是品牌能够让消费者产生的情感感受。例如，“多喜爱”让人感觉到温馨与爱意，“梦洁”让人感觉到浪漫与甜蜜，“晚安”让人感觉到呵护与关怀等。

（4）品牌的文化形象。品牌的文化形象是指被消费者所普遍认同的品牌所具有的文化性的特征，也就是消费者从品牌身上所能够感受到的某种文化品位或生活方式。例如，“可口可乐”代表了自由与激情，“万宝路”代表了坚韧与豪迈，“海尔”代表了团结与真诚等。

实用链接　“江小白”的品牌文化

“江小白”的品牌文化是小众的，是犀利的，是个性的，它代表了一种生活态度。“江小白”是一款针对年轻人的产品，尤其是叛逆、个性、有自我觉醒意识的年轻人。江小白牢牢抓住当下年轻人渴望表达自己、渴望获取关注的这一特点，将江小白作为年轻人满足表达欲的载体，活跃于消费过程中，其品牌文化在江小白的产品中展现得淋漓尽致。从包装设计上，摒弃掉传统白酒所采用的精致高档的外包装，而是采用简洁活泼的磨砂小瓶，给人一种活泼、朝气的感觉。从颜色搭配上，摒弃掉传统大红色，采用活泼青春的蓝色，让人眼前一亮。从卡通人物设计上，采用漫画男生作为主体，在年轻人中产生共鸣，或多或少都能从中看到自己的模样，吸引眼球。从文案编辑上，采用独树一帜的“语录体文案”，使年轻人不单单从理性消费角度购买产品。

（5）品牌的社会形象。品牌的社会形象是指被消费者所普遍认同的品牌所具有的社会性的特征，也就是消费者从品牌身上所能够感受出来的某种社会价值。例如，开“宝马”车体现了地位，吃“肯德基”象征着时髦，穿“金利来”代表着品位等。

（6）品牌的心理形象。品牌的心理形象是指被消费者所普遍认同的品牌能够带给消费者的某种自我价值的心理体验，是能够让消费者产生强烈心理共鸣的某种品牌特性。

例如，广告语“安踏，赢的力量”等。

4．品牌传播策划

（1）传统品牌传播方式。

①广告传播。广告是品牌最重要的传播方式，人们了解一个品牌，绝大多数信息是通过广告获得的。广告也是提高品牌知名度、信任度、忠诚度，塑造品牌形象和个性的强有力的工具。由此可见，广告可以称得上品牌传播的重心所在，包括电视、电影、广播、报纸、杂志、附送广告、广告式订单、街头海报、体育场广告牌、城市巨幅广告等。

②公关传播。公关作为品牌传播的一种手段，能够塑造品牌知名度，巧妙运用新闻点，塑造组织形象。公关传播还能够树立品牌的美誉度和信任感，帮助企业在公众心目中取得心理上的认同。

③促销传播。促销传播是指通过鼓励对产品和服务进行尝试或促进销售等活动而进行品牌传播的一种方式，其主要工具有赠券、赠品、抽奖等。

④人际传播。人际传播是人与人之间的直接沟通，主要是通过企业人员的讲解、示范、服务等，使公众了解和认识企业，并形成对企业的评价，这种评价将直接影响企业形象。在品牌传播的方式中，人际传播最易为消费者接受。不过，人际传播要想取得一个好的效果，就必须提高人员的素质。只有这样，才能发挥人际传播的积极作用。

（2）新媒体品牌传播方式。新媒体品牌传播是利用数字技术、网络技术、移动技术，通过互联网、无线通信网、有线网络等渠道以及电脑、手机、数字电视机等终端，向用户提供信息和娱乐的传播形态与媒体形态。新媒体品牌传播具有交互性与即时性、海量性与共享性、个性化与社群化。具体传播形式包括数字杂志、数字报纸、数字广播、移动网络、数字电视、数字电影、微博、微信、搜索引擎、SNS营销、论坛、抖音、快手、贴吧、动漫、直播、短视频等。

感兴趣的读者可上网搜索相关视频，如五芳斋国漫动画片《过桥记》。

（3）品牌整合营销传播方式。品牌整合营销传播是把企业一切线上线下的品牌传播方式，即传统品牌传播方式和新媒体品牌传播方式进行一元化的整合重组，以增强品牌诉求的一致性和完整性，对资源实行统一配置、统一使用，提高资源利用率，提升企业品牌形象，节约经营成本，提高企业利润，以达到最有效的传播影响力。

策划品牌传播方式，要根据成功地塑造品牌目标形象的要求、目标市场状况以及自身的综合条件等各种因素，科学、合理地选择和组合传播的方式，所选择和组合的传播方式要能够全面、准确、直观地表现出品牌的目标形象特点，同时要充分考虑到企业自身的经济条件，要注意对投入与产出效益的研究，尽量花最少的钱取得最大的效果。

5．品牌管理策划

品牌管理是为培育品牌资产而展开的以消费者为中心的规划、传播、提升和评估等一系列战略决策和策略执行活动，是建立、维护、巩固品牌的全过程。通过品牌管理有效监控品牌与消费者之间的关系，最终形成品牌的竞争优势，使企业行为更忠诚于品牌核心价值，从而使品牌保持持续竞争力。品牌管理的策略有：

（1）以质量为立足点，树立全面的品牌意识。产品的竞争、品牌的较量，首先是质量的竞争。质量对产品的效能具有直接影响，与客户价值和满意度密切相关。企业要想在竞争中生存，除了接受质量观念，别无选择；要想在竞争中取胜，除了不断提高产品质量，别无出路；要想建立名牌，必须以高质量的产品为基础。

（2）以知名度为催化剂，注重品牌个性化与差异化。21 世纪的消费者是理智成熟的，传统消费方式正逐步向个性化消费方式过渡。随着改革开放的不断深入、社会保障体系的日益完善、人们收入水平的逐步提高，人们的消费需求已从生活基本需求向更高级的需求转变，消费观念已不再是商品从无到有的过程，而是享受购物服务、追求完善和展现个性，达到精神上的满足。

（3）以文化为根本打造世界名牌。文化是根植在一定的物质、社会、历史传统基础上形成的特定的价值观、信仰、思维方式、习俗的综合体。文化具有连续性和稳定性，是环境因素中最深层、变化最慢的，但文化并非一成不变。现代世界不同文化既在努力保持各自的特色并发展自己，又在不断地相互交融和渗透。企业要在竞争中立于不败之地，必须将产品与文化结合起来，必须了解自己所面对的客户的文化以及他们的消费行为在多达程度上、哪些方面受到其文化的影响，从而调整自己的产品，使产品形象体现出的文化适合消费者的心理需求，强化自己产品的诉求能力，使消费者产生愉快感、信赖感、可靠感、安全感，形成有特色的品牌文化。

2.2 品牌营销策划的操作程序与方法

2.2.1 品牌营销策划的操作程序

1. 收集资料

品牌营销策划首先要收集与企业的品牌营销策划有关的各种资料，这些资料将成为分析与策划的重要依据，包括宏观环境因素、微观环境因素、消费者需求特点、市场需求走向、市场竞争状况等。要充分利用现代化的媒体手段，以科学原理为指导，大量收集资料，并透过现象去粗取精、去伪存真、由表及里地对其进行加工处理、分析研究，最终得到进行品牌营销策划需要的资料。

2. 品牌定位

运用 SWOT 分析法对品牌进行全面分析，更深层次地发掘品牌的核心价值，进行品牌定位。品牌的核心价值是有别于竞争对手的，符合消费者需要的形象，能够充分体现品牌的独特个性和差异化优势，在消费者心中占领一个有利的位置。然后规划品牌营销战略。规划品牌营销战略有 5 种类型：以需求为中心，如宝洁就是其中的典型代表；以产品为中心，如苹果电脑就是其中的典型代表；以品类为中心，如加多宝红罐王老吉就具有这种特点；以市场为中心，如娃哈哈就具有这种特点；组合型就是 4 种品牌战略类型在不同程度上的组合。

3．品牌形象策划、品牌传播策划和品牌管理策划

首先，进行品牌形象策划。品牌形象策划的内容有品牌的外观形象、品牌的功能形象、品牌的情感形象、品牌的文化形象、品牌的社会形象和品牌的心理形象。

其次，进行品牌传播策划。品牌传播策划的内容有传统品牌传播方式、新媒体品牌传播方式和品牌整合营销传播方式。

最后，进行品牌管理策划。品牌的形成容易但维护较难。没有很好的品牌关怀战略，品牌是无法成长的。所以，品牌管理的重点是品牌的维护。品牌维护要求品牌产品或服务的质量不断提升，从而有效防止由于内部原因造成的品牌危机，同时加强品牌的核心价值，进行理性的品牌延伸和品牌扩张，有利于降低危机发生后的波及风险。品牌维护的策略有品牌的自我维护、品牌的法律维护和品牌的经营维护。

4．品牌管理

在实施品牌营销策划方案的过程中，要树立以客户利益和产品与服务质量为主导的全面品牌创建意识，建立常规的品牌战略实施监管机制，将品牌的创建规划、传播推广、效益评估以及创新维护等全过程加以实施监管。在品牌管理过程中，必须评估和完善品牌建设过程中负面的、有损企业品牌形象的因素，采用多种策略对刚刚出现的负面问题进行及时处理，降低其负面影响，维护品牌声誉，使品牌形象不断得以修正和完善，使品牌价值不断得到提升。

2.2.2 品牌营销策划的时机

1．换将之时

对企业营销团队进行调整，换了团队的主要领导，也换了营销总监。之所以换将，多是因为他们的营销业绩不理想，这时就需要再思考营销策略，进行品牌营销策划。

2．换品之时

企业对产品体系的调整，如推出新产品或新业务，这时是建立品牌种子体系的好机会。一方面推出新产品希望能有新的市场表现，另一方面新产品用什么样的品牌价值体系来支撑，这些都是要考虑的关键因素。所以这时，企业必须考虑自己的品牌运营体系。

3．换地之时

从区域市场拓展的角度来看，当一个区域品牌成长到拥有了开疆区域的欲望时，企业往往面临着更复杂的市场环境，从目标人群的消费观念到竞争对手及营销环境，都会有很大区别。这时需要进行品牌盘点，总结有效经验，在稳固既有市场的基础上，进行更大区域的品牌规划。

4. 换季之时

每个企业都有自己的财政年度，大多数都与自然年度相结合。每年的最后一个季度，尤其是淡旺季明显的企业，这时都是品牌定位的调整时机。

实用链接 良品铺子换标：聚焦品质，凸显年轻化、国际化战略

2018年，良品铺子继提交IPO申请之后，又于其12周年庆典上宣布换标。相较旧版来说，新版标识改动较大，更聚焦、更年轻化和更国际化。

从视觉上说，其沿用了12年的良品妹妹形象被完全弃用，改用现代化设计的“良”字代替，而且这个“良”字占比最高、最醒目。背后的意图则是聚焦品质——“良品”。事实上，作为休闲食品行业的领头羊，良品铺子一直坚持品质的初心。“良品铺子创立的初心就是‘良心的品质，大家的铺子’。以‘良’作为标识，能提醒我们不忘初心，并简洁有力地表达我们对品质的承诺。”良品铺子相关负责人这样说道，此次品牌形象升级已经正式投入应用，“我们已经制订了一套详细、完整的计划，将这些升级陆续应用在门店环境、广告、招牌、产品造型、办公用品、服装服饰、包装系统、陈列展示、印刷出版物之中。”

为凸显对品质的高追求，良品铺子在发布新版标识的同时，对“良印”“百良图”“百里挑一”等品牌形象辅助视觉进行了加强。这些辅助形象皆撷取于主标识的一部分，以钩的符号，让消费者直接联想到美好寓意。

“全球挑零食，只为挑剔的你。”良品铺子本次换标背后，是企业对自身核心优势的进一步聚焦，进一步强化了良品铺子品质大于天的理念。

- 更年轻化。良品铺子新版标识，颜色从原来的橙色、暗红色掺杂变为统一的明红色，这一独特的颜色被定义为“良品红”，更加质感、时尚，比较适应目前消费者年轻化、用户粉丝化的大趋势。
- 更国际化。新版标识的设计有很大一部分原因是出于国际化战略的考虑。新版标识从中国传统印章中获得灵感，对“良”字进行印章化，从对传统文化的传承上凸显良品铺子的民族优势，进而在一众国际化企业中独树一帜。另外，“良”字笔画的省略和符号化，使整体的沟通更加稳健，也是与国际接轨的一个信号。据了解，良品铺子于2018年4月开始进军国际市场，目前已经进入美国、澳大利亚、英国、法国等20个国家，总业绩达到220余万元，月环比最高增长率达到44.9%。

2.2.3 品牌营销策划的方法

1．独辟蹊径法

当市场趋于饱和、相对成熟时，产品和营销方法都不断趋于同质化，市场细分的难度增加，竞争的难度也随之升级。企业可以选择另一条路，创造一个新市场并牢牢控制这个新市场。抢先法则认为，发现一个新市场并迅速占领它比什么都重要。创造新市场的方法有产品创新、营销手法创新和使用方法创新 3 种常用方法。

2．借船出海法

借船出海法就是借势，借助其他事物、人员和组织良好的知名度、美誉度、信任度和关注度，把这些优势合理地转移到自己品牌身上，以便快速地促进销售。经常借助的资源有公有资源、知名企业、重大事件、知名人物等。

3．挑战名牌法

名牌一般在消费者心目中具有很高的位置。在消费者看来，能够挑战名牌，特别是领导品牌的企业一般实力雄厚，必然有过人之处。能与高手下棋的自然是高手，这是消费者的普遍心理。正是抓住了这一消费心理，许多企业才果断向行业领导品牌挑战，使自己获得了与领导品牌平起平坐的资格。运用挑战名牌法必须注重方法和技巧，要在分析领导品牌的前提下，提出差异化策略。

4．集中优势法

领导品牌表面上看来不可一世、无懈可击。其实，领导品牌企业的灵活性不如小企业；不同区域市场发展不平衡；产品线较长，不同产品间发展也不平衡；领导品牌因为要考虑全国市场，很难根据当地情况开发合适产品、制定合适营销策略。在理论上，领导品牌为劣势品牌留下了足够空间，这也是许多中小企业健康发展的根本原因。劣势品牌只有善于发现领导品牌的弱点，寻找到合适的商机，才能发挥自身优势使品牌得到迅速扩张。劣势品牌一般可支配的资源有限，只有集中优势采取“个个击灭，步步为营”的策略，才能在残酷竞争中立足发展。常用的集中优势法有集中市场、集中产品和集中专长 3 种方法。

5．出奇制胜法

喜新厌旧、追求新奇是人的天性。新奇事件犹如导火索，一旦点燃某个话题，必然引起社会的高度关注，进而引起全社会的讨论，最终在消费者心中留下深刻的印象。在品牌推广时利用出奇制胜法会起到“一发抵千钧”的效果。在出奇制胜方面的经典案例是农夫山泉突然宣布停止生产纯净水事件。2001 年多家饮用水企业，如娃哈哈、乐百氏等，在媒体上挑起了“水种之争”，社会广泛讨论“纯净水、矿泉水孰优孰劣”。正在难分伯仲之际，2001 年 5 月农夫山泉单方面在中央电视台黄金时段宣布：“农夫山泉停止生产销售纯净水。”这一公告立即引起了社会的广泛讨论和其他企业的攻击，甚至连企业间的峰会、官司等协调过程都成了新闻追踪报道的焦点。农夫山泉没有过多的回应，而是用系列策划方案针对性地诠释了“农夫山泉是健康水”的卖点。

6．品牌延伸法

品牌延伸法是将现有成功的品牌，用于新产品或修正过的产品上的一种方法。品牌延伸并非只借用表面上的品牌名称，而是对整个品牌资产的策略性使用。品牌延伸是实现品牌无形资产转移、发展的有效途径。品牌也受生命周期的约束，存在导入期、成长期、成熟期和衰退期。品牌作为无形资产是企业的战略性资源。如何充分发挥企业的品牌资源潜能并延续其生命周期便成为企业一项重大的战略决策。品牌延伸法一方面在新产品上实现了品牌资产的转移，另一方面以新产品形象延续了品牌寿命，因而成为企业的现实选择。

7．抢注名牌法

一个好的品牌名称是品牌被消费者认知、接受、满意乃至忠诚的前提。品牌的名称在很大程度上影响品牌联想，并对产品的销售产生直接影响。品牌名称作为品牌的核心要素甚至会直接导致一个品牌的兴衰。我国现行商标法规定了商标要按不同行业分别注册。许多企业往往忽视了相关行业领域商标的注册，为自己留下了隐患，也为其他企业抢注留下了空间。如果弱势品牌能找到名牌产品的“死点”，通过合法途径在其他相关领域抢注名牌商标是最好的品牌速成策略，一下子就把名牌的光环戴到自己头上，可谓一步登天。

8．它山之石法

现代社会信息交流的速度太快，同行业之间不但产品同质化，而且营销也同质化。如何寻找更新的营销思路以求突破？借鉴其他行业的先进营销经验是一种有效方法。我国许多行业之间营销水平差距较大，一般竞争激烈的行业营销水平也相对较高，如家电、通信、医药保健品、日化等行业。这些行业营销操作难度较大，营销人员工资水平较高，集中了许多营销精英。其他行业如果借鉴这些行业的品牌营销经验会取得意想不到的效果。

品牌故事：旺仔才是年轻人的“硬核锦鲤”

2.2.4　品牌营销策划的策略

1．加（人无我有）

加是在原来产品的基础上，加入新的功能、新的元素、新的情感、新的价值点，从而打造产品的差异化。在互联网时代，可以用互联网元素来重构产品。从小的方面来说，传统的牙刷如果加入电动功能，就变成了电动牙刷；从大的方面来说，汽车如果加入互联网功能，就变成了互联网汽车。除了增加功能，还可以为产品注入情感与概念。

实用链接 卖玫瑰花的公司

玫瑰花有多奇特？花七八十块钱，随处都能买到 12 朵。然而，在 ROSEONLY 公司，12 朵玫瑰花你却要花 1 314 块钱才能买到，因为 ROSEONLY 说：每一个男人，在这个平台上，只能给一个女人送花，第二个，不送。ROSEONLY 为玫瑰花加入了“一生一世只爱一个人”的专爱情感元素，所以才会让那些女生，甚至女明星，期待自己的男朋友，通过 ROSEONLY 平台给她们送花，哪怕送一次也好，因为要占住“一生一世”的坑。当企业为产品注入新的概念、新的情感时，就能够在竞争对手中脱颖而出。

2. 减（人有我便）

减是帮助客户省去相关的环节与麻烦，让客户在购买产品时更方便、使用产品时更便捷，从而打造差异化的体验。例如，坚果品牌“三只松鼠”。当你收到三只松鼠的产品时，一打开包裹，就会发现每个包裹里都有一个果壳袋，方便把每次吃完的果壳放在里面。当你打开产品时，还会发现产品袋里有一个封口夹，吃不完时方便用这个封口夹封住袋子。令你想不到的还有，袋子里居然还有湿纸巾，方便吃完之后不用再去洗手。当你为客户省去相关的环节与流程时，就能在体验上打造差异化。减告诉我们，永远为客户多想一步，让客户少做一步。

3. 乘（人有我强）

乘是指放大产品的外形、功能，做大、做强，从而突出差异化。例如，有一个做卤豆腐串的商家，生意特别好，因为他的豆腐串是全长沙最大的豆腐串，于是很多网红都特地跑来买他的豆腐串并拍视频上传到抖音。可见，足够大也是一种特点。

4. 除（人有我精）

除代表着缩小与聚焦。当聚焦于某个细分市场，进入某细分领域时，更容易打造出差异化。例如，做面膜的商家，可以专注于做孕妇面膜，在细分领域市场，精耕细作，成为第一名。又如，很多服装品牌的款式是多种多样的，而有一家公司只专注于做小黑裙，这家公司就叫小黑裙。它专注于小黑裙的爱好者，邀请了 100 多位设计师设计不同的版型，轻松成为网络上的网红品牌。

5. 转用（人有我变）

转用是指把原有的产品变换客户群体，或者变换用途，在与竞争对手不同的战场上体现品牌的差异化价值。例如，牛奶在人们印象中是用来当早餐的，蒙牛公司经过调查分析发现，人们在上门做客的时候，一般都会带上一箱牛奶和一些水果。于是，蒙牛公司就开发了一款专门用来送礼的中高端牛奶：特仑苏。

6．时（时空转换）

时是指时空转换，就是把原有的产品变换使用的时间、空间与场景。例如，经典的感冒药“白+黑”，“白天服白片儿，不瞌睡；晚上服黑片儿，睡得香”，通过切换场景，轻松从众多感冒药中脱颖而出。那么，面膜可不可以“白天贴白片儿，晚上贴黑片儿”呢？可以推出专属于夜晚版的面膜，毕竟夜猫子越来越多。在场景化消费的时代，可以选择产品不同的使用场景，通过场景的差异化，打造品牌的与众不同。

2.2.5　品牌营销策划应注意的问题

1．差异化

采取差异化策略的根本目的是营造比对手更强大的优势，最大程度地赢得客户的认同。定位差异化主要包括品牌定位、行业角色（竞争导向）等。执行差异化主要包括消费者沟通模式差异化（需求导向）和营销执行体系、机制、人员配置等差异化（竞争导向）。个性差异化主要包括产品包装、附加服务、品牌个性差异（需求导向）以及品牌名称、角色、卖点等差异化（竞争导向）。

2．生动化

品牌营销策划强调的生动化，指的是围绕产品所展开的一切推广手段、方法和模式都要从过分的商业促销中走出来。从全民参与角度出发，强调趣味性、娱乐性和互动性，在活泼中融入个性，在轻松中吸引投入，同时，双方保持协同一致与交流沟通中增加理解、友好等动态平衡元素。一些为大众喜闻乐见的有意义的公益活动，是可以快速提升产品的知名度与美誉度的，并以最小的代价获得最大的效果。

3．人性化

品牌营销策划强调产品营销要自始至终围绕人性和亲情这一主题来开展，变“请进来”为“走出去”。一些企业的售后服务定期跟踪，定期回访，但是，像这种隔着电话线的沟通方式，远远满足不了消费者越来越挑剔的消费心理，也很难达到双方信息接收和反馈上的动态平衡，而走进消费者身边倾听消费者心声，为其提供心贴心的亲情化沟通，不仅满足了消费者的心理需求，更满足了消费者的精神需求。

思考与应用

1．思考题

（1）简述品牌营销策划的内容。

（2）简述品牌营销策划的程序。

（3）简述品牌营销策划的时机。

（4）品牌营销策划有哪些方法和策略？

2．案例分析

小罐茶品牌故事：“现代派”的中国茶品牌

小罐茶，这个小铝罐包装的茶品牌，一年多的时间，悄无声息地在全国开了 300 余家店，又悄无声息地冲到茶品牌的年销售额前三。被市场证明的傲人销量背后，是精打细造的好产品。让茶变得简单时尚，易于接近和传承，是小罐茶创立的初衷。怀揣这个初衷，小罐茶开始了自己的故事。

2012 年，当杜国楹带着自己的“寻茶小团队”出发时，应该想不到自己会走这么久。为了更贴近这个行业，“寻茶小团队”跑遍了中国所有的核心茶产地，咀嚼过无数种风格的茶叶，和各地的茶农交流经验。许多茶行业的书籍，他们都随身携带着，没事就翻。

真正深入这个领域之后，杜国楹才清楚茶产业为何被称为“黑森林”。

中国的茶，素来只分产地，迟迟没有标准。西湖龙井是我国最著名的绿茶品种，同时也是我国的第一名茶。杭州西湖山区的狮峰、龙井、五云山、虎跑一带，是西湖龙井的正宗产地。因为消费者不懂茶，行业内又长时间的标准缺失，所以茶企通常难以发展。繁、奢、土、乱要价，是大多数普通消费者对茶的认知。按照团队的市场研究，这个拥有 3 600 亿元规模的行业，7 万家茶企却不见名牌，国内最大茶品牌天福茗茶所占的行业份额不到 0.5%。

这是一个品牌集中度极低的行业，大多是作为农产品或文化产品的茶，而作为消费品存在的茶品牌，是一个巨大的空白。

寻茶路上，道阻且长，但杜国楹坚信，自己会把阳光带进这片“黑森林”。“黑森林”之所以暗无天日，很大程度上都是由于行业标准的缺失。什么是好茶？1 000 个人也许有 1 000 种看法，消费者根本就得不到标准答案。一个没有标准的行业，不正如一片没有阳光的森林吗？好茶没有标准，买卖不够透明，消费者怎么会有安全感？一个给不了消费者安全感的行业，又会有什么发展前景？

想在行业内得到发展，杜国楹首先要做的，就是制定出茶的标准。“传统茶产业的人，大多是农产品思维，欠缺消费品的标准化思维。他认为这是标准的，但是消费者不认可这个标准。一个茶店里有 100 个产品，价格都不一样，你让消费者怎么懂？”杜国楹解释道，茶行业的人都是专家思维，可消费者不是专家，许多茶方面的东西，他们不懂。

没有标准，“寻茶小团队”就去寻找标准。他们相信，行业标准会像阳光，照亮这片“黑森林”。

最初的时候，他们想用有机，做成一个好茶的标准。于是，他们从国家认证委的网站上找到全国十大名茶详细的有机茶名单，开始按图索骥。第一轮寻访，团队实际接触过的茶企超过了 500 家。在访专家、寻产地的过程中，杜国楹却感觉到了迷茫，因为有机的标准和概念在中国相当模糊，对品质的加持力不足。

那就只能放弃了。失落的杜国楹仍然投身于寻茶中，幸运的是，新思路很快就出现了。在拜访武夷岩茶的游玉琼大姐时，杜国楹看到她家墙上挂着一个牌子——“国家非物质文化遗产项目武夷岩茶制作技艺代表性传承人”。还有这个？杜国楹眼前一亮。深入调研后团队发现，这个国家级非遗传承人，含金量很高。每位非遗传承人都是国家通过层层筛选认定的，来自每个知名茶品类，每种茶圈子相对较小，大家水平如何基本都心知肚明，所以一定是要服众才能被选上。

国家级非遗传承人都是行业内的大师，想找大师合作，也没那么简单。

杜国楹的理念是，把复杂的事情简单化，做世界的中国茶。茶行业的产业链过于冗长，这无疑会增加行业内的乱象。他想把一切变得简单，让行业更加透明。加上杜国楹对打磨产品的执念，对打造伟大品牌的追求，这些无疑给苦寻出路的传统茶企打开了一扇新窗。虽然也有很多人不理解，但绝大部分的制茶大师对于小罐茶的创新理念，还是表示支持的。福鼎白茶制作技艺传承人林振传与“寻茶小团队”谈了两小时就拍了板：“你们不要再去找任何人了，这个事我跟你们合作。”而武夷岩茶大红袍制作技艺传承人王顺明更是百感交集地来了句：“我等了你们一辈子!”王顺明从事茶叶工作44年，一辈子都在跟茶打交道。在他看来，传统茶企擅做好茶，从栽培、种植、管理、加工到检测……一系列工艺炉火纯青。但传统茶企做不好品牌。老爷子一直遗憾于“始终没有让祖国的茶叶成为世界品牌”，所以当杜国楹说“要做世界的中国茶”时，王顺明激动到老泪纵横。

最终，杜国楹和他的团队找到了八大名茶的 8 位代表人物。8 位大师代表着 8 套炉火纯青的正宗传承制作技艺。用王顺明的话说，艺由师承，没有一个环节可以怠慢。于是，也就有了“小罐装，大师作”的品牌口号。

杜国楹在一个最难标准化的行业，巧妙完成了标准化的动作，虽然饱历艰辛，却还是拨开了这片“黑森林”，灌入了些许透亮的阳光。产品标准有了，但小罐茶作为商品出现在市场上，一个稳定的产业链必不可少。茶行业的供应链问题从来没有真正得到过解决，现在这个问题又到了杜国楹手里，他的解决方案是：把手机行业的供应链分工带入茶行业。

杜国楹对小罐茶的设想，也包括对整个茶行业生态链的改造和升级，让这个行业更符合现代生产特征。“这个行业以前是没有分工的。”杜国楹介绍，小茶农只能卖茶给采购商；大茶农大部分是前店后厂、非常原始商业的状态。这个产业链的利润分配也是非常扭曲的，茶农往往只获得整个产业链非常少的利润。“如果茶农迟迟得不到更好的收入，他们怎么可能不喷农药、不上化肥？今年，小罐茶收购原料的成本，比去年上浮了 30%以上。”他想用实实在在的收益回报告诉茶农，对生态的保护越周到、茶叶的品质越好越安全，他们就能得到越多的回报。市场上的小罐茶每罐 4 克，售价 50 元，折合 6 250 元一斤。消费者可购买到 10 罐装、20 罐装的礼盒。这是杜国楹始终坚持的定价策略，他认为，所有产品必须统一定价，这才能构成产品的“标准化”。

“我必须在各种要素下寻求一个最好的平衡，化繁为简，最终造就产品是统一重量、统一等级、统一品质、统一价格。而消费者最终记住的，也是这个‘统一’。”能在标准混乱的茶行业，给消费者标准化、安全的选择，这就是从农产品到现代化消费品的升级。

“5 年前，我们看到的是一个巨大的商机，今天，我们看到的是一个伟大的使命。”杜国楹说道。全世界都知道茶是中国的文化和传统符号，我们应该传承下去。小罐茶所做的，就是从当代吸收一些新的元素，开辟一条新路。现在看起来，这是在打破传统，但几十年甚至百年之后，新路就会变成传统。这就是文化和传播保持活力不断向前的轨迹。

（资料来源：中国品牌网，2018-11-01）

思考题：

分析小罐茶创建“现代派”中国茶品牌的过程，归纳其品牌营销的程序。

3. 实战训练

实战项目2　品牌营销策划方案分析研讨

项目要求：

选择一家公司，运用品牌营销策划的学习内容，团队成员对该公司的品牌营销现状进行分析，提出建设性意见，撰写××公司品牌营销策划方案，制作PPT，在“××公司品牌营销策划分析研讨会”上宣讲，由同学们讨论、评议，教师指导，达到交流、提高的目的。

项目 3

服务营销策划

教学目标

知识目标：

通过学习，掌握服务营销策划的内容；掌握服务营销策划的操作程序与方法。

能力目标：

通过实战训练，具备服务营销策划的能力。

3.1 认知服务营销策划

3.1.1 服务营销策划的概念

服务营销是以服务为中心，以客户为导向，充分满足客户需求的营销活动。服务营销不只是一种营销手段，也是一种经营理念。例如，海尔所提倡的“客户永远是对的”这一服务理念。海尔卖的不是产品，而是为客户提供某方面服务的全面解决的方案。海尔正是在这种朴实的服务营销观念的指导之下，以其优质的服务在消费者心目中树立了良好形象。

服务营销策划是企业在充分认识消费者需求的前提下，为充分满足消费者需求在营销过程中所采取的一系列服务活动的决策。

实用链接 海底捞的“服务营销”

“服务至上，客户至上。”这是海底捞自始至终秉承的经营理念，以创新为核心，改变传统的标准化、单一化的服务，提倡个性化的服务，将用心服务作为基本经营理念，致力于为客户提供“贴心、温心、舒心”的服务，赢得了客户良好的口碑，公司也得到迅速发展，成为我国服务业经营之典范。

一、品牌

海底捞致力于火锅技术的开发与研究，以独特、纯正、鲜美的口味在客户心中留下了“好火锅自己会说话”的好评。

二、客户

海底捞特别注重客户就餐的体验感受。例如，点餐时，为所有客户送上围裙和热毛巾，为长发女士送上发卡和皮筋，为戴眼镜的客户送上眼镜布，还会送上小礼物、口香糖等，候餐时提供免费的水果、杂志、美甲、擦皮鞋等服务，这就是海底捞的“超级服务”。

三、员工

海底捞认为员工才是企业的核心竞争力，他们的重要性远超于利润，甚至超过客户。企业给员工的福利极其丰厚。例如，为员工准备离工作地点近的宿舍，有专人负责保洁，配备电脑，每月为员工的父母寄400～500元钱，让员工的家人也支持其工作等。这些激励使员工内心具有归属感，因此能让员工全身心地投入工作中。满意的员工才能带来满意的客户。

海底捞的经营实践证明，员工的满意是基础，“超级服务”是留住客户的秘密武器。

3.1.2 服务营销策划的特点

服务营销策划具有不同于实物产品营销策划的特点：

（1）服务营销以提供无形服务为目标。

（2）服务的不可分离性决定了服务产品的消费与服务产品的提供是同时进行的，也就是说，服务的消费者要直接参与服务的生产过程，并与服务的提供者密切配合。

（3）服务的差异性导致同一服务者提供的同种服务会因其精力和心情状态等不同而有较大的差异，同时消费者对服务本身的要求也参差不齐，这就使得服务营销工作的稳定性差。

（4）大多数服务的无形性以及生产与消费的同时进行，从而决定产品供需在时空上分布不平衡的问题，调节供需矛盾，实现供需平衡。

（5）服务的所有权缺位特征决定了在服务的生产和消费过程中不涉及任何实体的所有权转移。

3.1.3 服务营销策划的内容

1. 服务营销理念

服务营销理念是企业服务营销活动的指导思想，是有效实现服务营销功能的基本条件。服务营销观念贯穿于服务营销活动的全过程，并制约着企业的服务营销目标和原则，是实现服务营销目标的基本策略和手段。服务营销理念正确与否，直接关系到企业服务营销活动的质量及其成效。企业要树立正确的服务营销理念，通过“以服务为导向”“以客户为中心”的经营思想，以优质的服务真正为客户解决问题，达到其经营的目的。

2. 服务市场细分与定位

任何一种服务市场都有为数众多、分布广泛的服务需求者，由于影响人们需求的因素是多种多样的，因此服务需求具有明显的个性化和多样化特征。任何一个企业，无论其能力多大，都无法全面满足不同市场的服务需求，都不可能对所有的服务购买者提供有效的服务。因此，每个企业都要把其服务的市场或对象进行细分，在市场细分的基础上选定自己服务的目标市场，找准客户，寻找对企业有价值、能让企业盈利的客户；然后站在客户的立场上，使用直接深入客户内心的方法，找出客户对企业提供服务的期望，以准确地选择服务的具体内容和重点对象，设计出满足目标市场需求和欲望的服务。

3. 服务营销组合

服务营销组合策略包括服务产品、服务定价、服务渠道、服务沟通或促销、服务人员与客户、服务的有形展示、服务过程。

4. 客户关系管理

企业利用先进的客户数据库系统收集和积累客户大量的信息，建立客户档案。通过数据库提供的资料，统计分析出客户的类型，找出并留住对企业最为有利的客户群体。企业要在已有业务的基础上，加强与客户的交流与沟通，针对客户需求适时动态调整企业行为，进行服务创新，开发多样化的增值服务，以最人性化、个性化的服务达到客户满意与忠诚。

客户关系管理包括：客户概况分析，包括客户的层次、风险、爱好、习惯等；客户忠诚度分析，指客户对某个产品或商业机构的忠实程度、持久性、变动情况等；客户利润分析，指不同客户所消费的产品的边缘利润、总利润额、净利润等；客户性能分析，指不同客户所消费的产品按种类、渠道、销售地点等指标划分的销售额；客户未来分析，包括客户的数量、类别等情况的未来发展趋势、争取客户的手段等；客户产品分析，包括产品设计、关联性、供应链等；客户促销分析，包括广告、宣传等促销活动的管理。

实用链接　小米全民客服体系

小米企业文化强调“全民客服”，即从创始人开始，所有管理者都亲自参与客户问题的解答，通过论坛和微博上的交互来帮助客户。也因为自上而下的重视，服务型的小米创造出了大服务体系。小米目前拥有 1 300+座席，3 000 人的客服团队，实行 7×24 小时服务，并同时服务 8 个国家和地区，已成为手机行业最大规模的客服中心。自 2010 年小米公司客服中心初建到今天，小米客服已成为业界标杆。

小米客服的创新主要体现在两个方面：一是技术创新，二是服务创新。

一、技术创新

（1）在线技术平台。小米在线技术平台可满足多数量沟通下很好地保持与客户的有效交流、信息推送以及后端数据管理。小米在线技术平台的60%采用了其他厂商的现有产品，40%由小米自行开发。

（2）工作流程创新。怎么能够快速地把一些受理信息做跨部门推送？判断哪些是客户关心的紧急、重要的需求？让产品部做内部优化。流程一定要简单，简单不是把复杂流程简单删减，而是从一堆流程中找出哪个是客户的直接接触点，是否能给客户及时反应，而且是客户最需要的结果。因此，小米的工单是逆向思维设计，服务动作是情景设计。

二、服务创新

（1）“弱KPI”团队管理。小米内部一直提倡和推崇“客户思维”“产品经理”文化。这样的文化也辐射和影响到客服中心的核心表现应该是“去KPI”。具体来说，就是去繁从简，只关注一两项核心指标，其他指标让员工统统“忘记”。因为对于员工来说，指标越多就越不容易分清重点，越有一种被限制、被不信任的感觉，因此，“弱KPI”的团队管理旨在给员工更多的空间，让他们学会独立思考、自主解决工作中的问题。

（2）员工理念上的创新。不少人认为，小米客服最好的案例是“神回复”。小米客服在运营管理上对员工充分释放沟通的灵活度，不光释放心态，还释放思维意识。小米在招聘时会尽可能选择知道小米产品、喜欢小米产品的“米粉”，因为他们更加感同身受，会真正切中用户需求。

这些理念上的创新，小米从招聘到培训就开始植入。小米在设计知识库信息提示环节时，会用图片展示每个流程并采用模拟器技术，员工看图就知道出现这个页面该说什么做什么，使信息传递变得有立体感，更直观快速、更有效地支持员工和客户沟通。

（3）客户沟通渠道上的创新。小米目前已经有了小米论坛、小米微博、小米微信、小米热线、小米在线、小米邮箱以及线下的小米之家等。总之，无论客户在哪里，小米客服的服务就跟随到哪里。

目前，小米一线客服中过半是在线客服。在互联网时代，应该以客户喜欢的方式，利用客户碎片化的时间来实现高效的客户服务。而这种一对多的服务模式，大幅度地降低了通信和运营成本。

3.2 服务营销策划的操作程序与方法

3.2.1 服务营销策划的核心

服务营销策划的核心就是服务的定位。一个竞争型企业要通过服务方面的定位创造出和竞争对手的差异。一个系统的服务定位主要考虑3个因素：一是客户的服务需求，二是系统自身的服务能力，三是竞争对手的服务定位。在对这3个要素综合分析的基础上，找到服务定位，找到与竞争对手的差异点。

3.2.2　服务营销策划的操作程序

1. 服务市场细分与定位

任何一种服务市场都有为数众多、分布广泛的服务需求者，由于影响人们需求的因素是多种多样的，因此服务需求具有明显的个性化和多样化特征。任何一个企业，无论其能力多大，都无法全面满足不同市场服务需求，都不可能对所有的服务购买者提供有效的服务。因此，每个企业在实施其服务营销战略时都需要把其服务市场或对象进行细分，在市场细分的基础上选定自己服务的目标市场，科学地进行服务营销定位。

2. 设计服务营销组合策略

根据服务的目标市场有针对性地设计服务营销组合策略。

3. 制订服务营销计划，组织实施

根据市场调查与客户期望设定营销目标，制订出详细的服务营销计划，并拟出各个阶段的工作分工与细致安排，以及每个时间点、段必须完成的工作进程计划。

服务营销策划的原理：客户让渡价值

4. 建立跟踪体系，提供附加服务

对各个消费群有专人负责，对口接待，提供附加服务，如客户联谊、消费积分奖励等促销服务。

3.2.3　服务营销策划的方法

1. 服务差异化策划

服务差异化策划是服务企业面对较强的竞争对手在服务内容、服务渠道和服务形象等方面采取有别于竞争对手而又突出自己的特征，以战胜竞争对手，在服务市场立住脚跟的一种方法。目的是要通过服务差异化突出自己的优势，增强竞争力。实行服务差异化策划可从以下 3 个方面着手。

（1）调查、了解和分清服务市场上现有的服务种类、竞争对手的劣势和自己的优势，有针对性、创造性地开发服务项目，满足目标客户的需要。

（2）采取有别于他人的传递手段，迅速而有效地把企业的服务运送给服务接受者。

（3）注意运用象征物或特殊的符号、名称或标志来树立企业的独特形象。

2. 服务有形化策划

服务有形化策划是指企业借助服务过程中的各种有形要素，把看不见摸不着的服务产品尽可能地实体化、有形化，让客户感知到服务产品的存在，提高享用服务产品的利益过程。服务有形化策划包括 3 个方面的内容。

（1）服务产品有形化。通过服务设施等硬件技术，如自动对讲、自动洗车、自动售货、自动取款等技术来实现服务自动化和规范化，保证服务行业的前后一致和服务质量

的始终如一；通过能显示服务的某种证据，如各种票券、牌卡等代表客户可能得到的服务利益，区分服务质量，变无形服务为有形服务，增强客户对服务的感知能力。

（2）服务环境有形化。服务环境是企业提供服务和客户享受服务的具体场所和气氛，它虽不构成服务产品的核心内容，但能给企业带来“先入为主”的效应，是服务产品存在的不可缺少的条件。

（3）服务提供者有形化。服务提供者是指直接与客户接触的企业员工，其所具备的服务素质和性格、言行及与客户接触的方式、方法、态度等如何，会直接影响到服务营销的实现。为了保证服务营销的有效性，企业应对员工进行服务标准化的培训，让他们了解企业所提供的服务内容和要求，掌握服务的必备技术和技巧，以保证他们所提供的服务与企业的服务目标相一致。

3．服务标准化策划

由于服务产品不仅要靠服务人员，还要借助一定的技术设施和技术条件，因此这为企业服务质量管理和服务的标准化生产提供了条件。企业应尽可能把这部分技术性的常规工作标准化，以有效促进企业服务质量的提高，可以从5个方面来考虑。

（1）从方便客户出发，改进设计质量，使服务程序合理化。

（2）制定要求客户遵守的内容合理、语言文明的规章制度，以规范客户接受服务的行为，使之与企业服务生产的规范相吻合。

（3）改善服务设施，美化服务环境，使客户在等待期间过得充实舒服，如设置座椅、放置书报杂志、张贴有关材料等，为客户等待和接受服务提供良好条件。

（4）使用价格杠杆，明码实价地标明不同档次、不同质量的服务水平，满足不同层次客户的需求。同时，在不同时期、不同状态下，通过价格的上下浮动调节客户的需求，以保持供需平衡，稳定服务质量。

（5）规范服务提供者的言行举止，营造宾至如归的服务环境和气氛，使服务生产和消费能够在轻松、愉快的环境中完成。

宁骏物业：秉承“用心管家”服务理念，实力荣膺6项大奖

4．服务品牌策划

服务品牌策划是指创建服务品牌的决策。创服务名牌是服务企业提高规模经济效益的一项重要措施。因此，应注意服务品牌的策划，通过创名牌来树立独特的形象，以建立和巩固企业特殊的市场地位，在竞争中保持领先优势。

3.2.4 服务营销策划应注意的问题

1．处理好“产品支持服务”与“企业形象服务”的关系

前者指围绕产品而开展的服务，后者指围绕企业形象的塑造而开展的服务。前者表现为对个别产品的直接附加利益，后者则表现为企业的附加利益。前者属于直接促销，后者属于间接促销，两者有机结合，销售效果才会更好。

2. 处理好服务过程各个环节的关系

售前服务的关键是树立良好的第一印象，基础是宣传、公关、启发、引导与咨询。售中服务的关键是交际谈判、说服购买，基础是礼貌与热情。售后服务的关键是坚持、守信、实在，基础是方便、周到、经济与感情。

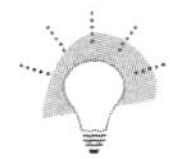

思考与应用

1. 思考题

（1）简述服务营销策划的内容。

（2）简述服务营销策划的操作程序。

（3）服务营销策划有哪些方法？

2. 案例分析

华为服务营销的 3 次战略升级

2018 年 12 月 18 日，华为宣布，华为 5G 在技术和商用上均处于业界领先地位，是目前全球唯一真正能提供端到端 5G 全系统的厂商。12 月 28 日，华为交出了 2018 年答卷，预计实现销售收入 1 085 亿美元，同比增长 21%；智能手机出货量超过 2 亿台；签订 26 个 5G 商用合同，华为 5G 专利数占据全球总量的 49.3%，1 万多个 5G 基站已发往世界各地。全球 160 多个城市、211 家世界 500 强企业，选择华为作为其数字化转型的伙伴。华为轮值董事长胡厚崑说，华为是有史以来第一家年营收千亿美元级的电信与网络通信设备公司。

面对较大的外部压力和困难，回顾华为的发展历程，展望未来之路，任正非在新年致全体员工信中，重申了华为的愿景和使命：把数字世界带入每个人、每个家庭、每个组织，构建万物互联的智能世界。华为以宗教般的虔诚服务客户，在过去的 30 年里，实现了服务营销的 3 次重大战略转型，成就了今天的荣耀。

第一次转型：从直觉“商业冲动”升级为体系化“职业规范”

早在 1997 年，任正非就指出：“华为文化的特征就是服务文化。”在任正非看来，服务的内涵是广泛的，服务营销的内涵是全主体、多要素、全流程的，服务就是全员营销，服务存在于整个流程中，包括设计、制造、市场推广、销售、调试、维护等全环节。企业用优良的服务争取到了用户的深度信任，信任是取之不尽、用之不竭的商业源泉，这才是企业的核心竞争力。当时，很多企业把服务看作成本，看作销售之后的多余付出，往往是态度被动、响应勉强，华为则强调服务的主动性、快速性、虔诚性与流程化，把 1998 年定义为“华为服务年”，前所未有地高度重视服务，打造服务营销体系化的职业规范，这是服务营销的第一次战略转型。

主动性是指主动贴近客户，而不是消极等待、被动响应。不仅是在客户出现问题后采取行动，而是在密切接触客户的过程中，设身处地地站在客户立场上主动发现问题，既满足客户的显性需求，又发掘和满足客户的隐性需求。华为在战略区域聚焦战略性客户，将销售与服务人员派到一线，持续黏住客户，以主人翁精神帮助客户解决问题，以专业性的服务方式聚焦于客户的需求点，用服务营造持续而牢固的客户关系。

快速性是指以超越对手的速度满足客户需求，能够第一时间赶到现场，迅速解决问题。这反映了前方营销人员与后方技术支持人员高效的协同能力。紧急情况下，华为甚至不惜代价，租用直升机运送人员和设备。技术人员拎包到现场后，进入机房就可以开展工作，困了就直接在机房里铺上毯子或垫子休息，直到问题解决。华为走向国际化的第一单，就是靠快速反应取得的。1996年，香港和记电信获得固定电话运营牌照，需要在3个月内完成移机不改号的任务。提供服务的欧洲供应商，不仅价格高，而且至少需要6个月才能完成移机任务。当时尚未出名的华为，仅用不到3个月的时间，提前圆满完成了这一任务，速度感动了客户，谱写了走向国际化的精彩篇章。

虔诚性是指以博大胸怀待客。没有错误的客户，只有没能满足客户需求的企业。对待客户的要求，怨天尤人、抱怨是不正确的，企业无法左右客户，唯一可控的就是自身，积极找办法，改进服务。华为在对营销人员培训时，专门梳理出对待客户的错误言行，如对客户的需求漠不关心、反应迟钝，以“这事不归我们部门负责”“这是公司的规定”等为借口推脱；面对客户的指责，百般争辩、争吵为自己开脱责任；不去分析客户的个性化需求，片面强调一视同仁，缺乏真诚的个性关怀等。当然，无原则地迎合客户的“过度”要求，或者在事实澄清以前就不负责任地做出承诺也是错误的。华为人为了公司的营销，甘愿忍辱负重。早期公司高管的一项任务就是到客户那里挨骂，代表公司向愤怒的客户真诚赔礼道歉。

流程化是指华为服务营销的标准化、专业化、个性化。标准化是细化服务内容，明确服务标准，使企业和客户都有可衡量的理性依据去评判服务的水平；专业化是加大对服务人员的培训，提高素质，以规范的流程和标准，提供优质服务；个性化是针对不同客户的不同需求，或同一客户不同时期或不同背景下的需求，提供多样化的服务，满足个性化需求。

综上所述，华为服务营销的第一次战略转型是将直觉的商业冲动升级为体系化的职业规范与流程。

第二次升级：从“保值运营”服务升级为“增值经营”服务

2003年，华为在IBM咨询专家的帮助下，实施了新的服务战略，称为“三大转移”，即工程向合作方转移、维护向客户转移、客服中心向技术支援转移，这标志着华为开启了服务营销的第二次战略升级，进入服务产品化的新阶段，把服务从成本中心转变为利润中心，排除万难去帮助客户，成就客户，为客户创造价值，实现客户价值最大化，实现服务创新、服务增值。

任正非指出，要正确理解“以客户为中心”的关键，高智商与高情商地帮助客户商业成功。2018年12月17日，华为日本代表处大手町办公室收到了东京都内一名普通市民的来信，信中回顾了2011年日本大地震时，其他公司都在撤退、逃离，只有华为，在危险还没有消除的情况下，毅然进入灾区，抓紧抢修被地震损坏的通信设施。当时，日本的 9.0 级地震，引发福岛核泄漏，地震后一周，孟晚舟从香港飞到日本，整个航班上的乘客连她在内只有两个人。与此同时，华为的工程师穿上防护服，勇敢走向危险地区，抢修通信设备。“勇敢并不是不害怕，而是心中有信念。”哪里有客户的需求，华为人就奔赴哪里。任正非说，在开拓国际市场的历程中，无数优秀华为儿女奔赴疾病肆虐的非洲，硝烟未散的伊拉克、利比亚、叙利亚、也门，海啸、地震后的印度尼西亚、日本、阿尔及利亚，真可谓在枪林弹雨中成长。有的员工背着拆开的各种铁塔部件，四天四夜翻过 4 座 4 000～5 000 米的雪山，越过丛林，风餐露宿，开通了墨脱的通信，来回是野外徒步的八天八夜；还有员工在国外遭歹徒袭击头上缝了 30 多针，康复后又投入工作；也有员工在飞机失事中幸存，惊魂未定又救助他人，他们为服务客户全心全意、无怨无悔。

华为坚信只有为客户提供及时、准确、优质的服务，才能获取合理的回报。这就是任正非倡导的服务创新理念：“深淘滩，低作堰”“新运维，新价值”，建立端到端的服务管理创新模式。

“深淘滩，低作堰”源自战国时期李冰父子修筑都江堰时的治堰准则。任正非认为，这一准则具有穿越时空和领域的普适意义，同样适用于企业管理领域。“深淘滩”就是要挖掘内部潜力，通过高效管理，架构合理的运营模式，降低运作成本，为客户提供更有价值的服务。“低作堰”就是节制自己的贪欲，把自己的利润降低一些，多给客户留一些，并善待上游供应商。华为要赚小钱不赚大钱，只留合理的利润，让利于客户，让利于合作伙伴，让利于竞争对手。

这种选择，当然不是基于道德上的高风亮节，而是商业规律，是企业深层次的生存之道，也是持续发展的辩证法。任正非说，华为的最低纲领是活下去，赚小钱才能活下去，赚大钱的往往死得快。这是由于电信网络行业的利润空间变小了，如果华为赚小钱，就会形成行业壁垒，其他企业就不容易进入这个行业来赚大钱，又不能忍受赚小钱的尴尬境地，这样最终会为华为的长远发展奠定基础。华为不追求利润最大化，因为利润最大化，往往伤害企业长远发展，萎缩企业的战略空间，要用低重心的价格、高质量的产品、及时准确优质的服务，实现产品长期赢利战略。这种战略会使朋友越来越多，可以团结越来越多的人一起做事，合作共赢。从某一维度思考，这似乎与现在小米的经营理念异曲同工。

为此，就要有“新运维，新价值”，即通过内部流程优化，提升运维效率，获取新价值和市场竞争优势。“新运维”不是靠企业的战略、技术、产品、市场销售、客户关系管理等模块驱动的“成本中心”，而是提高内部运作质量，降低运作成本，减少不必要的层级和环节，内部建立优质的管理体系，外部通过与客户的优势互补，开展深度高效合作协同，使企业的关键模块有机整合，成为利润中心，创造出新价值。

任正非说，华为力推集成产品开发流程和集成供应链，使要做的事从输入到输出，直接端到端，减少层级，成本打到最低，效率最高。好比一条龙，龙头就如营销，不断地追寻客户需求，身体就随龙头不断摆动，而身体内部所有的相互关系都不变。即从客户的需求端出发，到满足客户需求端为止，企业的整个业务流程和各个部门都在这个端到端的流程中，构成闭环，快捷有效地响应客户需求，又能降低内部运维成本。在 B2B 业务领域，华为可以为电信领域提供完善的端到端解决方案，产品覆盖移动通信、数据通信、光网络、固定通信、电信应用业务与软件、终端等领域。

第三次升级：从硬件技术“更年期”升级为软件服务“发情期”

2011 年，华为内部业务拆分为 3 个板块：运营商、企业业务、终端消费者。手机业务独立出来，成立消费者业务部，终端消费者成为服务营销的重点，上升为企业的战略。同年，推出荣耀手机系列，开始从早期生产运营商贴牌的定制机，向自主品牌和中高端机转型，从 B2B 业务领域拓展到 B2C 业务领域，成为华为服务营销第三次战略转型的标志，经过 7 年的不懈努力，华为手机发货量从 300 万台增长到 2018 年的 2 亿台，增长约 66 倍，成为全球第二大智能手机厂商，全球市场份额达到 14.6%，成功掌握了面向大众消费市场的服务营销模式。

完成这一难度极大的服务营销转型，华为经历了从贴近与学习小米到形成自身特色两个阶段。

很多人觉得，华为在 B2B 业务领域的成功经验，可以顺利地移植到 B2C 业务领域，用通信领域的技术领先快速形成手机领域的优势，实际并非如此。B2B 与 B2C 是两个世界，客户群差异巨大，业务模式完全不同，服务理念也有天壤之别。当华为决心跻身自主品牌智能手机行列时，排名仅在 10 名以外，此时的手机市场是三星、苹果的天下，从 2011 年到 2014 年，小米异军突起，利用互联网营销，取得让人尖叫、震惊业界的骄人成绩，一跃成为手机界的三巨头之一。中国人民大学的包政教授把小米的营销模式称为社区商务方式，是继大量销售方式、深度分销方式之后，代表互联网时代的新的营销模式。

任正非说：“我们要向小米学什么？学习营销模式。”2011 年，华为把小米当成假想敌和榜样，一方面，在产品推出方面，以低价格紧逼小米，以贴近小米的价格倒逼企业内部业务的优化与整合，同时又蹭上小米的热点，借势小米，提高客户的关注度；另一方面，学习小米的社区营销策略，运用互联网和线下体验相结合，布局体验渠道和体验网点，采用高调、面向大众消费者的营销宣传方式，提高知名度，形成客户口碑，建立品牌形象。小米采用预约的“饥饿营销”，华为同样娴熟运用；小米有微博的“米粉”群，华为也打造出了“花粉”。

在 4 年间，华为学习小米的同时，开始补短板、扬长板，进行一系列前瞻性的战略布局，在硬件技术上拉开与小米的距离，形成差异优势。特别是在 2013 年至 2014 年，华为实现了两大突破，一是产品领域的突破，产品开始从中端到中高端的覆盖。任正非说：“一部手机赚 30 元算什么高科技，要打造高品质、高价值的产品。”为此，华为坚决从运营商贴牌机市场退出，放弃与 360 合作推出特供机的机遇，集中力量和资源，进军中高端市场。由此开始大踏步超越小米，形成自身特色的阶段。

华为在挺进 B2C 业务领域的战略升级过程中，扬长不避短，虚心学习小米，实现了服务营销的战略转型，放下身段，应对全新的商业模式与互联网生态，在服务理念上，从硬件技术“更年期”迅速转化为软件服务“发情期”，从技术产品的“理性成年期”迅速转化为商业服务的“感性青春期”，用技术创新所形成的产品优势，加之洞察客户需求的服务营销创新，使华为再次成功地在 B2C 业务领域实现了战略升级。

综上所述，华为服务营销的 3 次战略转型，每一次的战略转型都不是对前者的抛弃，而是升华、深化和拓展，前者成功的经验，融入后者之中，成为传承下去、生生不息的基因密码。展望华为的未来，任正非说，在一个新的起点，在全面云化、智能化、软件定义一切等发展趋势下，可信（深度信任）将成为客户愿买、敢买和政府接受华为的基本条件。“我们要把可信作为第一优先级，放在功能、特性和进度之上。除非客户信任我们的产品，否则这些优秀的特性都没有机会发挥价值。”

（资料来源：《销售与市场》杂志营销版，2019 年 02 期）

思考题：

从华为服务营销的 3 次战略转型中，你有哪些想法？

3. 实战训练

实战项目 3　服务营销策划方案分析研讨

项目要求：

选择一家公司，运用服务营销策划的学习内容，团队成员对该公司的服务营销现状进行分析，提出建设性意见，撰写××公司服务营销策划方案，制作 PPT，在“××公司服务营销策划分析研讨会”上宣讲，由同学们讨论、评议，教师指导，达到交流、提高的目的。

项目 4

情感营销策划

教学目标

知识目标：

通过学习，掌握情感营销与产品营销的区别；掌握情感营销策划的内容；掌握情感营销策划的程序与技巧。

能力目标：

通过实战训练，具备情感营销策划的能力。

4.1 认知情感营销策划

4.1.1 情感营销策划的概念

情感营销策划是以消费者内在的情感为诉求，通过激发和满足客户的情感体验来实现营销目标的规划和设计活动。情感营销策划的核心是站在消费者的立场上考虑问题，密切关注消费者的需求，为消费者提供真正使之满意的产品和服务。消费者对于满足其实际心意的产品和服务会产生积极的情绪感受，能提升消费者对企业的满意度和忠诚度。

实用链接 情感营销策划的理论依据

美国心理学家马斯洛曾把人类的需求分为 5 个层次，即生理需求、安全需求、社交需求、尊重需求、自我实现需求。其中，生理需求与安全需求被称为低层次需求；社交、尊重和自我实现的需求被视为高层次的需求。随着低层次的生活需求得以满足，高层次的情感需求逐步显现并成为主导需求。而人作为情感性动物，在与自然、社会的一次次对话和对抗过程中，情感需求也时时发生着变化。

4.1.2 情感营销策划与产品营销策划的区别

（1）情感营销是以消费者的心理需求为导向的营销策划模式，注重消费者的情绪感觉，并由此产生彼此认同，自然生出销售的结果。

（2）产品营销是以销售或促销的产品为导向的营销策划模式，注重介绍所销售的产品本身，而忽略了消费者的情绪感受，无法获得最好的销售结果。

（3）营销的秘密：产品营销策划是卖货，情感营销策划是买心。

实用链接

柏拉图说，人的行为就好比一辆由两匹马拉着的马车，一匹马代表理智，另一匹马代表情感。而神经学家让这个比喻更形象，他们指出，消费者在购买商品的时候理智只是小马驹，情感则是高头大马。在情感营销中，人是“理性的卫道士”，同时也是“情感的俘虏和奴隶”。当产品成为消费者的情感附庸时，就不能单纯地用金钱来衡量其价值。此时此刻，消费者就会只关注产品的情感价值，而忽视产品的物理价格。

4.1.3 情感营销策划的内容

1．情感定位

情感定位是通过对产品或服务的各要素及营销过程注入情感，把原本没有生命的东西拟人化，赋予其感性色彩，从而唤起消费者的共鸣。

（1）商品命名中的情感定位。红豆集团以其富有人情味、质量上乘、款式多样的“红豆”衬衣，在市场竞争中脱颖而出。红豆的崛起与其拥有一个令人倍感亲切的商标名称有关。唐代诗人王维有诗云：“红豆生南国，春来发几枝，愿君多采撷，此物最相思。”正是由于“红豆”二字能勾起人们的相思之情，以红豆命名的产品一经问世，便受到不同层次消费者的青睐：老年人把红豆衬衫看作吉祥物，年轻的情侣用它相互馈赠，海外华人看到它倍感亲切。由此可以看到商标命名中的情感魅力。

（2）商品设计中的情感定位。美国著名的制鞋商塞浦路斯公司在企业濒临倒闭时，聘请了一位叫弗兰克·罗里的心理学家担任总经理，成功运用了情感设计使企业起死回生。弗兰克·罗里认为，消费者买鞋不单是为了防寒和防湿，其廉价与高质已不足以打开销路；为了促销，唯有使鞋子像演员一样，赋予其不同的个性，不断以鲜明的形象参加演出。于是，塞浦路斯公司便致力于设计各种富有情感色彩的鞋子，推出“男性情感型”“女性情感型”“优雅情感型”等各类鞋子。这种别出心裁的定位设计为该公司创造了前所未有的销售高峰。

（3）商品宣传中的情感定位。瑞士梅花手表公司认为，要想在日新月异、姿彩纷呈的手表市场上赢得消费者，必须赋予产品一种新思想、新定位，让消费者对企业的宣传心悦诚服，并主动评判企业的产品与众不同。于是，他们选择了情侣配对的广告诉求。

这种巧妙的诉求定位能引起相恋的青年男女的心理共鸣，并由此对产品一见钟情。

2. 情感设计

情感设计分为定制设计、主题设计和人文设计。

（1）定制设计。定制设计是指企业在制造产品、设计产品或提供服务的过程中，充分考虑不同层次消费者的特殊需求，赋予消费者更多参与制造产品的权利，设计出让消费者表现情感的机会点，再把主题落在某个产品或服务上，通过情感诉求的方式让消费者接受产品或服务。

（2）主题设计。主题设计是指企业抓住消费者特殊时间的特殊情感需求变化，创造一种表现情感的全新的经营和服务主题，然后根据主题设计产品和提供服务，引起消费者的共鸣。

（3）人文设计。人文设计是指企业根据消费者的特殊需求，在设计产品、制造产品、营销运作时充分关注社会、关注环保，不伤害消费者的感情，不损害消费者的利益。

3. 情感包装

“人靠衣装，马靠鞍。”一个富有个性化、颇具情感化的包装将成为一个品牌的“眼睛”、撩人眼球的“窗户”。今天，物质产品极大丰富，人的个性化需求日趋强烈，企业的生产模式（包括包装模式）也将由“大批量定制生产”向满足个人情感诉求的“量身定做”转移。

4. 情感商标

如果一件商品想吸引消费者，并定位在消费者心目中，就必须有一个响亮的名字。首先，商标设计要简洁、明了，易于识别和记忆，使商标能在一瞬间就吸引消费者的注意。其次，商标设计也要讲求艺术，给人以美感。

5. 情感广告

现在消费者对生产企业“王婆卖瓜、自卖自夸”式的广告已经深恶痛绝。而人情味十足的广告，通常使产品形象上升到一个全新的高度，也自然化解了消费者对广告的本能抵触。消费者被感动后，继而引发现实的或潜在的消费需求，经营者便在消费者的情感体验和满足中达到了自己的目的。

6. 情感价格

情感价格是指能满足消费者情感需要的价格，注重价格与消费者自身的情感需要相吻合。例如，为了表示尊师重教，一些航空公司推出暑假期间乘坐飞机凭教师证可以享受 6 折优惠的活动，此举大受教师们的欢迎。平日里坐飞机对绝大多数教师来说是可望而不可即的，而航空公司实行价格优惠活动，既提高了飞机的上座率，又圆了教师的蓝天梦，增进了航空公司与教师之间的感情联络。

7. 情感公关

具有现代经营观念的企业，其公共关系活动在营销过程中所起的作用越来越大。一方面，以有效的公关手段强化渲染企业及其品牌所特有的情感色彩，以迅速赢得消费者的欢心，在社会树立良好形象，为确立市场优势地位打下坚实基础；另一方面，通过公关活动，既可以协调好外部关系，又可以协调企业内部上下级之间的情感关系，为企业的顺利经营创造和谐、融洽的内外环境。情感公关要求企业要设身处地地为消费者着想，设法加强与消费者的感情交流，通过调查问卷等形式，使消费者参与到企业的营销活动中来，让消费者对企业及其产品从认识阶段升华到情感阶段，最后达到行动阶段。

8. 情感服务

物质产品的丰富，竞争的日益激烈，一方面导致社会上人情关系日益淡薄，社会普遍出现情感饥渴症；另一方面人们对情感回归的渴望、精神愉悦的追求、个性服务的期望也与日俱增。企业在服务过程中若能关注“情”这一社会主题，便能最大限度地与消费者产生共鸣、沟通，有力营造企业及其品牌良好的个性亲和力。

9. 情感环境

营造舒适、幽雅的营销环境，能给消费者带来愉悦的心情，感观的享受，让消费者产生一种无形的亲切感，消费者在不知不觉的微笑服务中，既购买了原来就想买的商品，又购买了一些本不打算买的商品。

10. 传播媒介

互联网时代情感营销的传播媒介要把传统媒体和新媒体结合起来，利用线下线上话题互动、海报发布、直播、短视频、线下视频采访等形式，在合适的时间以合适的方式，对合适的人说合适的话，才能真正让消费者动心。

汇源果汁以新媒体为传播 玩转中秋情感营销

4.2 情感营销策划的操作程序与技巧

4.2.1 情感营销策划的操作程序

1. 进行情感定位

情感定位的关键是要在各种定位要素中融入某种让人心动的人情味，使消费者在感情上引起共鸣。这种感情应是真情实感，而不是企业一厢情愿的矫情。一旦消费者知道企业在利用他们的感情做生意，就会对产品本来的好感一扫而光。

2. 进行情感设计

依据情感定位迎合现代消费者的心理，多设计开发具有个性化、情感化的产品，增加产品的文化附加值。

3. 开发情感产品

在买方市场情况下，在企业整体产品的核心层已经很难形成明显差异的情况下，消费者选购货物的标准就由通常的物质实用性指标过渡到精神享受性指标上，即在强调产品具备基本功能、满足生理需求的前提下，注重情感需要，追求满足其心理需求，这就是情感产品。情感产品设计和开发的准则是，以消费者接受不接受、喜欢不喜欢、满意不满意为标准。情感产品贵在情感，而情感度又是通过产品的可靠性、安全性、便利性和舒适性来体现的。性质与用途上的差异，决定了不同产品的具体内容和表现形式是不同的。企业须根据具体情况，有针对性地采取相应的方法，才能设计开发出为消费者所接受的产品。开发情感产品切忌主观想象，滥施情感，否则，便会画蛇添足，引起人们的反感。为此，企业需要对目标市场的需求有全面、深刻、真切的了解，使赋予的情感入情入理，切实打动消费者的心。

4. 制定情感价格

情感价格是指满足消费者情感需要的价格。情感价格是在与消费者进行有效情感沟通的前提下，依赖目标消费者不同的价值认同而产生的。因此，情感定价倾向于从心理定价入手，通过从消费者的习惯性心理、荣誉感、满足感等心理因素和情感需求入手，结合企业产品的特点和属性而给产品制定出迎合消费者心理的价格。目前，企业运用的情感价格策略包括感受价值定价、折扣定价、会员价、酬宾价、优惠价等。

5. 提供情感服务

情感服务策略不仅指传统的涵盖售前、售中与售后的“销售服务”，还指贯穿于营销全过程的注重心灵沟通、强调情感互动、强化消费者品牌忠诚、表达对消费者高度人文关怀的系统性服务策略。

6. 实施情感促销

促销的本质是沟通，因此，在情感营销策略中，促销对情感的依赖是最直接的，也是见效最明显的。因此，运用真情实感征服消费者，进而扩大产品销售，是买方市场的客观要求，是企业促销策略的必然选择。可以说，情感促销的方式创意无穷、灵活多样，具体如发布情感广告、提供情感环境、情感推销、情感公关、情感推广等。

4.2.2 情感营销策划的技巧

1. 有分量的情感广告策划技巧——亲和力

“感人心者，莫先乎情”，感情的力量是巨大的。因为人人都有七情六欲，都有丰富的感情，如亲情、爱情、友情……情感广告如能充分考虑目标消费群体的特定心态，选择恰当的角度，借助良好的艺术形式，将感情定位把握好，以有效的手段强化渲染品牌所特有的情感色彩，便能迅速打开消费者的心扉，从而获得成功。

实用链接　钙尔奇如何俘获消费者的芳心

每年伊始，都不乏大批品牌打感情牌，但能否真正引起共鸣，在消费者心中将情感与产品真正挂钩，就很难判断。钙尔奇此次的"'骨'励抱一次，关心多一点"活动，带给消费者与众不同的惊喜。

一、"骨"励专列暖心来袭，引发消费者情感共鸣

新年伊始，钙尔奇联手天猫在杭州打造了"新年'骨'励专列"，将母女之间的鼓励对白印在地铁里，亮眼的红蓝主色调，加上或走心、或文艺、或可爱的文案，大大吸引了平日里只顾低头玩手机的上班族的注意。

妈妈说："你的运气藏在你的实力里，也藏在你不为人知的骨气里。"

女儿说："妈妈在的地方，就是我归家的方向。"

这组引爆杭州的地铁文案，用情感共鸣的方式，影响消费者对钙尔奇品牌的认同，提升品牌的注视率，倡导消费者为积极的母女关系证言，触达情感上的共鸣。

二、"骨"励电台 KOL 倾情发声，直击内心

好的文字通过视觉吸引能够引起大众情感上的认同，那视觉吸引+听觉冲击的双重感官刺激能带来什么样的效果呢？钙尔奇不仅在地铁上带来视觉体验更带来了听觉享受，打造"'骨'励电台"H5，邀请 3 位 KOL（Key Opinion Leader，关键意见领袖）讲述自己和妈妈的温暖故事。

3 位 KOL 的真实故事，直击听者的痛点，激发大众与父母之间埋藏在心底的情感，与品牌钙尔奇建立情感连接，从而对钙尔奇产生深刻的亲近感。这种亲近感最终会被移情到品牌中，会让钙尔奇成功在消费者中建立品牌忠诚度，进而长期赢得消费者的消费偏好。

三、解锁天猫超级聚新日，新品蓄力+销量收割

钙尔奇与天猫联手最大化站内资源和站内流量的反哺资源。开展了三重加购解锁机制的预热活动，提前曝光新品，在站内聚集大量客流量；超级聚新日当天，钙尔奇与天猫投入线上线下资源，让钙尔奇在站内站外获得最大化的资源传播，把钙尔奇新品液体钙和氨糖精准推送给目标受众，实现站内私域公域的实力种草，助力天猫超级聚新日期间收获流量销量的双赢。

（资料来源：广告营销界，2019-01-24）

2. 有特色的情感促销策划技巧——向心力

经济的迅速发展、物质产品的极大丰富及竞争的日益激烈，使人们对情感回归的渴望、精神愉悦的追求、个性服务的期望与日俱增。企业在情感营销与服务的过程中，如能关注人生、关注情感这一社会主题，便能最大程度地与消费者产生共鸣，并营造出品牌良好的个性亲和力。

3．有策略的情感设计策划技巧——感召力

企业在设计、制造产品的过程中，应该充分考虑不同层次消费者的特殊需求，了解他们特有的心理和情感，赋予消费者更多参与制造产品的权利，设计出让消费者表现情感的机会点，再把主题落到某个具体产品上，通过情感诉求的方式让消费者接受产品或服务。

4．有价值的情感口碑策划技巧——凝聚力

有价值的情感口碑不是功能口碑，而是情感口碑。企业以“这产品代表了什么情感”为目的，通过举行一些有意义的公益活动，寓感情于公益之中，设身处地地为消费者着想，增强与消费者的感情交流，经过持续的感情投入而取得与消费者融洽、调和的感情联络和精神交往，并在消费者心目中树立优越的形象，这也是一种感情营销。在消费者心中留下深刻印象，远比塑造产品的“功能口碑”要好得多。

实用链接 情感营销策划要从消费者的内心出发，探究他们的特性与真实需求

一、做到与消费者感同身受

情感营销的定律是信念、感受和渴望。简单地说，就是要从消费者的角度出发，去感知他们对产品的看法、他们的情绪，以及探究他们最想要的东西。这是进行情感营销策划的大前提。

从自我视角出发的营销策划方案，容易高估消费者对产品的理解，让消费者看不懂你做的广告，也看不懂你的广告文案，这岂不是很尴尬。例如，一瓶洗洁精的情感营销策划方案，就应该定位于家庭主妇群体，营销核心也应该是阐明洗洁精能给主妇们清洗碗筷带来的切实好处。例如，更清洁，泡沫更少，残留物更少。而不是用一堆大数据和消费者看不懂的专业名词，来表明你的产品。

在情感营销的前期策划阶段，将消费者的痛点找出来，找到自己的产品能解决他们哪些麻烦，是做好情感营销的最佳切入口。否则，你的煽情手段再高明，消费者也依旧不明白。

二、选择最恰当的情感主张

既然是情感营销，营销策划方案中就需要一个贯穿主旨的情感主张。这个情感主张可以是亲情、友情、爱情，也可以是坚韧、顽强、不放弃等一些美好品质。那么，做好情感营销的最大问题来了，即究竟如何选择最恰当的情感主张，又如何能让这个情感主张直击消费者的心灵。

（1）情感营销中的情感主张与产品或品牌本身要紧密相连。其实很多企业和品牌都曾做过情感营销，但真正让消费者记住或影响深刻的却寥寥无几。很重要的一个原因，便是企业选择的情感主张很随便，与产品和品牌本身并没有太大的关系。

例如，盲目跟风，自己的产品和服务与爱情是八竿子打不着的关系，却也要在情人节到来之际，凑个热闹。试问这类情感营销怎么能打动用户的心？南方黑芝麻糊可以说

是经典情感营销的代表之一，一提到它，消费者脑海里就会冒出家的味道和童年的味道，情不自禁地会想家，想起自己的小时候。该品牌的情感营销之所以如此深入人心，便是因为他们将产品和温情以及家的味道紧密结合，传递出了品牌关爱相随的诉求，一切顺理成章，深得人心。而与自己品牌弱相关的情感营销，只有一个结果，就是用户不知道你的产品能满足他们哪类诉求，自然也就不会选择你。

（2）需要深刻的洞察，捕捉那些尚未或较少被商业开发的人类共有情感。当满屏都在讴歌自由和梦想可贵、珍惜当下、不要轻言放弃之类的情感主张的时候，你就不要再去重复强调。因为对这类千篇一律的情感主张，消费者真的提不起兴趣，更别说被它们打动了，因为他们早已经免疫或麻木了。

日本武藏野银行在成立 60 周年之际推出了短片《测谎仪》，获得了 2012 年 ACC 日本广告节银奖。故事由测谎仪引起，一正一负，一真一假，在对比中传递了品牌的诉求：家乡人应该选择家乡的银行，亲密人之间真诚相待。几乎每个人每天都要撒谎，对自己抑或对他人，撒谎甚至成为一种语言和社交技巧。这是一个社会人性层面的深刻洞察，却被武藏野银行洞察到，并运用到情感营销中。因为视角更独特，更深刻地攫取到了人性深处的东西，该银行的此次情感营销才能成为经典之一。

这也是企业在做情感营销时，需要下功夫的地方。人心是很难言喻的东西。只有善于挖掘、善于捕捉、善于发现，才能唤起和复苏更多消费者深眠心底的声音。

三、优质的情感营销内容+合适的传播媒介=成功的互联网情感营销

只有优质的情感营销内容，没有合适的传播媒介和方式，依然做不好互联网时代的情感营销。台湾富邦华一银行拍摄了两部短片《付出大于财富》与《行动大于财富》，影片由蔡康永担任旁白，用故事的方式向我们讲述了财富与价值的关系，说明成就人生价值的真正含义。除了视频本身的精彩，其传播方式也可圈可点。

首先由蔡康永发布微电影讲述感动，同时点出#大于财富#话题。然后，各大 KOL 纷纷转发蔡康永的微博，参与#大于财富#话题讨论。接下来，由段子手创意出更多形式的#大于财富#内容启发网民，媒体机构大号挖掘更多真实#大于财富#故事，延展微电影诉求。企业利用全媒体对话题进行讨论和传播，让视频得到更为广泛传播。

互联网传播时代，只有更多样化的传播媒介，以及丰富有创意的传播方式，才能让更多人知道你的营销内容，营销的影响力才能大幅度提升。获得更大的传播价值以及营销转化，也是情感营销的最终目的。互联网传播时代，情感营销需要不变的是从心出发去挖掘消费者内心的诉求；而需要变化的是更有创意、更符合当下传播习惯的营销推广方式与多样化的传播渠道。总之，对真正有心并且用心的情感营销，消费者也一定能感觉得到。

（资料来源：易赏网，2018-09-04）

4.2.3 情感营销策划应注意的问题

1．澄清情感营销的误区

情感营销≠卖惨，情感营销≠自嗨，情感营销≠模仿。真正的情感营销是，优质的情感营销内容+合适的传播媒介=成功的情感营销。

2．深入了解消费者的需求，加强深度沟通

要想获得消费者的尊重与偏爱，必须深入地了解消费者，因为加强与消费者的深度沟通是培养情感价值的关键。深度沟通与简单的广告传播的差异在于，在沟通内容上除了功能性的利益，深度沟通更强调与消费者的情感交流和价值观共鸣。在与消费者的深度沟通中了解消费者的需求，以此为依据策划自己的服务方式。

3．功能性利益与情感性利益的和谐统一

没有功能性利益，情感性利益的自我表达性利益就没有根基，像随波逐流的浮萍。因为每个消费者都希望其购买的产品质量好、安全可靠、性能稳定、经久耐用，但如果企业在这些方面无法确保，即使提供了良好的服务，也无法赢得消费者的青睐，消费者自然不可能心甘情愿地花钱购买。

思考与应用

1．思考题

（1）简述情感营销策划的内容。

（2）简述情感营销策划的程序。

（3）情感营销策划有哪些技巧？

2．案例分析

手机里的世界很大，但孩子的世界只有你！

“手机里的世界很大，而孩子的世界可能只有你。”这是7月30日，华为广告视频里说的一句话。这也是大多数家长都面临的教育问题，“孩子与手机”之间的衡量。手机里的世界很大，而你却忘了最重要的世界。孩子的教育问题，对于家长而言，是人生中的一场大考。随着生活成本的增加，如何给孩子最好的教育，是大多数家长努力的目标。

但是，往往忙于工作或者忙于其他事情时，哪怕是花在手机上的时间，恐怕都比陪伴孩子的时间还要多很多！这次，华为新推出的情感视频，希望从“手机”的角度出发，从孩子的视角切入，倡导每位家长都能够健康使用手机，把时间多多陪伴孩子。在这支视频里，是由一群孩子假扮成大人的模样，在他们眼中爱玩手机的并不是自己，而是他们的爸爸妈妈；并且通过问答的形式来反映当下教育的问题所在。

提问 1：你离得开手机吗

大人这样说：你看，现在谁能离得开手机呀？工作、运动、社交、学习，每天有太多需要手机的地方。我手机里的工作群就有 400 多个。在家带孩子，也能用手机，赚点小钱。

提问 2：你同意你的孩子玩手机吗

大人这样回答：我儿子天天找我要手机玩游戏，他一玩手机就没完没了，玩手机对眼睛不好，影响学习，玩物丧志……手机不是什么好东西。

提问 3：你是否想过，他们为什么沉迷于手机

在孩子们看来：爸妈在忙，忙于工作，忙于做家务，甚至忙于打游戏……为了不占用自己一点时间，就把手机递给孩子玩耍。

提问 4：孩子需要的真的是手机吗

孩子这样说：

爸爸，我想和你一起去游乐园。

妈妈，你可以陪我一起做蛋糕吗？

爸爸，陪我去公园踢球吧？

我只是想让你们抱抱我。

爸爸，别打游戏了，我还是更喜欢和你在一起。

【启示】

以情带入，此时无声胜有声。

过度使用手机，已经严重危害不少孩子的正常生活，不仅是视力方面，更多的是缺乏陪伴的正确引导。

健康使用手机，华为从孩子的教育说起。或许看完这支视频，心中会有些疑惑，一个手机品牌，却在倡导“放下手机”的理念，这更像一件自相矛盾的事情。其中的原因，很简单。既然是一则广告短片，那么一定存在它广告的本质作用。在这则广告中，华为想要告诉消费者：华为手机新出一项新功能——设置屏幕时间管理，并且倡导健康使用手机，合理规划使用。

华为以这种反其道而行之的方式，首先提出生活中密切相关的教育问题，将孩子、家长与手机之间的关系串联在一起，营造情感共鸣的氛围。最后再给出问题的解决方案，以此来突出产品的特点，更好地将产品记忆点植入消费者的心中。尤其是以“情感营销”去解读消费者的日常生活，通过一些场景的描述与之产生情感共鸣，更能树立一个良好的品牌形象。华为这招润物细无声、此时无声胜有声的情感操作，可谓运用得淋漓尽致。

（资料来源：鸟哥笔记，2019-08-08）

思考题：

本案例中，你认为运用了哪些情感营销策划的方法。

3. 实战训练

实战项目4　情感营销策划方案分析研讨

项目要求：

选择一家公司，运用情感营销策划的学习内容，团队成员对该公司的情感营销现状进行分析，提出建设性意见，撰写××公司情感营销策划方案，制作PPT，在“××公司情感营销策划分析研讨会”上宣讲，由同学们讨论、评议，教师指导，达到交流、提高的目的。

项目 5

会员营销策划

教学目标

知识目标：

通过学习，熟悉会员营销策划的特点；掌握会员营销策划的关键要素；掌握会员营销策划的操作程序与方法。

能力目标：

通过实战训练，具备会员营销策划的能力。

5.1 认知会员营销策划

5.1.1 会员营销策划的概念

会员营销策划是指通过发展会员，建立会员数据库，提供差异化的服务和精准的营销，提高客户忠诚度的一种决策活动。

企业争取一个新客户的成本是保留一个老客户的 7 ~ 10 倍，留住 5%的客户有可能为企业带来 100%的利润。通过会员营销不仅为企业培养众多忠实的客户，稳定老客户，还可以开发新客户，促进企业与客户的双向交流，建立一个长期稳定的市场，提高企业的竞争力。

5.1.2 会员营销策划的特点

会员营销策划具有会员制、资格限制、自愿性、合约性、目的性和结构性关系的特点。

会员制是指企业向消费者提供的利益让渡的形式和内容，它们形成一个固定合理的特权服务体系；资格限制则是设置门槛，要求消费者达到一定的限制条件才能成为会员；自愿性是指消费者符合条件成为会员是出于个人意愿，而非他人逼迫；合约性则是消费者成为会员，形成与企业的会员关系建立在合约的基础上；目的性则是指消费者加入企业会员制中，是出于两者之间的一致性目的；结构性关系则是指企业和会员之间会形成一种相互支持的结构关系，除了消费交易关系，还包括伙伴、心理、情感上的联系。

实用链接　跨境电商O2O利用会员制提升60%销售额

乐享购是一家专注于跨境进口电子商务的控股公司，由“中国经济创新人物”程少民先生创办的现在新经济品牌，集合母婴系列保健品、美妆美肤、粮油、日用品、食品等全球商品的专卖连锁机构，总部坐落于美丽的深圳特区，背靠自贸区，建立了线下实体与线上电商整合的O2O立体营销体系。值得注意的是，乐享购通过一套会员制，吸收和培养超级客户。在乐享购，会员分为6个等级，普通会员不享受折扣，白银会员9.9折，黄金会员9.6折，钻石会员9.3折，王者会员9折，至尊会员8.8折。通过会员等级制度的建立，让门店与客户发生更强的黏性，促进复购。在乐享购每消费1元获得1积分，积分可用于兑换正价产品，每月上限2万积分。此外，通过享受生日好礼等级制、不定期的会员促销价等活动来吸引客户，通过数月的经营，让月销售额提升60%。

5.1.3　会员营销策划的关键要素

1. 会员分类并针对性地做好服务

要及时给会员分类并针对性地做服务，会员可以分为“高价值会员”“活跃会员”“沉睡会员”。高价值会员是指消费高、频次高的会员。要给这类会员尊崇感、独特感，需要注重服务层面和个性的关怀，但不要给会员太多打扰。活跃会员是指消费或频次居中的会员。需要用礼品和优惠券引导这类会员提高消费单价，及时提醒周期性活动、积分情况。沉睡会员是指长期未光顾的会员。对这类会员要做好跟进，及时收获反馈，分析沉睡的原因，针对性地唤醒。现代营销学之父菲利普·科特勒研究发现：“企业获得新客户的成本是挽留现有客户的5倍。”如果企业忽视沉睡用户，客流量就永远增长不上去。

2. 培养会员的忠诚度

培养会员忠诚度的方法：用激励、优惠来刺激会员多买；做好服务，及时收获会员的反馈；会员制“游戏化”，积分+等级机制，等级不同，优惠和特权也不同。

3. 时刻关怀会员

企业需要用心和真诚时刻关怀会员。例如，在会员日、生日、节假日送上祝福的短信或微信。使用SUBMAIL的云通信服务，不仅会让每个会员收到的内容是独一无二专属于他的，还可以定时发送，用心又省心。企业还可以自定义模板，告别单一死板的内容形式，让会员真切感受到用心和真诚的关怀。

4．赢得会员的口碑

从 6 个因素做起赢得会员的口碑：

- 产品——口碑建立的基础和前提。
- 服务——贴心、尊享的会员服务。
- 价格——让会员感觉物超所值/比同类产品更值。
- 预期——在客户与自己心理预期和同类产品比较下，是否基本满足甚至超过会员的期望值。
- 体验——能够体验到会员的尊崇感、专享感。
- 礼品——会员专属的礼品，与客户保持联系，建立情感。

实用链接　星巴克星享卡

星巴克的会员卡叫作星享卡，有银星级、玉星级、金星级 3 个等级。消费者买一张 98 元的星享卡后成为初级会员，根据消费的价格不断累积星星来提升会员等级。消费满 250 元可以升级到玉星，消费满 1 250 元可以升级金星，而升级可以享受更多的优惠和额外服务。例如，银星级会员可以享受 3 张买一赠一券、1 张免费早餐券和 1 张升杯券，而玉星级会员的优惠为 3 张买一赠一券和 1 张生日当月免费券，到了金星级会员则在前一级基础上添加了周年庆优惠免费券、消费 10 次获赠一杯和一张金卡。根据不同星级提供的差异化服务，可以看到设置不同等级的主要目的，对银星级会员主要是培养他们的消费习惯，让他们对星巴克产生依赖，对玉星级会员提供的优惠主要是促进他们的消费，对金星级会员更侧重于提升他们的消费次数。

星享卡还配合星巴克的手机 App 一起使用。从 App 上可以清楚看到个人账户的余额、等级、积分和卡券使用情况，利用这些具体可视的数据，客户会不断地去星巴克消费，以享受优惠券和积累积分；而在使用优惠券的同时，通常还会顺带进行更多的其他消费。例如，在使用免费早餐券时总是会再点一杯咖啡。另外，各种免费券可以不断增加消费频率，而买一赠一券更为星巴克带来了很多新客户，凭借这些会员优惠和特权吸引更多人办卡。

爱奇艺 VIP 会员营销如何“ZAO”出不一样？

总体来说，星巴克的星享卡体系从分级、优惠内容、服务上来说都是可圈可点的，循循善诱、各有侧重，很好地洞察了消费者的心理和习惯养成。

5.2 会员营销策划的操作程序与方法

5.2.1 会员营销策划的操作程序

1．根据企业的品牌定位和产品性质，设计合适的会员体系

首先要确定会员营销对于品牌传播和产品促销的价值，再根据企业自身的性质和定位，设计出符合企业发展战略和经营模式的会员体系。一般来说，企业的会员模式主要有线上和线下两种，适用于这两种模式的会员体系之间存在着一定的不同；而企业阶段性发展战略中的营销目的也各不相同，是倾向于传播品牌开拓新市场，还是侧重于留住老客户，建立稳定长期的市场，其会员体系中都应该考虑到，对其目的做出相应的服务和利益分配。

会员体系的设计一定注意跟企业、客户相结合。例如，设计和制定会员类型时，根据细分市场的客户属性（年龄、消费级别、行业属性等），设计相应的会员类别。首先主要考虑心理认可度和有效阶梯形两个要素。一般会员制最后发展统计图应该是菱形，两头尖、中间大，因为中间的会员级别属于主要的会员类型，也就是你最想要发展成会员资格的人，下面的是门槛级，上面的是品牌标示级，是为了衬托中间会员级别的品牌性和性价比。另外，各级别之间的阶梯度是关键，如果级别之间相差太密，服务、折扣、积分拉不开，体现不到优势；如果级别之间相差太疏，会员升级难度太大，就会放弃消费升级。按照心理学分析，一般高于基本心理承受线的 20%时，属于消费者愿意尝试范围，所以心理认可度和有效阶梯形这两个要素在会员类型设计时就很关键。

2．调查目标市场和人群，借助先进技术进行分析，推出智能化服务

要进行精细化的会员营销，必须对目标市场进行调研、细分和全面的分析，了解不同圈层中的消费者具有哪些普遍的特点和需求。可以借助大数据、云服务等多种互联网技术对市场和消费者进行数据的整合和分析，并在此基础上推出更多具有针对性的个性智能服务，在提供更加方便贴心服务的同时，满足和培养会员更多的消费需求。

3．结合线上与线下渠道，借助多种方式进行推广和传播吸引更多消费者

企业可以综合线上和线下渠道建立会员体系，提供立体全面的服务。在借助会员特权和优惠服务吸引、留住客户的同时，还需要考虑到会员制的推广和宣传。只有让大众了解会员制的存在和利益点，才会有需要服务的客户对其产生兴趣。无论是会员制还是品牌本身的推广，企业都需要运用宣传手段来达成。在这个过程中，往往可以借助其他营销方式与会员营销进行整合传播。

4．重视品牌与客户之间的交流互动，建立更多的情感联系，巩固已有的市场

会员制不仅要用特权和优惠满足会员更多的生理需求，还要注重会员的社交需求和

情感需求。在将服务做到个性化和人性化的同时，还应该加强品牌与会员、会员与会员之间的沟通，打造友好的社交和内容社区，适时推出交互活动，与会员建立更多的情感联系，令会员对品牌和平台产生更多信任和依赖，从而巩固已有客源，维持稳定的市场。

5．通过数据分析，让会员的增值更量化

（1）客户分析。

①会员消费占比。如果会员的消费额不足总销售额的 50%，企业可以将更多普通消费者发展成忠实会员，或者通过多媒体营销等方式刺激会员消费。

②会员等级划分。根据二八定律，20%的客户创造 80%的利润，企业可以根据累计消费情况区分会员价值，消费金额高并且总是购买那些高利润产品的客户往往价值更高，可以用更低的折扣和价格吸引这些会员，让他们保持忠诚。

③会员热销产品。通过此项统计，企业可以知道用哪些产品做促销能够激发会员的消费热情，提高会员忠诚度，刺激其反复消费。那些受到会员追捧的产品其实就是企业的特色，可以作为品牌卖点。

④零售热销产品。通过此项统计，企业可以知道用哪些产品做促销能够吸引普通客户，提高普通客户转化为会员的概率。

（2）销售分析。通过对一段时间内的销售情况进行分析，企业可以预测未来的销售趋势。对不同种类产品的销售情况进行统计，可以预测未来热销的产品，调整进货，有效减少库存积压。

（3）产品分析。为了在合适的时间向客户呈现合适的产品，企业需要知道哪些产品是最受欢迎的，甚至一天中的某个时段内哪些产品最受欢迎，这些热销产品能带来多少利润。如果热销产品总是那些利润最少，甚至没有利润的打折促销品，就说明企业陷入了危险的价格战，需要对产品宣传做出调整。如果热销产品是那些利润较高的产品，就说明营销方向是正确的，企业给予了消费者正确的引导，可以保持这种引导方式。

对会员的增值活动不仅要做，更重要的是，要让增值量化，从而产生消费攀登。例如，很多人都有超市会员卡，但是很少去刷，更别说积分多少，因为在会员心目中，这个积分返还太远，也太虚，不知道会是什么，心中没有概念。就如现金 100 元的 5%和现金 5 元，一定是后者更让客户感觉直接。所以应该将增值服务定期量化给会员。例如，客户关系管理系统统计客户平均每星期消费 500 元，系统会提醒会员："尊敬的×××会员，您好，感谢您对我们一直以来的××的厚爱。温馨提示：您目前每个星期平均消费 500 元，现积分×××，如继续常规消费，一年将获得积分×××，年底直接换取价值 200 元物品一个（产品任意选择），如果每个星期消费 800 元，一年获得积分×××，年底直接换取价值 500 元物品一个（产品任意选择），祝愿您购物愉快！"如果会员收到短信，是不是会感觉消费目标更明确和心理更踏实？

实用链接 考拉海购（电商行业）：做深会员服务

考拉海购是阿里巴巴集团旗下以跨境业务为主的会员电商。2019年9月6日，阿里巴巴集团宣布以20亿美元全资收购考拉海购。2020年8月21日，考拉海购正式宣布战略升级，全面聚焦"会员电商"。

传统电商是"人找货"；信息流广告是"货找人"；会员电商则是"为人找货"，出发点是消费者，是围绕会员目标人群构建货品体系。传统电商主要看交易规模、用户体验和货品供给，而会员电商看的是会员续费率。决定会员续费与否的关键在于提供的产品、服务和利益是不是会员看重的。因此，考拉海购会员营销的重点在于产品和服务体系的优化。

（1）缩减权益SKU。升级后的黑卡将之前的17个权益做了减法，只有10个。

（2）提供超值产品。为会员提供定制、源头直供和专享商品，背后将有数百位全球专业买手、上千家国际大牌、遍布14国33个产业带的100多家工厂为黑卡会员提供服务。

（3）更高的性价比。考拉海购黑卡279元年费保持不变，会员将得到每日平价以及更多的黑卡消费金、专享购物券、税费券、运费券、生日券，可帮助会员平均每年节省3 808元，相当于卡费的10多倍。

（4）会员专属服务。会员专属客服，100%人工服务，会员可以挑选星座、达人、宠物客服等个性化服务，还能享受自营商品7天无理由退货且免运费的服务。

（5）定制特权。每月21日定为考拉海购黑卡日，全年为会员准备了1 200元黑卡消费金，另有黑卡专享商品和惊喜特权。例如，豪华超跑迈凯伦的2万元抵扣券。

（6）跨界联合。考拉海购还联合高德、滴滴、Costa、飞猪、饿了么、优酷等30个优质品牌，为黑卡会员提供吃喝玩乐健康等一站式生活福利。

6. 建立完善的客户关系管理系统

建立完善的客户关系管理系统是企业客户管理、个性化服务、营销设计的关键。企业需要建立详细的会员信息库，包括会员的性别、年龄、职业、月平均收入、性格偏好、受教育程度、居住范围等，还包括消费记录信息，并且将会员每次消费的品牌、型号、价格、数量、时间等信息都记录下来，为企业以后的增值服务提供可靠的资料。企业也可以根据会员的消费历史记录进行分析，得出每位会员不同的消费偏好，以及根据会员消费时间的记录，分析会员消费某一产品的周期。由此企业可以在合适的时间给会员发去符合其消费个性的产品目录进行非常有效的广告宣传，或者直接在合适的时间将某种产品送到合适的会员手中。这样可以让会员感觉到企业时时刻刻都在关心他，真正建立起会员与企业之间的感情。

实用链接　钱大妈（生鲜电商）：社区社群会员制

钱大妈原本是东莞长安农贸市场一家普通的猪肉专卖店。直到 2013 年，它才在深圳开了第一家标准店，定位为家门口的菜市场，专营生鲜肉菜市场，涵盖鲜肉类、蔬菜配送类、熟食加工类、水产品、水果等 5 类别逾 500 多种食材。钱大妈以加盟商、合伙人模式迅速扩张。2019 年年末，钱大妈宣布完成了近 10 亿元的 D 轮融资。2020 年 4 月，钱大妈实体营业门店达 1 600 多家，其中 90%门店为加盟店。

生鲜产品综合毛利率是 16%～18%，一单还要承担 5 元左右的配送费，在没有大量引流的情况下，这样的成本和收益比并不能长期持续。除了大平台，其他生鲜一般是用低价模式大规模拉新，钱大妈也不例外。但是，便利店模式限制了它引流的范围——只能围绕在社区周边。因此，这种模式的发展很依赖消费者复购。如何拉动社区居民复购？一是低价，二是会员，而且是围绕社区建立社群的会员制。

第一步，建立会员制度和消费积分制度，会员可享受不定期活动和特价产品折扣等。

第二步，将会员以及周边社区居民拉到一个社群，通过日常问候、实时推送当日菜品、分享挑选菜品知识等，维持曝光度。每天下班前，钱大妈会将店铺清空货架图片发布到群里，证明“不卖隔夜肉”的口号，提升品牌信任度。

第三步，用户看上什么菜，可以直接从钱大妈的小程序里下单，由距离用户 3 千米以内的商家配送。当菜品达到一定价格时，则有免费派送上门服务，降低下单门槛。

第四步，推出“社区拼团”裂变玩法，降低了获客成本，也盘活了老客户的复购率。

5.2.2　会员营销策划的方法

1．收货提醒

收货提醒是最容易被销售人员忽视的环节。销售人员往往认为产品卖出去以后，就万事大吉了。其实不然，收货提醒是保证签收率和增加客情非常重要的一环。很多时候，客户就是因为销售人员的“冷”“无情”等这样的态度影响，从而对企业逐渐疏远。记住，卖货只是第一步，服务才是销售真正的开始。所以，收货提醒是非常关键的。

2．使用指导

很多会员希望在收到货物的第一时间得到使用或服用的指导说明，避免自己因为对陌生产品的琢磨而浪费精力。在实际中我们发现，销售人员将产品卖给会员以后，很少进行使用方面的指导，或者只是简单地告知，让会员产生很大的距离感。很多时候，也是因为会员觉得自己对产品的陌生感而造成退货。如果这时，有个使用指导电话打给会员，是不是有雪中送炭的感觉？

3. 会员权益

会员权益是会员在某个平台享受到的个人消费权利。会员权益的方式有多种多样，如个人专享特殊服务、积分兑换现金或礼品的权益、会员生日权益、会员折扣权益等。几乎每个权益都是一场浩浩荡荡的营销活动。一定要多给会员权益。权益，一方面能维护会员的稳定，另一方面能多给销售人员找营销的机会点和突破口。

4. 活动营销

每个会员制营销的平台，经常对会员做一些促销活动，如节假日、“618”、“双十二”等，这些都是时刻唤醒会员消费的理由。在针对会员营销的活动策略上，要多找活动由头，多让会员参与进来，因为每次的营销活动都会给企业带来很大的销售贡献。会员消费有个共性，就是会在氛围营销下容易产生购物的冲动。例如，日常商超中的中秋节、春节的氛围营造，就是这样的道理。

5. 礼券使用

礼券策略在大部分平台很少使用。其实，这种虚拟的赠送的礼券在很大程度上是非常好的营销利器。例如，针对新入会的会员，包裹里放入一张 300 元的现金购物抵用券，就非常容易促进会员收到包裹后急迫使用。除了有形的礼券，也可以制作一些电子礼券或虚拟券。在销售人员和会员沟通的过程中，将这些电子礼券或虚拟券作为销售的理由，很容易促进成交。

6. 新品体验

企业的老会员越多，创造的价值越高，贡献越大，企业就越稳定。对于这些贡献大的持续消费的会员，日常更要注意维护。新品上市以后，要第一时间让客户体验，而很少被客户拒绝。一方面体现出对老会员的尊重和照顾，另一方面无形中增加了很多目标人群的销售机会。所以，新品体验在很大程度上是客情建立的关键，更是销售的一个由头。

7. 节日问候

在竞争日趋激烈的环境下，很多会员具有重复性。一个会员可能同时是好几家企业的会员。企业在销售的同时，比的是服务，比的是关心，比的是产品销售以外的附加值。有时，一个节日的问候给会员带去满满的关怀，那种感觉是很难体会到的。不要错过每个节日，因为问候的背后是客情的增加，更是销售机会的营造。

8. 积分兑换

积分是会员权益中常见的一种策略。积分一方面可以兑换产品，另一方面可以兑换赠品，还有可能加价换购会员自己喜欢的产品。对于会员来讲，积分是消费以外额外得到的累积权益。企业在一段时间内，可以完全以积分兑换为由头，开展一次轰轰烈烈的积分兑换营销活动。

9. 会员降级

在会员制营销的平台，日常除了要精准经营老会员，更要注意“入口”和“出口”的扩展和围堵。企业大力吸引有效会员的加入，更要防止其他优质会员的流失。当会员级别下降时，一定要循循诱导，把会员的消费级别提升上来，稳定他们的黏性和活跃度，保障他们的持续消费。

10. 会员升级

会员升级是会员质量从低到高的必经之路。每个会员营销企业都希望自己平台的优质会员越多越好。优质会员从哪里来？依靠的是平时对有潜力会员的精细化发现、精细化运作、精准性营销。很多企业一般采用鼓励会员办卡的方式，实现会员级别的提升。会员级别上来后，企业可用的现金流就上来了，会员的黏性自然会高，流失率自然会低。

11. 余额提醒

在对会员营销升级的同时，往往会出现这样的问题，就是会员储值消费。很多会员往往升级了、在企业也办卡了，但是始终没有消费。这时，就需要销售人员主动出击，提醒会员卡上有多少余额，可以利用当下的营销活动，用余额购买产品，把实收变成应收。一方面可以促进应收消费，另一方面在会员消费了余额以后，再利用赠品等其他优惠，促使会员办理新卡，这样对于级别的提升或会员黏性的增强，有很大帮助。

12. 增值服务的连续性

建立会员俱乐部或会员微信群，然后利用这个平台提供跟会员重复见面和沟通的机会，让企业的品牌不断在会员脑中加深记忆，让他们对企业的活动和品牌产生依赖。企业会员的常规活动模块和举办时间是固定的，会员中心在上年度末将下年度会员服务计划告知会员，让会员感受到全年丰富的增值活动，提前感受收获感、增强期望值和忠诚度（也可以设计 1～2 次惊喜，让会员感觉意外）。主题活动在设计中环环相扣，不仅能够围绕企业，更应该让上下活动之间有阶梯和扣点，使会员参加本次活动后就对下次活动产生期望。

5.2.3 会员营销策划应注意的问题

1. 随时关注会员数据

会员数据具有很大的价值。通过对会员数据的分析，能够发现很多有价值的东西。所以，要随时关注会员数据，如会员新增走势数据、会员消费走势数据、会员充值走势数据等。

2. 加强会员分类

会员分类是会员管理的重要问题。通过对会员的分类，能够知道哪些是重点客户，哪些是边缘客户，哪些客户需要重点维护，哪些会员可以忽略，以此节约企业的资源。

3．随时发展新会员

想方设法发展新会员是企业随时需要注意的问题。通过对新会员的发展，能够对流失的会员进行补充，同时在发展新会员的过程中挖掘更具价值的会员。

4．重视微信会员卡的重要性

微信庞大的用户群体，也正是微信会员卡发展的良好基因。微信会员卡能够帮助企业及会员解决许多传统会员卡所不能解决的问题。

5．坚持定期组织会员活动，提高会员活跃度

会员活动组织是会员管理的一项重要而核心的工作。会员活动能够非常有效地提高会员的活跃度。会员活跃度提高了，企业的人气才会提高，同样会员的忠诚度也会提高。

思考与应用

1．思考题

（1）简述会员营销策划的特点。

（2）简述会员营销策划的程序。

（3）会员营销策划有哪些方法？

2．案例分析

孩子王：重度会员+深度服务

孩子王是一个专业从事母婴童商品一站式购物及提供全方位增值服务的品牌，它采用的是线下营销为主、线上渠道为辅的销售策略，同时采取重度会员制度。截至2019年年末，孩子王已在全国19个省（市）、120个城市拥有352家实体门店，会员人数超过3 300万，其中活跃用户近1 000万，会员贡献收入占全部母婴童商品销售收入的98%。

母婴行业的需求属于强预期，客户在什么时间需要什么产品和服务，几乎都是可以预见的。孩子王强调自成立以来始终将自身定位为一家重度的会员经济公司，打造了“互动产生情感—情感产生黏性—黏性带来高产值会员—高产值会员口碑影响潜在消费会员”的整套“单客经济”模型。孩子王的一站式购物囊括了0～14岁孩子以及准妈妈的吃、穿、玩、教、学、购等全方位的需求。

一、以客户为中心设立组织架构

孩子王设有客户研究部、客户支持部和客户经营部。

二、会员分类

孩子王将会员按所处周期分为9类：孕早期、孕中期、孕晚期、0～6个月、7～12个月、1～2岁、2～3岁、4～6岁、7～14岁。根据不同类别的不同需求再进一步细分画像标签，产生68个常规标签、消费相关标签112个、消费习惯偏好标签41个。根据大数据画像，进行情景化推送广告和千人千面的服务。

三、会员拉新

孩子王通过以下几种方式拉新客流：

（1）门店自然客流。

（2）工作人员有针对性地向目标用户去推，如在周边社区、医院、学校等。

（3）推荐或参加活动。孩子王会邀请专业育儿师、妇幼专家到门店做培训、演讲和答疑。每个门店每天至少3场活动，如宝宝爬爬赛、宝宝生日会等。总部还不定期举办孕博会、儿童文化艺术活动和新妈妈学院等。

四、会员成长值系统

孩子王的会员分为成长卡（199元/年）和孕享卡（399元/年）。会员通过购买产品和服务的总值、参与活动的积极程度、商品评论等互动程度进行积分升级。

五、会员服务

孩子王拥有6 000名育儿顾问，他们是会员的直接管理者和服务者。业绩指标和奖金收入与服务会员的数量、会员活跃度和消费额直接相关。每人借助微信群和App，服务350~3 000名妈妈。在孩子王App中，妈妈客户可直接看到育儿顾问的头像、从业年龄、擅长领域、童粉数、被咨询次数、口碑、服务类目、价格和工作动态等，并提出问题和预约服务。

（资料来源：新营销，2020-10-17）

思考题：

你认为孩子王会员营销策划的特点是什么。

3. 实战训练

实战项目5 会员营销策划方案分析研讨

项目要求：

选择一家公司，运用会员营销策划的学习内容，团队成员对该公司的会员营销现状进行分析，提出建设性意见，撰写××公司会员营销策划方案，制作PPT，在“××公司会员营销策划分析研讨会”上宣讲，由同学们讨论、评议，教师指导，达到交流、提高的目的。

项目 6

事件营销策划

教学目标

知识目标：

通过学习，澄清事件营销策划的误区；掌握事件营销策划的法则、要素和重点；掌握事件营销策划的模式、方法和操作程序，以及事件营销策划应注意的问题。

能力目标：

通过实战训练，具备事件营销策划的能力。

6.1 认知事件营销策划

6.1.1 事件营销策划的概念

事件营销策划是企业通过策划、组织和利用具有名人效应、新闻价值及社会影响的人物或事件，引起媒体、社会团体和消费者的兴趣与关注，以求提高企业或产品的知名度、美誉度，树立良好的品牌形象，并最终促成产品或服务的销售的手段和方式的决策。

互联网的飞速发展给事件营销带来了巨大契机。通过新媒体，一个事件可以传播得更加迅速，传播面积更为广大，而且互动性强，能够引起更多的关注，使其产生更大的价值。

实用链接 事件营销策划的原理

一、事件营销策划的原始动机——注意力的稀缺

“注意力是对于某条特定信息的精神集中。当各种信息进入人体的意识范围时，人将关注其中特定的一条信息，然后决定是否采取行动。”注意力对于企业来说，是一种可以转化为经济效应的资源，把握住大众的注意力，也就有了事件营销的动力。

二、事件营销策划的实现桥梁——大众媒介议程设置

所谓的大众媒介议程设置，简单说来，就是大众传播媒介具有一种为公众设置议事日程的功能，传媒的新闻报道和信息传达活动以赋予各种议题不同程度的显著性的方式，影响着人们对周围世界的“大事”及其重要性的判断。因此，如果企业想成功地实施一次事件营销，必须善于利用大众媒介，只有凭借传媒开展的新闻传播、广告传播、新媒体传播等大众传播活动，营造出有利于企业的社会舆论环境，才能帮助企业达到借势或造势的目的，引起大范围的公众重视。所以，大众媒介议程设置是事件营销的实现桥梁。

三、事件营销策划的必要途径——整合营销资源

营销大师菲利普·科特勒认为，整合营销就是企业所有部门为服务于客户利益而共同工作。它有两层含义，一是不同营销手段共同工作，二是营销部门与其他部门共同工作。企业整合的资源表现在整合多种媒体发布渠道，整合多种媒体渠道传播的信息，整合多种营销工具。

6.1.2　事件营销策划的法则

1．寻找品牌与事件的关联性

事件营销一定要找到品牌与热点事件的关联性，不能脱离品牌的核心价值，这是事件营销成功的关键。

2．做别人没有做过的

“第一”是事件营销的重要因素。因为是第一，所以才有新闻价值，才能吸引眼球，产生轰动效应。这就要求营销团队进行事件营销时巧思创意，做别人没有做过的，说别人没有说过的。

3．提高事件公众参与度

人们往往对远离自己生活的事件淡然处之，也许事件本身具有很高新闻价值，但因为和自己实际生活关系不大，所以有可能很快就被淡忘了。然而如果事件就发生在人们身边，或人们身临其境、亲身参与时，则难以忘却，甚至刻骨铭心。

6.1.3　事件营销策划的要素

1．重要性

重要性是指事件内容的重要程度。判断内容重要与否的标准主要看其对社会产生影响的程度。一般来说，对越多的人产生越大的影响，其新闻价值越大。

2．接近性

越是心理上、利益上和地理上与受众接近或相关的事实，新闻价值就越大。心理接近包含职业、年龄、性别诸因素。一般人对自己的出生地、居住地和曾经给自己留下美好记忆的地方总怀有一种特殊的依恋情感，所以在策划事件营销时必须关注到与受众接近的特点。通常来说，事件关联的点越集中，就越能引起人们的注意。

3．显著性

新闻中的人物、地点和事件的知名度越高，新闻价值就越大。国家元首、政府要人、知名人士、历史名城、古迹胜地往往都是出新闻的地方。

4．趣味性

大多数受众对新奇、有人情味的东西比较感兴趣。有人认为，人类本身就有天生的好奇心，也称新闻欲本能。

一个事件只要具备以上一个要素就具备新闻价值。同时具备的要素越多、越全，新闻价值自然就越大。当一个事件同时具备所有要素时，肯定会具有很高的新闻价值，成为所有新闻媒介竞相追逐的对象。

6.1.4 事件营销策划的重点

1．理解媒体特性

事件营销是通过制造新闻事件，吸引媒体注意，通过媒体传播，达到预期的宣传目的。很多媒体力图通过各种渠道来获得新闻事件的独家采访权，于是各媒体纷纷把触角伸到社会的各个角落，去寻觅各类新闻事件，这无疑给善于制造新闻的企业提供了更大的宣传机会。企业可以利用自己身处新闻之中而得到更多关注这一事实，达到自己的宣传目的。同时，随着媒体的多元化，媒体也呈现出细分化的趋势。所以，企业在进行事件营销的时候，还要根据自己的目标受众选择适合的媒体。

2．解读新闻事件

新闻事件是新近公众关注的热点，大多是上乘“布料”，即事件营销的“载体”。所以，新闻要有代表性和显著性；新闻要有让公众感兴趣的点；新闻应提供与众不同的信息；新闻应是难得一见、鲜为人知的事实等；新闻要贴近社会公众；新闻要有针对性；新闻要在第一时间对事件做出反应。满足受众的窥视欲和好奇心，是新闻事件运作的根本目的。新闻事件只有通过新闻传播才可以变为真正意义上的新闻。因此，新闻传播是新闻的本质。

3．制造新闻事件

从企业实际及营销需求出发，按照新闻规律，制造新闻事件和新闻热点，吸引新闻媒体注意和报道，以此来树立企业和品牌形象，营造企业良好的外部发展环境，创造产品市场，培养、培育消费需求，从而达到与其他企业产品竞争、销售产品的目的。制造新闻事件，要注意事件的新闻性、广告信息植入的自然性、事件与企业的品牌形象的一致性。

6.1.5 事件营销策划的误区

1. 企业盲目迷信明星

企业一窝蜂地上马“明星项目”，甚至经常出现一个名人同时为不同产品大肆吆喝且出现在同一媒体的尴尬局面，违背了打明星牌的初衷。

2. 企业无谓赞助

赞助是事件营销的手段之一。企业通过赞助某一体育运动、公益活动或政府项目等，扩大自己的知名度。但需要注意的是，赞助活动必须将企业的品牌个性和活动精神相结合，而这正是国内企业经常忽视的重点。国内大多数企业的投资赞助，往往与企业的发展战略不尽相关，或者盲目攀比竞争对手的赞助策略，不仅浪费了企业资金，而且破坏了企业或品牌在消费者心目中的统一形象，让消费者“不知所云”。

3. 企业对事件生搬硬套、盲目跟风

企业在“借势”发挥时很容易陷入这个误区，看到社会上的某新闻热点、事件吸引了大量“眼球”后，根本不管“借”的是什么“势”，与自己有何关系，就生搬硬套、盲目跟风，最后不但没有实现预期效果，还可能惹来不必要的麻烦。

4. 企业运作事件营销时忽视风险

在策划事件营销策划方案之前，一定要考虑风险要素，要控制好风险，千万不能对企业造成负面影响。要记住，所有推广都应该为品牌增值。

5. 认为事件营销只适用于中小企业

对事件营销的适用对象，通常的看法是，比较适用于中小企业。这个观点没有错，因为中小企业资金实力有限，不可能支付高额的广告费用，而事件营销的成本低，所以成为中小企业的首选。但这并不等于说，大企业就不能用事件营销。运用事件营销取得成功的企业不乏行业内的领先者，甚至在某些领域具有独特优势的企业。

6. 认为事件营销只是临时性的战术，是短期行为

实际上，事件营销在市场和受众之间持续时间的长短取决于几个方面的因素：事件的强度、传播途径的选择、受众面的宽度等。这些因素共同影响事件营销的效果持续度。如果企业只是把事件营销作为一种短期的战术行为，采用的每个事件都是孤立的，就无法形成品牌资产的积累，是对资源的浪费。

6.2 事件营销策划的操作程序与方法

6.2.1 事件营销策划的操作程序

1. 细分市场，准确定位

事件营销必须有明确的造“事”对象。只有明确了营销对象是谁，弄清他们心中在想什么，有的放矢地进行事件营销，才能最大限度地提升营销效应。企业对自己的品牌必须有一个明确的定位，且一切的事件营销都围绕这个定位来进行，最终形成一致性的品牌形象。

2. 因势利导，合理诉求

事件营销应该把品牌的诉求点、事件的核心点、公众的关注点重合在一起，形成三点一线，贯穿一致。品牌内涵与事件关联度越高，就越能让消费者把对事件营销的热情转移给品牌。不管是借势还是造势，一定要找出产品品牌和事件之间的关联性。如果生搬硬套地将二者连到一起，不考虑产品与事件的相关性，什么事件都想利用，什么主题都想沾边，最终只会导致产品形象混乱，目标市场模糊，达不到预期的效果。

3. 捕捉热点，掀起高潮

事件营销要想深入人心、影响久远，事件的公众参与度不可忽视。公众参与度高的事件营销往往能在不经意间悄然入心，巧妙地拉近品牌与公众的距离，树立良好的品牌形象。企业在事件营销过程中，可以通过借势、造势等方式，使企业的产品定位在事件中并得到合理的诉求，引起消费者关注，达到提升品牌的效果。

4. 整合传播，完善品牌

事件营销的最终目的是提升品牌价值。然而，一个事件营销产生的轰动效应毕竟是短暂的，想要保持事件对品牌的长期影响，还要在事件后将事件及品牌的相关信息不断灌输给消费者，并把消费者的注意力潜移默化地转化为实际购买力及对品牌的忠诚。这就需要企业在事件中和事件后做好品牌整合营销传播工作。

5. 把握尺度，控制风险

事件营销就是借社会事件、新闻之势或通过企业本身的策划、运作造“事”来达到传播的目的，但是事件发展的不可预见性、媒体的不可控制、受众对事件的理解程度及企业对事件策划的掌控能力，都决定了事件营销可能暗藏着风险。因此，在事件运作前，有必要对整个事件做一次全面的风险评估，并以此调整企业的应对措施，以将风险可能带来的损失降到最低。

6.2.2　事件营销策划的方法

1．借事造“事”

借事造“事”是指及时地抓住广受关注的社会新闻、热点、事件等，结合企业或产品在传播上欲达到的目的而展开的一系列相关的整合营销。

实用链接　钟南山提笔感谢，京东大受好评

京东在2020年的新冠肺炎疫情中，虽然只捐了物资，但依旧获得了很多好评。原因就在于，京东物流为驰援武汉等地开通了专用通道，让物资能够快速送达。

另外，京东还抓住了钟南山这个强大的“流量体”。钟南山在这次新冠肺炎疫情中，成为人们心中的中流砥柱，是一个正能量满满的个体。他做过的每件事、说过的每句话都让网友们信服。所以，当钟南山写道“感谢京东心系医疗援助一线，以最快的速度将急需医疗物资送达武汉”时，京东毫无意外地就会被网友们称赞了。

2．明星造“事”

明星是社会发展的需要与大众主观愿望相结合而产生的客观存在。当消费者不再把价格、质量当作购买顾虑时，企业利用明星的知名度去加重产品的附加值，可以借此培养消费者对该产品的感情、联想，从而赢得消费者对产品的追捧。

3．体育造“事”

体育造“事”主要是借助赞助、冠名等手段，通过所赞助的体育活动来推广自己的品牌。体育造“事”作为一种软广告，具有沟通对象量大、传播面广和针对性强等特点。

4．新闻造“事”

利用社会上有价值、影响面广的新闻，不失时机地将其与自己的品牌联系在一起，来达到借力发力的传播效果。

5．造势造“事”

造势造“事”是指企业自己通过策划、组织和制造具有新闻价值的事件，吸引媒体、社会团体和消费者的兴趣与关注。

6．舆论造“事”

通过与相关媒体合作，发表大量介绍和宣传企业的产品或服务的软性文章，以理性的手段传播自己。关于这一点，国内很多企业都已见识到了它的威力，此类软性宣传文章现如今已经大范围甚至大版面地出现在各种相应的媒体上。

“造唤新生”2020年淘宝造物节创造力全国巡游

7. 活动造“事”

活动造“事”是指企业为推广自己的产品而组织策划一系列宣传活动，吸引消费者和媒体的眼球，达到传播自己的目的。

8. 概念造“事”

为自己产品或服务所创造的一种“新理念”“新潮流”。例如，农夫山泉宣布停止生产纯净水，只出品天然水，大玩“水营养”概念。

6.2.3 事件营销策划的模式

1. 借力模式

借力模式是组织将组织的议题向社会的热点话题靠拢，从而实现公众对社会的热点话题的关注向组织议题关注的转化。要实现好的效果，必须遵循以下原则：

（1）相关性。社会的热点话题必须与组织的自身发展密切相关，与组织的目标受众密切相关。

（2）可控性。在组织的控制范围内，否则达不到期望的效果。

（3）系统性。组织借助社会的热点话题必须策划和实施一系列与之配套的公共关系策略，整合多种手段，实现一个结合、一个转化：社会的热点话题与组织议题相结合；公众对社会的热点话题的关注向组织议题关注的转化。

实用链接 法国队夺冠，华帝退全款

2018年7月6日凌晨，2018年世界杯法国队以4∶2战胜克罗地亚队登顶夺冠，距离上次捧起大力神杯已经相隔20年。随后，法国队的赞助商华帝宣布“法国队夺冠，华帝退全款”的活动正式开始。世界杯开幕前，华帝就通过微博公布了董事长的签名文件，表示了对这次活动的重视程度。微博各大V账号纷纷转发引起第一波宣传热潮。

6月14日至6月30日利用H5传播，微信、朋友圈、贴吧全面推广使这次宣传达到高潮。在这个宣传期间，不仅是线上传播，线下全国40个城市的分众框架广告、网易广告等也在非常积极地配合宣传。在世界杯中，随着法国队不断高歌猛进，特别是在淘汰赛中连克强队，法国队的夺冠呼声不断高涨。“法国队夺冠，华帝退全款”被广大受众所熟知，并引起大家的热议。虽然不是官方赞助商，但是华帝的微博和微信不仅自身传播力度巨大，而且带动了整个舆论一起参与狂欢。

6月30日晚上，法国队以4∶3淘汰了赛事热门阿根廷队，挺进世界杯八强。伴随着德国、阿根廷、葡萄牙等昔日豪门的纷纷离去，法国队成为本次比赛的夺冠热门。不少人询问：“华帝现在慌不慌？”于是华帝在法国队晋级八强后，直接宣布将退款活动加码3天，并且还改了海报，把在1/8决赛中表现出色、“一战成名”的姆巴佩放到了格里兹曼的前面。7月16日凌晨，华帝官方微博发出公告，正式启动“退全款”流程，宣布只要是6月1日0时至7月3日22时购买华帝“夺冠套餐”的消费者都可以退还全款。

华帝不仅公告退款，还公示了退款的整个流程。

在本次宣传活动中，华帝官方微博主持的两个话题“法国队夺冠，华帝退全款”和“华帝退全款启动”，加起来有 1 亿次的阅读量，超过 10 万人参与讨论。除了“华帝启动退全款”牢牢占据了 7 月 16 日百度搜索热点的榜首，在前面整整半个月的时间里，华帝的百度搜索指数都居高不下，尤其是在法国队杀进决赛的 7 月 11 日，该指数更一度冲上 44 188 的制高点。

这次的营销活动带来的销售额大概为 10 亿元，退款额为 7 900 万元，线下渠道 5 000 万元，线上 2 900 万元。加上其他成本，包括广告投放、法国及亨利签约，总成本为 1.1 亿～1.2 亿元。成本占收入的 10%。而且这次活动在大众层面已经得到了广泛的话题传播，无形中也减少了华帝后续需要投入的营销费用。华帝在这次世界杯中花费 7 900 万元的“法国队夺冠，华帝退全款”活动，转化而来的经济收益、广告效益非常可观，远超其他投入了数亿元的品牌商的传播效果。

2．主动模式

主动模式是指组织主动设置一些结合自身发展需要的议题，通过传播，使之成为公众所关注的公共热点。要实现好的效果，必须遵循以下原则：

（1）创新性。组织所设置的话题必须有亮点，只有这样才能获得公众的关注。

（2）公共性。避免自言自语，设置的话题必须是公众关注的。

（3）互惠性。要想获得人们持续地关注，必须双赢。

6.2.4　事件营销策划应注意的问题

1．要反复权衡自身的营销能力，选择适合自己的操作方式

事件营销策划需要企业营销能力的支持，需要企业原有营销组合做出相应的变更，具体归结为促销方式的变更、分销渠道的变更、产品的变更等。不同行业的企业变更的内容是不一样的，不同的事件可操作方式不同，不同特色、不同能力的企业在塑造品牌上强化的重点、采取的方式也不尽相同。方式无优劣，选择适合自己的手段与途径至关重要。

2．处理好品牌与事件之间的关系

事件营销策划需要考虑企业品牌与内涵能否与事件相结合。只有品牌与事件的连接自然流畅，才能让消费者把对事件的热情转移给品牌，事件营销的目的才能初步实现。如果二者连接过于牵强，就难以让消费者把事件的关注热情转移到品牌上。

3．成功的事件营销策划有赖于深厚的企业文化底蕴

企业要实施正确的事件营销战略战术，就必须依靠企业文化的力量，用高度整合的营销文化、生产文化、研发文化，保证事件营销产生长久的效应。

4．事件营销策划要加强风险控制

事件营销的利益与风险并存，既要学会取其利，还要知道避其害。对于风险项目，首先要做的是风险评估，这是进行风险控制的基础。风险评估后，企业根据风险等级建立相应的防范机制。

5．注意事件短期效应与品牌长期战略的关系

事件是企业借势出击，提高品牌知名度、树立品牌形象的好机会。但在事件之后如何维护品牌形象，进一步提高企业的美誉度、忠诚度，是企业持之以恒的工作，这要靠企业长期的努力和积累，从根本上支撑企业所塑造的品牌形象。营销措施固然可以巩固利用事件营销所产生的新品牌形象，但从长期来看，通过这种方法塑造的品牌形象是短期化的，一般不稳固。只有进一步通过消费者使用产品后产生满意度来强化的品牌形象才最具持久力。因此，强化消费者满意度，必须使企业的战术服从总体战略，事件营销策略服务于整体战略。在利用事件的同时，企业不能放松对市场的长期建设，而且要把公关事件作为市场长期建设的补充手段，作为品牌形象塑造整体战略的高效辅助战术。

思考与应用

1．思考题

（1）事件营销策划的法则和要素是什么？

（2）事件营销策划的重点包括哪些内容？

（3）事件营销策划的模式有哪几种？

（4）简述事件营销策划的操作程序和方法。

2．案例分析

汽车飞天！东风风光的事件营销

“你这么厉害，咋不上天呢？”这是一句网络上用来讽刺一些人没实力却常常吹牛的常用语。但如果你想把这句话送给东风风光这个汽车品牌，那他们就会用实际行动让你分分钟被“打脸”。在 2019 年广州国际车展前夕，东风风光汽车搞了一起全网震惊的大事件，他们把即将发售的新款汽车 ix7“开”到了 440 米高的广州国际金融中心楼顶停机坪上。东风风光用实力告诉消费者，我就是这么厉害，我上天给你看！

一、把汽车“开”上天，引发全网震惊关注

第 17 届广州国际车展在 2019 年 11 月 22 日正式开幕。在这个车展上，几乎所有的国内外汽车品牌都会携他们今年的新款产品参展。在这个全国消费者对于汽车行业有着高关注度的节点上，各大汽车品牌都在绞尽脑汁，力争在车展前夕搞一波大事情，来提升品牌关注度，为品牌在车展上吸引更多的消费者。不过要论这几天哪个汽车品牌搞的事情最大，那一定非东风风光莫属了。11 月 21 日，东风风光在官方微博上发布了这支短片。把一台旗舰 SUV 东风风光 ix7 放在了广州国际金融中心的停机坪上，由无人机

24 小时全景拍摄。在 440 米的高空中，展现着上海的风光和新款 SUV ix7 的风光。

把一辆汽车“开”到广州最高的大楼广州国际金融中心楼顶，没有人敢想。这样的消息应该出现在新闻报道的头条或者极限挑战的节目中，而不是出现在一支广告片中。正因为如此，这支短片一上线就震惊了全网，消费者纷纷赞叹东风风光的实力和勇气，也让东风风光在广州国际车展前夕获得了极高的关注度。在上线这支短片的同时东风风光还宣布了新产品的口号：看中国的风光，乘东风的风光。唐代诗人王之涣的诗中写道：欲穷千里目，更上一层楼。只有站在高处，欣赏到的风光才是最美丽、最壮观的。

这次登上广州最高的大楼，一方面证明了东风风光的产品可以带给消费者最美丽、最壮观的风光，另一方面表现出了东风风光作为国产汽车品牌，想要成为中国顶尖品牌的态度。

二、双微一抖，KOL 联动造势

汽车品牌的营销传播往往会有圈层的局限性，无法有效地在全网产生引爆，所以东风风光这次还联合了微博、微信、抖音的 KOL 形成联合矩阵，将此次传播的影响范围扩散到全网。微博端口，东风风光邀请了千万级 KOL 联合发声，制造话题，在微博上形成强有力的传播声量。

抖音端口，东风风光邀请了千万级的 KOL 共同创作短视频，在抖音上发布。同时还联合了多个汽车领域的头部账号发声，从专业的角度给予东风风光 ix7 带来更全面的讲解和介绍。

微信端口，数英网等知名营销类公众号发布文章，进一步扩大本次事件的影响范围。在双微一抖 KOL 矩阵的联合发声之下，消费者开始大量关注这起事件，然后衍生出一个新的话题：这辆车到底是怎么“开”上去的？

网友们在这个话题上脑洞大开，有人说是直升机吊上去的，有人说是坐电梯上去的，还有人说像《速度与激情 6》中范迪塞尔开车从两栋大楼之间飞跃的那样，是从另一栋楼飞上去的。

这个趣味的话题激发了越来越多网友的加入，这次事件的影响力也因此蔓延到更多的消费者圈层中。以好奇心作为驱动力，完成营销传播的破圈，让这次活动内容的影响力达到顶峰。

三、一语三关，创意加持品牌

这次事件能获得如此巨大的影响力，除了事件本身的震惊度和 KOL 传播矩阵的强大影响力，“看中国的风光，乘东风的风光”这一创意主题也非常关键。这句口号最巧妙之处就在于“风光”这个词表达了三重含义。首先风光代表着东风风光汽车这个品牌形象，让人一目了然；其次风光代表着东风汽车集团在中国汽车制造史上的贡献，彰显企业实力；最后风光代表着风景，是新产品 ix7 作为一台 SUV 车型最重要的功能，带着一家人领略中国的风景。一语三关的巧妙创意，在展现出产品特色的同时体现了品牌形象，让消费者对于东风风光这个品牌的认可度大大提升。借助这次事件的全网热度，东风风光趁热打铁，启动了“人民币背后的中国风光”打卡之旅。以东风风光的视角展现每一处人民币背后的美丽风景。以美丽的风景作为吸引力，把消费者对美景的喜爱转化成对东风风光产品的期待。

令人震惊的新奇事件、强大的KOL传播矩阵、出色的创意策划是这次东风风光能获得全网关注的主要原因。本质上也就是通过制造好奇吸引消费者关注，通过传播矩阵扩大声量，再通过后续的创意内容输出品牌和产品。

（资料来源：首席营销智库，2019-11-23）

思考题：

本案例中，你认为运用了哪些事件营销策划的模式和策略。

3．实战训练

实战项目6　事件营销策划方案分析研讨

项目要求：

选择一家公司，运用事件营销策划的学习内容，团队成员对该公司的事件营销现状进行分析，提出建设性意见，撰写××公司事件营销策划方案，制作PPT，在“××公司事件营销策划分析研讨会”上宣讲，由同学们讨论、评议，教师指导，达到交流、提高的目的。

项目 7 ■■■■

文化营销策划

教学目标

知识目标：

通过学习，掌握文化营销策划的因素、层次和方式；掌握文化营销策划的操作程序和策略；掌握文化营销策划应注意的问题。

能力目标：

通过实战训练，具备文化营销策划的能力。

7.1 认知文化营销策划

7.1.1 文化营销策划的概念

文化作为一种精神内涵，赋予产品个性和灵魂。被赋予了文化个性的产品在客户眼中是活的、是含意丰富的、是吸引眼球的、是聚焦偏好的、是无法替代的、是难以讨价还价的。企业要创造出产品在客户心中的个性定位，就必须进行文化营销。

文化营销策划是企业以文化为媒介、以产品和服务为载体，发现、培养或创造某种核心价值观的创意、决策的活动。

文化营销策划具有厚积薄发、四两拨千斤、蛇吞大象、以少胜多、以弱胜强、以柔克刚、无中生有的作用，可以攻无不克、战无不胜，创造意想不到的市场奇迹。

7.1.2 文化营销策划的因素

1. 社会文化背景和环境

社会文化背景和环境包括物质文化、社会制度、人和宇宙、人与自然、科技、哲学、美学、宗教、语言艺术等。文化的根基是人文，而人文是融入国家、民族文化这个大背景中的，成功的文化营销策划应能很好地适应特定的本土社会文化背景。文化营销策划属于企业的一种微观活动，它将本土的文化模式、民族的发展历史、传统观念、价值观、语言行为等融为一体，在民族文化的基础上进行文化营销策划，将企业形象、产品质量与文化内涵也融为一体。

2. 特定的文化事件

文化营销策划是一种市场性、价值性和公益性交相辉映的综合性决策活动。其总是大张旗鼓地反映时代精神和恰到好处地传递企业的产品与服务信息，在弘扬中华文化精神的同时，不断根据时代的变迁牢牢把握住社会需求的市场机会，从而实现多赢的局面。

3. 符合产品品牌的个性

不同的品牌具有不同的个性，有彰显成功、强调身份地位的，有崇尚健康、休闲、活力、年轻态的。品牌有无竞争力，能否成为名牌，不仅取决于产品和服务的质量，更重要的在于，品牌是否具有丰富的文化内涵。善用品牌个性文化策略是企业创造名牌优势的关键。

实用链接 水井坊的品牌文化营销

水井坊自2000年上市以来，成功构建了其中国高档白酒品牌的地位，年销售额更是达到20亿元，成为白酒行业的一个传奇。水井坊之所以能够取得如此辉煌的业绩，最根本的原因就是其一开始就致力于以品牌文化为核心，充分利用天时、地利、人和的文化优势，成功地将水井坊打造成“中国高档生活元素”。

水井坊的文化核心就是其悠久的历史，正如其广告语所诉求的那样：“穿越历史见证文明——水井坊，真正的酒。”具体而言，水井坊所提炼和塑造的品牌文化包括以下3项内容：一是川酒文化。四川自古就是中国的酒都，名酒层出不穷，赫赫有名的川酒6朵金花，印证了人们自古以来对中国白酒的基本评价和总结——“好酒在西南”。水井坊坐落于酒都的中心地带成都，使其与生俱来享有极大的川酒文化优势。二是窖址文化。水井坊酒的窖址号称“中国最古老的酒坊”“中国浓香型白酒的一部无字史书”“中国白酒行业的秦始皇兵马俑”“中国白酒第一坊”。由于其填补了我国酒坊遗址专题考古的空白，被国家文物局授予“1999年中国十大考古新发现”“国家重点文物保护单位”。三是原产地域文化。水井坊是中国第一个浓香型白酒原产地域保护产品，具有独特的、不可替代的酿酒文化、酿酒工艺和优质品质。

水井坊将上述3项文化内容予以聚合并加以聚集传播，使水井坊以其独特而丰厚的文化作为支撑，在现实的市场操作中，不求短期的市场回报，而是以文化诉求为市场的启动点，以长期品牌建设为发展目的，力求获得长期的市场效益和利润最大化。在此营销与传播思路下，水井坊经过短短几年的努力，就迅速在竞争激烈的白酒市场上强势崛起，成为中国白酒文化的代言人。

（资料来源：www.11467.com）

7.1.3 文化营销策划的层次

1. 产品或服务层次策划

这一层次上的文化营销策划是要推出能提高人类生活质量、推动人类物质文明发展的产品或服务，并能引导一种新的、健康的消费观念和消费方式，如健康住宅、绿色生态住宅等。

实用链接 “洛阳八景宴”文化营销策划

河南洛阳素有“九朝古都”之称，历史文化的积淀非常深厚。历代流传下来的以龙门山色为代表的八大景和八小景是洛阳历史文化的宝贵遗产。“洛阳酒家”进行餐饮文化营销策划，将菜肴注入地区八景旅游文化内涵，即菜肴与八景旅游文化进行创造性嫁接，经反复多次研究，终于向社会成功地推出洛阳八景宴。

洛阳八景宴是八景文化与菜肴在行、神、味方面的完美结合。八景整桌宴席，用象形和寓意的手法以菜肴的形式表现出洛阳最具有代表性的八个景观。一组菜品表现一道景观，一道景观传递着一个美丽的传说，将菜品与文化的结合表现得淋漓尽致。八景宴推出后，得到了中外宾客的青睐，取得了很好的经济效益。餐饮经营与文化嫁接并不是虚的东西，中华文化 5 000 年，可以用来与餐饮进行嫁接的文化取之不尽，用之不竭。

2. 品牌文化层次策划

品牌有无竞争力，能否成为名牌，并不取决于品牌的技术物理差异，而在于品牌是否具有丰富的文化内涵。追求文化内涵的品牌文化层次策划将使企业品牌在新项目形象树立方面得到良好的转化与延伸。

3. 企业文化层次策划

企业文化层次策划将企业先进的精神理念、价值观、道德准则、行为方式、组织制度等通过整合有效地传播给社会，以塑造良好的企业形象。反过来，良好的企业形象又有助于企业营销活动的顺利实施。

7.1.4 文化营销策划的方式

1. 因势利导型文化营销策划

企业通过缜密的市场调研来发现、甄别消费者的价值取向，然后再加以培养，形成企业自身的核心价值观，通过产品与服务等载体与消费者取得共鸣。

2. 创造性引导文化营销策划

企业自身为了适应社会的发展和构筑竞争优势而创造核心价值观，并通过产品、服务、品牌形象和企业形象来传播创造的核心价值观，进而唤醒、影响、教育、引导消费者的消费行为，创造消费者的新需求，开发新市场。

7.2 文化营销策划的操作程序与策略

7.2.1 文化营销策划的操作程序

1. 分析目标市场文化需求

文化营销中的文化是目标市场文化需求与产品文化的契合。文化营销策划首先要调查目标市场文化需求，主要包括目标市场的风俗习惯、目标市场的文化环境、目标市场的人口特征及文化价值观。

2. 发掘企业及其产品的文化内涵

每个企业产品都具有自己的文化内涵。在企业的发展过程中可能存在一些不同的文化信息，因此要仔细研究并认真发掘企业及其产品的文化内涵或文化关联。例如，企业的历史文化内涵、产品的品牌文化内涵、产地文化内涵等。

3. 寻求企业及其产品文化内涵与目标市场文化需求的契合点

通过对目标市场文化需求的分析和对企业及其产品文化内涵的发掘，可以一一列举出目标市场文化需求和企业及其产品的文化因素。通过对比分析，找出企业及其产品满足目标市场文化需求的契合点。

4. 规划实施文化定位战略

如果企业及其产品文化内涵与目标市场文化需求的契合点具有明显的独特性，而且难以被竞争对手复制与模仿，就可以考虑把这一契合点作为企业文化营销定位的基点，规划实施独特的文化定位战略，从企业形象及其产品的各个方面体现能为消费者认同的文化内涵，从而在目标市场上树立起企业及其产品独特而形象鲜明的文化形象。

5. 传播文化定位理念

企业文化定位的最终目的是在目标消费者心目中塑造一种富有个性的独特形象。因此，企业在做出文化定位决策时，还必须大力开展全方位的传播宣传活动，把企业的文化定位观念准确地传播给目标市场，从而在目标市场心目中形成独特的、印象鲜明的形象。因此，在市场调查及文化的发掘定位之后，就要进行文化定位理念的传播。要寻找文化营销的切入点，包括新闻热点和大众关注的事件等。总之，要通过各种渠道对文化营销进行宣传，让目标市场的消费者明晰企业与竞争对手产品的文化差异。

实用链接 “姓氏”文化营销，伊利道出百家、百姓、百福之本

中华民族尤其是汉民族的姓氏文化，博大精深，源远流长。从它的形成、发展、演

变的漫长历史过程来看，它已构成中华民族传统文化的一个重要内容，深入人们生活中的每个领域，深入每个人心中。2020 年新春伊始，伊利借“姓氏”文化之本，与产品相融合诠释何谓百家、百姓、百福。

伊利首先推出“百家聚幸福”为主题的视频短片，以“姓氏”作为线，将姓氏文化巧妙地植入新生降临、归根老家、全家团聚的 3 个场景中。

有结出生命果实的爱情——销售员迎来孩子的降生，深情看着妻子说：叫“李何”，姓李的李，姓何的何。产房里原来念叨着起名字要查诗经、算八字的老人们，这时都笑着说“好”。

有上一代的牵绊——不甘愿跟爸爸回他老家过年的女儿，当坐着三轮车回到爸爸的世界时，瞬间被淳朴热情的乡民和暖意融融的气氛戳中，和爸爸相视一笑和解。

有下一代的成长——刚学会写字的儿子和快递员爸爸视频通话，用手害羞地遮住自己写的字，但当见到爸爸时，大方展示自己写的“张”字，那是他和爸爸共同的姓氏。

这支姓氏文化营销视频给产品注入了灵魂，不再是产品冰冷的买卖，更是一名好友，它懂你并把你内心所思所想以动态的形式表现出来。

同时，伊利以“百家姓”为主题，推出了一系列百家姓定制装新品。每瓶牛奶都有着“中国新年红”作为背景元素，重点是，每瓶牛奶上都印上不同的百家姓氏。这一次的姓氏主题系列包装营销，其实蕴含着伊利纯牛奶的一片真挚之心。“百家”代表无数普通而温馨的家庭，“百姓”代表着每个人身边真正在努力生活着的人们，“百福”是每个家庭都拥有的微小而幸福的瞬间。“百家、百姓、百福”，一盒健康牛奶，就是对一个家庭的定制祝福。

为了让这波姓氏文化营销的传播效果最大化，伊利在微博上发起了“百家聚幸福”的话题互动。权威官媒《人民日报》也参与了这波话题互动，通过图文专题发声，凭借其庞大的影响力，让更多的微博用户参与到其中的讨论和分享中。只要关注它并转发微博，说出你的姓氏，就能收到 50 份百家姓牛奶礼盒等礼物。

在这次品牌文化打造中，伊利并非只用单形式去呈现，视频+包装+话题+海报等多方面结合，全方位渠道打通，有效触达年轻用户群体，成功引发他们的注意力，促进他们的消费，提升了在用户心目中的好感度。

对伊利“百家聚幸福”视频感兴趣的读者可上网搜索查看。

7.2.2　文化营销策划的策略

1. 文化产品策略

文化产品策略是指现代企业把象征人们特有的价值观、审美情趣、行为导向的文化教育内涵融入产品中，使产品成为文化的载体，以此满足消费者的心理需求、价值认同与社会识别等人文需要，从而从感情上触动消费者，导致购买行为的产生。

2．文化品牌策略

品牌是现代市场营销组合中最具个性化、差异化的产品组成要素，在产品文化中具有极其重要的特殊功效。它实际上是把文化成果融入产品的品牌中，并以浓厚的文化色彩表现出来，以满足消费者的文化需求。

3．文化包装策略

文化包装策略是指企业在产品包装的设计思想上，通过种种包装材料、图案、色彩、造型的巧妙设计和灵活组合，有意识地把文化要素融入包装之中，赋予产品不同的风格和丰富的文化内涵，使产品借文化而拥有某种附加值，从而吸引更多的消费者。

4．文化促销策略

随着经济的发展和人们生活水平的提高，当人们的物质需求得到满足的时候，自然就对精神文化需求提出了更高的要求。正因为如此，以文兴商、以文促销、文商结合正成为国际大潮流。所以，企业可以通过策划实施一系列的文化促销活动，积聚人气，激发文化需求，以促进企业营销业绩的提高。

5．文化营销的评估

在实施文化营销的过程中要随时进行必要的评估，随时考察是否达到了预期的文化效果。如果存在问题，就要及时发现并解决问题。

实用链接 九芝堂文化营销的创新

为全面落实“健康中国2030”规划提出的“坚持中西医并重，传承发展中医药事业”，百年传承老字号企业九芝堂毅然担负起弘扬中医文化、引领健康潮流的使命，以传承与创新、传授与保护、传播与交流为主线，致力文化营销。

一、文化营销，聚焦C端

以民众健康养生需求为原点，充分挖掘消费者对健康的需求和渴望。千人销售团队走进社区，走进群众，零距离为消费者服务。同时销售团队联合社区周边连锁为社区群众义诊，为大众把好关，将高质量、高水平的养生用药知识传递给大家。

二、线下讲座，线上直播

线下在全国30多个省（市）针对社区群众及优选连锁店员开展以宣讲专业中医药养生及用药知识为主的全民健康养生科普讲座，线上在直播平台打造专家养生专栏，邀请资深中医药行业讲师讲解养生之道。

三、线上自测，科学养生

九芝堂在公众号上线了“中国人9种体质自测”程序，让消费者通过手机端即可便捷地测试自身体质类别，并通过官方微信、微博等自媒体在全年推送二十四节气养生、体质养生、四季养生、心脑血管养生、保牙护齿科普等科学养生知识，帮助老百姓更好地科学养生。

四、立体传播，高效触达

线下通过千人自营团队，落地服务，线上整合媒体资源，结合大众媒体、新媒体、自媒体全方位立体传播，有内容、有影响、有传播。线下利用公交车身广告、社区电梯分众广告宣传，向消费者普及九芝堂优质滋补养生系列产品，全民保健，科学养生。

通过扎实的基层科普养生教育，传播中医药文化，塑造九芝堂品牌，服务终端客户动销，达到聚焦 C 端、服务客户、传播文化、扩容市场的多重效果。店员培训近 4 000 场，覆盖人群超 12 万人；消费者健康公益讲座近 1 000 场，覆盖人群超 8 万人；外场活动超 3 万场，影响覆盖人群上千万人。

（资料来源：21 世纪药店，2019-04-12）

7.2.3　文化营销策划应注意的问题

（1）突出个性化，即要有企业自己的特点。

（2）凸显人性化，即符合、满足目标消费者的精神需求。

（3）体现社会性，即充分挖掘社会文化资源并回归社会。

（4）具有生动性，即营销技术要灵活、创新、形象、易传播。

（5）兼顾公益性，即必须对社会有益，将文化融进营销，形成“1+1>2”的社会价值。

思考与应用

1．思考题

（1）文化营销策划有哪些因素？文化营销策划包括哪些层次？

（2）文化营销策划有哪些策略？

（3）简述文化营销策划的操作程序。

2．案例分析

“江小白”怎样成功做到文化营销

2015 年开始，重庆江小白酒业有限公司（简称江小白酒业）生产的“江小白”系列白酒，刹那间成为很多年轻人聚会的必备品，开始引领潮流。这是因为“江小白”的文化营销促成了品牌的成功。

一、精准的客户定位

“江小白”这个品牌在 2012 年被创建，在 2015 年之前，该品牌并未获得广泛认可。但是，在 2015 年左右，江小白酒业借助于互联网经济的发展契机，在短短半年时间完成了逆袭。其产品定位尤为重要——生产“情绪饮料”。在官网上，赫然有这么一段简介：江小白提倡直面青春的情绪，不回避、不惧怕。与其让情绪煎熬压抑，不如任其释放。

这个宣言直接决定了“江小白”的市场定位，就是年轻群体。在当下市场多元化，尤其是互联网经济的介入造成市场资本重组的今天，今天的年轻人如同我们创业的先辈，经受着市场的考验和内心的阵痛。而“江小白”对自己产品的界定并没有仅仅局限在白酒上，而是将其称为“情绪饮料”，并且提出了自己“不回避、不惧怕，任意释放情绪”的宣言，这种对年轻群体心理的把握可谓煞费苦心而又切中要害。

如果说对年轻群体情绪释放的把握为“江小白”的成功奠定了群体基础，那么，利用互联网科技反互联网生存状态，则在一定程度上表现了制造商的温情主义情怀。它这样塑造了温情主义的面纱：

随着互联网的普及，朋友之间的正常交流时间正越来越多地被移动社交软件所占据。线上的热络取代不了面对面的沟通。江小白号召放下手机暂别网络，与朋友重新在现实中进行社交，不要让网络完全占据了生活。

所以，“江小白”精准定位了客户群体，同时，它也对这个客户群体的生存状态、经济收入、心理问题等有了一定的研究，并针对这些提出了自己的品牌文化理念。这是它能够逆袭成功的最重要的群体基础。

二、成功的文化营销

任何一种具有核心竞争的实体现象必然会成为一种文化现象，如苹果公司、黑莓公司以及华为集团。在这些公司的发展中，文化是一种很重要的内在推手。“江小白”作为一个新兴的实体经济，很好地借助了文化的外衣，成功实现了文化营销。如果说准确的客户定位为其成功逆袭创造了消费群体，那么文化营销则是“江小白”打赢这场逆袭战的盔甲。

1．对碎片化话语的系统整理

“碎片化”是这几年比较流行的涵盖面很广的一个词语。我们时常听到碎片化时间管理、碎片化学习等。实际上，在互联网+语境下，一切都有碎片化的可能，包括人自己的情绪、举动。例如，你现在不高兴，在微信上发了一个倾诉的句子，但是，这个并不能持续很久的情绪相对你的整体情感来说可以说是碎片化的。碎片化是针对整体而言的。但是，如果你用一个放大镜去看一些碎片化语言，它所折射出的或许就是一种观念。“江小白”很好地利用了这种情绪化的碎片语言对自己进行包装。在最为流行的“江小白”瓶子封带上，每每会出现一段看似无趣却能折射现象以及情绪的话。例如，“关于明天的事，我们后天就知道了”“你心里想念的人，坐在你的对面，你却在看你的手机”“稀饭江小白，9494 喜欢简单生活”等，这些我们熟悉不过的话语在酒瓶最醒目的位置出现，可以给消费群体很大的情绪认同感，“江小白”用这些话语对“情绪饮料”进行首次包装。

2．媒体宣传造的势

现代商业的发展如果脱离媒体死守“酒香不怕巷子深”的套路无疑是死路一条。而很多商家习惯采用的宣传策略还是仅仅停留在大横幅、贴海报的时代，这种现象在各大商场很常见。近两年来，微商等借助微信客户端进行推销，但是，微信客户端有个致命的缺点，就是下线的人脉资源直接决定了产品的销量。因此，资本雄厚、有远见的企业都会想尽办法拓展产品的覆盖面。“江小白”也借助了这样的东风，在确定自己的消费群体后，“江小白”投资了《好先生》《火锅英雄》《致青春》《小别离》等影视剧，当那个已经被包装的很有质感的磨砂酒瓶，出现在这些为年轻群体喜欢的影视剧当中时，为了寻找一种心理认同感，观影者会去尝试，只要口味不是太差，加上影视剧的麻醉作用，评价自然就比实际高出很多。这直接造成了“江小白”的销量仅次于五粮液位居白酒类第二。

所以，基于客户心理之上的文化营销将“江小白”塑造成了一个文化现象。文化现象有其滋生性和影响力，这就是文化软实力的核心价值所在。

三、“江小白”的经验借鉴

“江小白”作为一个成功的商业个例，其成功还有其他的因素，如公司管理、产品链的跟进等。但是，作为能够折射现代青年心理的文化载体，这是“江小白”与传统白酒生产行业不同的地方，而它将这个不同运作得很成功。

1．经营商品上，对客户要有精准的定位

只有能精准定位服务的客户群，才能有的放矢。精准定位的首要前提是确定群体。在确定群体后，仔细研究这个群体的心理、生理、收支、生活等习惯，然后在这个基础上去打造属于自己不同于其他行业的产品。

2．寻找合适的文化推广方式进行营销

随着社会物质生活的进一步提升，以及供给侧改革的进一步落实，基于用户定位的商品销售会成为商业运作的主流形态。因此，如何包装自己的产品很重要，而在产品生产出来后进入流通环节，如何将产品卖出去，不仅是一种商业行为，更是一种文化行为。所以，要找到一个合适的方式，扩大自己产品的推广面。

（资料来源：www.jianshu.com/p/31a4aeccc07e）

思考题：

运用文化营销策划的知识，总结“江小白”文化营销的特点。

3．实战训练

实战项目 7　文化营销策划方案分析研讨

项目要求：

选择一家公司，运用文化营销策划的学习内容，团队成员对该公司的文化营销现状进行分析，提出建设性意见，撰写××公司文化营销策划方案，制作 PPT，在“××公司文化营销策划分析研讨会”上宣讲，由同学们讨论、评议，教师指导，达到交流、提高的目的。

项目 8 ■■■■

会议营销策划

教学目标

知识目标：

通过学习，熟悉会议营销策划的类型；掌握会议营销策划的要素；掌握会议营销策划的操作程序和技巧，以及会议营销策划应注意的问题。

能力目标：

通过实战训练，具备会议营销策划的能力。

8.1 认知会议营销策划

8.1.1 会议营销策划的概念

会议营销策划是企业通过各种途径收集客户的资料，经过分析、整理后建立数据库，然后从中筛选出所要针对的目标客户，运用会议的形式并结合各种不同的促销手段，进行有针对性的销售的一种决策活动。

会议营销策划的核心是在客户心目中建立对品牌的信任，并长期维护这种信任。在竞争日益激烈、市场高度同质化的今天，仅靠产品本身往往很难达到这一目的，还要与客户进行有针对性的宣传，提供真诚服务。有效的营销策略都是极具个性化的。只有精确地锁定目标客户，并与之开展一对一的沟通，满足客户差异化的需求，才能提高客户满意度，增强品牌忠诚度，使企业得到长期的发展。

8.1.2 会议营销策划的特点

1．针对性

会议营销有针对性地面对目标客户进行推广和促销，这样一来，不但很好地控制了费用的支出，而且很好地解决了售后服务的问题。

2．有效性

会议营销是运用收集到的目标客户资料，进行有针对性的产品营销推广，这样就避免了传统的广告宣传所存在的广泛性和不确定性的缺陷。与传统营销方式相比，会议营销更节约营销成本，能让产品的推广更有效率。

3．隐蔽性

在传统营销方式中，运用电视、报纸、电台等大众传媒进行广告促销是经常的事情。这样做的副作用是：企业无形中将自己暴露在竞争对手面前，使竞争对手对自己的市场宣传了如指掌，因此也就非常容易引发竞争对手对自己发动宣传攻击，从而削弱广告的效果，使企业蒙受损失。

会议营销则不同，它只是在企业和目标客户之间进行，从而避免了与竞争对手之间的正面交锋，同时降低了竞争对手跟进的风险。运用会议营销，不需要借助电视、报纸、电台等大众传媒，相比之下，比传统营销方式隐蔽得多，竞争对手也难以发现，容易达到企业预期的目标。同时企业和目标客户之间面对面的有效沟通，拉近了双方之间的距离，增强了目标客户对产品的忠诚度。

实用链接　会议营销策划的三大忌讳

一、为促销而促销，为回款而促销

为促销而促销，或者为了回款而促销。对公司来说，没别的，“只要能给我钱就行”。这类会议基本上就是“三无”：客户无选择；产品无定位；促销无底线。

这类会议不成功的原因：第一，对客户没有选择，来了就行；第二，产品无定位，买什么都行；第三，促销无底线。

二、会议内容空洞

会议前期策划都很好，产品定位也很准确，选择的经销商目标定位也很清晰，但是会议上讲师所讲授的内容不行，导致参加会议的客户抱着很高期望来，最后却失望而回，也就是说，会议内容太空洞。

会议内容空洞的主要表现：第一，公司不太了解经销商的需求。第二，会议属于纯忽悠型，完全站在公司的立场来讲话。第三，会议连“面儿”上的东西都没有的。

三、产品选择有问题

会议所有选择都没有问题，就是产品选择有问题。从来不给经销商引导性的推广产品，只要他打钱就行。会议组织、人员选择，什么都很好，就是在公司整个产品体系中没有引导客户定哪类产品。一般这种订货都是原来客户卖什么顺手就定哪个产品。

任何一个环节不到位，都会导致会议营销不成功。

8.1.3 会议营销策划的类型

1．科普式会议营销策划

科普式会议营销策划是指企业以关爱健康、普及健康知识及提供体验服务等为主旨，以讲座的形式来销售产品的一种营销活动设计。通过科普讲座既可以销售产品，又可以获取客户的详细数据，如姓名、地址、电话等个人及家庭详细资料。

（1）普通科普式会议营销策划。主要是以科普知识宣传与健康检测为由头来收集客户资料的一种形式设计。这种形式可以树立企业良好的形象，为后期销售产品做铺垫。

（2）特色科普式会议营销策划。针对科普对象在健康方面存在的问题，进行区别于其他科普式会议的形式、内容的设计，具有独特性和个性。

（3）公益科普式会议营销策划。利用大型的社会公益活动进行健康、保健知识的宣传，树立企业良好的形象。

（4）社会团体科普式会议营销策划。主要是与企事业单位通过赞助等活动形式对企业、健康知识、产品进行宣传，同时来收集客户资料的一种活动设计。

2．旅游式会议营销策划

旅游式会议营销策划是指企业通过以健康旅游为由头，用车辆将目标客户送到事先安排好的旅游景点游玩，在游玩的过程中，培养营销人员与客户之间的感情，然后通过产品咨询等形式来达到销售产品的一种营销活动设计。

3．联谊会式会议营销策划

联谊会式会议营销策划是指企业以举办联谊会为手段，在丰富多彩的节目表演中穿插产品知识讲座，达到销售产品的一种营销活动设计。

4．餐饮式会议营销策划

餐饮式会议营销策划是指企业以为客户提供健康饮食为主题，运用产品讲座等方式进行营销的一种营销活动设计。以这种方式营销不仅能吸引很多人参加，而且能获得较佳的销售效果。

5．爱心式会议营销策划

爱心式会议营销策划是企业通过一系列爱心体验活动，在公众心中树起企业良好、健康、热心社会等形象，从而让品牌深入民心的一种营销活动设计。

6．客户答谢式会议营销策划

会议营销的创新之路

客户答谢式会议营销策划是指企业为了答谢广大客户长期以来对企业的支持与厚爱，用会议做载体，以回报社会、回报客户为宗旨，通过抽奖、有奖问答等系列活动来促销产品的一种营销活动设计。

8.1.4　会议营销策划的要素

1．目标明确：明确所要邀请的目标客户和所要达成的目的

首先会议营销必须清楚地明白其营销的对象，即企业的营销行为是指向哪些人群或组织的。只有明白了企业营销的对象，才能够有针对性地为他们提供产品、服务和价值。其次会议营销要有清晰的目的。不可否认，营销是为了成交和达成销售，但这是最终目的，要达到这个目的是要经过一系列过程的，营销不同阶段的会议营销也具有不同的目的。采用 AIDA 模式来确定企业会议营销的目的：引起注意（Attention）；提起兴趣（Interest）；激起欲望（Desire）；促成行动（Action）。

在明确以上两个方面后，会议营销更深入的目的是确定会议形式和会议内容：通过对目标对象的研究和分析，可以找出最吸引客户的会议形式，这将提高目标客户参与会议的热情和主动性；确定了会议所要达成的目的，主办方可以根据这个目的对会议的内容进行设计，使会议的效果更加集中，给目标客户留下更加深刻的印象。

2．主题鲜明：最大限度地吸引目标客户

会议营销的主题是会议内容和精髓的概括。它决定着能否吸引目标客户继续关注会议的宣传和相关内容，因为在这个传播过度的时代客户是不会去关注那些不能引起他们兴趣的东西的。主题选择要根据会议的目标客户和会议目的来确定，使主题与其一致，并且要根据目标客户特点切中其内心所想。

鲜明的主题对文字提炼要求较高，字数一般为 4 ~ 12 字，过多则不方便记忆且体现不出冲击力。主题就要像尖刀一样锋利，对目标客户一击即中。现在的人们每天要接触大量信息。如何让会议营销的宣传主题深入人心，给目标客户留下深刻的印象是会议营销成功的一个关键问题。

3．精心设计会议流程：环环相扣，引人入胜

会议营销的目的不是会议而是营销，其流程不应该是各个项目的简单排列，而必须经过主办方的精心设计，让参与者在不知不觉中接受企业所要传递的信息和价值。

设计会议流程主要注意以下 3 个方面：

（1）良好的开端是成功的一半，会议营销第一个节目一定要具有吸引力，引起现场参与者的共鸣。

（2）逻辑清晰。会议内容的先后次序明晰，内部具有一定的逻辑性，环环相扣，要让参与者持续关注。

（3）要有互动。主办方与参与者要进行互动，让参与者成为主角。

4．选择合适的会议主持人：让会议更专业

不同类型的会议适合不同类型的主持人，如保健品会议需要的是专家型的主持人，教育类会议则需要学者型的主持人等，即要做到主持人身份与会议类型相符合。主持人在会议中起着十分关键的掌控作用，其人选必须具备基本的主持技能，如具有调动现场

气氛的语言技巧，及时洞悉台下观众想法的观察力，随机应变的机动能力等。现实中，现在喜欢某个节目很多是因为主持人，一个优秀的主持人能够让一场平淡的会议增色不少，同样，一个蹩脚的主持人也会让企业精心设计的会议泡汤。

5．细节决定成败：让会议更完美

细节之处是很多企业容易忽视的地方，不注重细节可能会让会议事倍功半。眼下会议营销已经是常见的营销形式，很多参与者都参加过类似的会议。如果企业不能在细节之处体现出自身的差异和对目标客户的深度关怀，是不会获得目标客户的青睐的。

8.2 会议营销策划的操作程序与技巧

8.2.1 会议营销策划的操作程序

1．会前准备策划

（1）客户资料收集。收集整理目标客户资料并建立数据库是会议营销的一项基础性工作。收集的目标客户资料主要包括客户的姓名、年龄、家庭住址、联系电话、家庭收入、需求特征等。

①散单邀约，是指对零散的客户资料进行收集的一种方式，主要是在目标客户某个时刻经常出现、聚集的地方，进行逐个邀约。

②合作邀约，是指会议营销承办者与某些机构或单位，如社区居民委员会、街道办事处、工会、老干部活动中心等合作，以收集单位客户资料。

③媒体邀约，是通过媒体把邀约的内容公开发布，以广泛收集客户资料。

（2）目标客户筛选。该阶段的重点是企业依据会议营销组织者所售产品的功效和客户的需求特征筛选出符合其产品功能的，并且具备相应购买力的潜在目标客户。

（3）会议流程筹划与准备。对会议流程进行周密的筹划与准备，包括会议形式、会议主题、会议目的、会议时间、会议地点、会议流程、会议人员分工、会议经费、会议工作人员培训、礼品的准备、会场布置与控制等内容。要策划与客户互动的活动，让客户成为主角。同时，将目标客户名单根据不同的需求状况进行分类处理，选择不同的方式通知目标客户届时参会。在会议举行的前一天或当天早晨用电话再次确认和提醒潜在目标客户参会，对于一些核心客户有时还要提前上门沟通。

实用链接　会议营销礼品的选择

（1）入场纪念品。这类礼品是赠送给所有到场嘉宾的纪念礼品，需要的数量较大。这类礼品的价格一般不会太高，主要以实用性为主，一般可以选择如护腰、护膝及日常生活用品等产品。客户来到会场，刚坐下来就收到一份小礼物，对客户来讲是件很开心的事情。

（2）会场奖励的礼品。为了活跃现场气氛、铺垫销售卖点，往往会在会议过程中安排一些互动环节。在这些互动环节过程中，也可以安排一些小礼品作为奖励。这类礼品的选择关键在于礼品的新颖程度，一般都是比较有特色的东西。通过互动环节获得这类礼品的客户感觉是非常不错的。一些带有公司标志的特色小礼品，就是很好的选择。

（3）促销礼品。对促销礼品做一个很好的包装，是很容易让冲动型客户现场签单的。在促销礼品的选择方面，往往会根据行业的不同，有不同的促销礼品选择策略。这类促销礼品的价值往往是整场会议营销礼品中价值最高的，也可根据现场签单的金额设计不同档次的促销礼品。这类促销礼品要具有一定的价值和实用性，一定要是绝大多数客户感兴趣的东西。例如，护具产品、磁疗枕、磁疗被、理疗床垫等不同档次的促销礼品都可供选择。

---

2. 会中促销策划

会中促销策划内容包括以下 3 个方面。

（1）主持人宣布会议开始。

（2）会议促销演讲。例如，销售主讲嘉宾（专家）促销演讲、产品专员促销演讲、典型客户发言等。

实用链接 会议营销互动游戏

- 叠报纸。将两张 4 开的报纸放在地上，在每张报纸上站 5 个人（一组），每组派一个代表与对方猜拳（剪刀石头布），输掉的组需将脚下的报纸对折后再站在上面，直到其中一方站不上去为止。
- 奇怪的墙壁。两队透过挂在中间报纸上的小洞，把乒乓球投入对方阵地的游戏。把几张钻有拳头大小的洞的报纸，用胶带贴成一大张吊挂在房间中央。在距离报纸适当的地方画一条线，各队站在线上投乒乓球。在限定时间内，把乒乓球投入对方阵地最多的一队获胜。
- 牵手。一个队员被蒙上双眼，由同组另一个队员牵着他的一只手走过平坦的路、坎坷的路……解开眼罩后，每个同组队员握一下该队员的手，由他找出谁是刚才牵手的人。
- 风中劲草。一个队员站在圆心位置，其他队员以半径 1 米面向圆心站成一圈，当中的队员身体绷直向后斜倾并以脚跟着地，周围的队员通过手上的推搡动作使其旋转起来。
- 3 人夹球跑。每组 3 人，每组以一支气球作为比赛器材。3 人背靠背、手挽手，将气球夹在 3 人当中进行折返跑。过程中气球不许落地、不许挤破，也不许被吹走，通过计时计算成绩。
- 天气预报。小雨拍肩，中雨拍腿，大雨鼓掌，狂风暴雨跺脚。先自己拍，再两三人一组互相拍。比较不同效果，用30秒思考协作的作用。再做一遍。

- 动物大连蹲。各队抽出3名队员，随机抽取动物头饰。音乐开始后由主持人背对参赛队员随机喊某种动物“某某蹲、某某蹲、某某蹲完某某蹲”。蹲错的被罚下场，最后剩人最多的队伍获胜。
- 唱歌挑错。唱歌者会故意把一首歌的部分歌词改过后唱出，看谁能及时挑出错误的地方，并能唱出正确的歌词，更正次数多者胜。
- 猜运动名字。事先准备一些纸片，上面写好各种体育运动。然后让每个人分别抽一个，不要让别人知道。然后分别表演，不能说话，让别人猜猜是什么运动。
- 拍七令。多人参加，从1到99报数，当有人数到含有“7”的数字或“7”的倍数时，不许报数，要拍一下桌子，然后下一个人继续报数。如果有人报错数或拍错，则罚其表演。

（3）中场休息和客户沟通交流与签单。会中促销策划是会议营销策划的重点。在会议现场进行促销活动，通过销售主讲嘉宾（专家）促销演讲、产品专员促销演讲、典型客户发言，以及主持人调动会议现场的气氛的能力，去激发客户的购买欲望。具体方式与一般活动差不多，要根据企业文化、产品功效、服务对象、环境因素等的不同而灵活运用。

3. 会后跟进策划

会议之后是将参加会议的客户进行再次筛选，以确定有效潜在客户的名单。对购买产品的客户进行售后跟踪服务，指导其使用，并对使用前后的效果进行比较，形成良好的口碑宣传。对未购买产品的客户继续跟踪，通过一对一的沟通，消除其顾虑，促成销售。

8.2.2 会议营销策划的技巧

1. 说给谁听

说给谁听，就是说的对象或听你说的人是谁。先确定说的对象，再了解他们在想什么、需要什么，然后就知道该说什么，这样做才能有的放矢。另外，还要弄清楚哪些人群、哪些需求才是真正的市场机会。

2. 说的目的是什么

说的目的，就是说出来要达到什么效果。说的目的很简单，就是听你说完了，或者还没有说完，听众就纷纷掏腰包买你的产品。说的目的又可以分解为4个子目的：一是说得客户来，二是说得客户买，三是说得客户接着买，四是说得客户拉别的客户买。样样都要有针对性的策划。以会议营销常用的几种销售工具为例，按照它们对产品的直接推销力度的不同，将其分为3类，各有不同的功能定位，也就是“说”的使命各有不同。

（1）核心销售工具。它被定位为“无声的推销员”，如专刊、专家演讲稿和与之相配的视频。每件东西给它一句广告词，就知道它的使命是什么。例如：

看了报纸，客户要想：“这个产品不错，快打电话了解一下！”

听了专家的演讲，客户要说：“我要买！”

营销人员也是一种核心销售工具。听了营销人员的介绍，客户要说：“我要马上买！”

（2）辅助销售工具。它被定位为“助理推销员”，如企业自己出的书，销售现场的横幅、易拉宝、展板以及社区活动海报等都属于这一类。例如：

横幅：“这里是某某的世界！”

易拉宝：“远远看我一眼，让你抓住要点！”

展板：“走过来，读一读，看一看，这个产品真是不简单！”

看了社区活动海报，客户说：“好活动，我要参加！”

读了你的书，客户自言自语道：“嗯，挺科学，挺丰富，有依据！”

（3）外围销售工具。它被定位为“形象大使、公益大使”。

每件销售工具都担负着不同的“说”的使命。如果不能达到预期的效果，就最好别说，要想好了再说，因为这个说是有成本的。如果说完了，效果不够好，就要改进你的说法。

3. 说什么

说什么？说理论，说机理，说发现，说国际，说原料，说功效，说发明人，说代言人，说适用人群，说安全可靠，说使用感受，说立竿见影，说日新月异，说打折赠送，说客户关心的问题，说产品的独特卖点等。

还有很重要的一项要说，说企业很爱你，说今天只做公益。总之，样样都可以说，样样都不可以说，策略不对，一切白费。不要面面俱到，不要泛泛而谈。不说客户听不懂，听懂了也记不住，记住了也不能促进销售的东西。

4. 怎么说

正着说，反着说，打比方说，编故事说，用疗法说。怎么能让客户相信就怎么说。打比方说，把高深的说得浅显，把抽象的说得形象，把产品的优势说明说透。

5. 谁来说

不同的话由不同的人来说，才可信。凡承担传播功能的东西都会拟人说话。产品包装会说话，因为科技感、价值感、健康感、亲和感都在色彩、图案、做工上。产品价格会说话，因为原料那么珍稀，科技那么前沿，工艺那么先进，效果那么神奇，价格那么低，谁信啊？

专家会说话。权威媒体会说话。

8.2.3 会议营销策划应注意的问题

1. 方案的可行性

一个好的会议营销策划方案需要考虑多方因素的配合。如果只有创意点子，而这些创意点子完全没有实现的可能性，或者费用和风险都在可控范围之外，这样的创意就是不成熟的。所以可行性是策划活动首先要考虑的。

2. 方案的创新吸引力

在保证可行性的基础上，方案应该尽量创新，有吸引力，能达到预期关注度。对目标受众的吸引力大小是策划活动成功与否的根本，是优秀的会议营销策划方案必须具备的。要想提高活动的吸引力，就要有构思，策划主题要满足客户的好奇心、利益等各方面的需求，还要给予客户恰当的物质鼓励，这些都将大大提高目标客户的重视度和参与度。

3. 资源配备

优秀的会议营销策划方案需要详细的人力、物力资源的配备。人员的组织配置、活动对象、相应权责及时间地点也应在这部分加以说明，执行的应变程序也应该在这部分加以考虑。

4. 活动前期准备工作需在方案内详细说明

会场布置、接待室、嘉宾座次、赞助方式、合同协议、媒体支持、广告制作、主持、领导讲话、司仪、会场服务、电子背景、灯光、音响、摄像、信息联络、技术支持、秩序维持、衣着、指挥中心、现场气氛调节、接送车辆、活动后清理人员、合影、餐饮招待、后续联络等前期准备均需在方案中详细说明。

5. 活动经费预算需详细

会议营销的各项费用在根据实际情况进行具体、周密的计算后，要用清晰、明了的形式列出。

6. 会议营销活动中注意事项以及紧急情况处理方法

内外环境的变化不可避免地会给方案的执行带来一些不确定性因素，因此，当环境发生变化时是否有应变措施、损失的概率是多少、造成的损失有多大等也应在策划方案中加以说明。

思考与应用

1. 思考题

（1）会议营销策划的要素是什么？

（2）简述会议营销策划的操作程序。

（3）会议营销策划的技巧有哪些？

2．案例分析

向《战狼Ⅱ》学习，做好会议营销

一部军旅题材影片《战狼Ⅱ》成为万众热捧的对象，很多观众看完后都很感动和震撼。下面谈一下向《战狼Ⅱ》学习如何做好会议营销。

1．制定会议目标是做好会议营销的基础

吴京本人既是演员又是导演，在推出这部电影之前他本人已参演过《男儿本色》《我是特种兵》，导演过《狼牙》等影片。他从演员和观众角度出发挖掘观众的需求，决定要自己导演一部军旅、动作、实战、感情结合为一体的特殊类型影片。有了这样的目标，接下来一切工作都为这个目标服务。

会议营销同样如此，制定以客户为导向的精准目标，结果才不会在执行过程中发生“漂移”。一场会议营销的目标如何制定？做经销商会议的策略又是什么？如何快速在小型规模会议上有所突破？这个过程也可以说是“定调调”的过程，经常见到戏曲里面拉二胡的高手，拉之前都要调弦，调弦以后调音色，音调才会精准。

会议前期的周密准备是会议营销成功的前提。吴京导演为了拍这部电影，提前 18 个月进军队学习各种军事技能，如潜水、跳伞、格斗等，后来又学习坦克驾驶，甚至也做好了最坏的打算——倾家荡产。因为没有太多投资方投资这部电影，所以他把全部身家都压上了，也是做了充分的心理准备。

在会议营销之前，企业是否也做到了精心、细心的准备？有没有做客户细分？有没有做需求分析细分？有没有针对特别客户做不同的方案细分？

既然企业是导演，来主导这场会议，那么需要哪些资源匹配，有没有具体的人员分工，这都是企业认真思考的细节问题。

2．会中用强大执行力让计划和目标落地

吴京导演在进行票房宣传时，对外公布保底 8 亿元。为了此目标，他马不停蹄地在全国巡回预热宣传，跑遍了全国 26 个城市。这在很多电影前期宣传中是很难见到的，8 月 4 日票房已经在 20 亿元左右的时候他还在各大城市造势宣传。

为了拍摄电影头 6 分钟的水下打斗戏，他在水里泡了 13 小时，26 天才完成；在零下 40 摄氏度天气拍摄坦克大战。这些都是为了确保电影质量，为了推进计划目标。

针对会议中需要把控的细节有没有不折不扣地执行？例如，如何开场主持、控场、管控客户情绪？会中实证展示、实证客户发言等有无全方位策划和执行？孔子曰：“欲得其中，必求其上；欲得其上，必求上上。”企业需要对目标严格要求，同时不断反思和改进。

3．会后做好平台传播和分享，不断扩大影响力

《战狼Ⅱ》刚推出市场时，口碑和票房双赢。那么票务分发平台“淘票票”不断及时更新最新票房数据，刺激观众神经，猫眼（致力于打造中国最大最全的电影信息咨询平台）也进行全方位报道，增加观众观感欲望，豆瓣网（国内大型特色社区网站，提供各

种书籍电影信息，评论全部由用户提供）充分调动粉丝的积极性，让粉丝大量进行评论和互动，让口碑发酵，产生话题热度，从而吸引大量观众涌入电影院。电影制作团队在票房每超1亿元时，都会有制作的宣传海报，提升话题热度，提高电影吸引力，而且全方位介绍每一位主要演员。宣传导演吴京、女主角、男二号等，全方位报道他们的演技、家庭、生活等，从而使各个人物更立体、积极和正面，增加观众好感，促进票房提升。

做一场会议营销成功之后，要实现会议效果最大化，是否在各个平台进行轰炸式宣传？是否在微信、社会网站、公司网站等各种渠道，宣传企业的团队、研发人员、讲师？宣传企业的标杆户、实证户和产品背后的故事，以及客户使用产品的曲折小故事等这些都会大大提升一场会议在客户心中的认知和定位，久而久之，企业就能潜意识地在客户心里扎根。

吴京自导自演，企业又何尝不是？吴京用执着和认真换来《战狼Ⅱ》的爆棚，企业用百分百的努力也会有累累硕果。

4．树立“人无我有、人有我精”的创新思维

经常对开过的会议进行复盘总结，不断从客户角度出发进行创新，一场有影响力的会议营销就会雏形逐现。

小米营销总裁黎万强将小米能够快速成功的原因归结于小米善于打造各种平台，让客户有参与感，让员工有参与感，把任何一件小事都做到极致，通过粉丝的大量互动来调动客户的积极性，快速实现粉丝指数级增长，从而获得稳定的客户终端。

一场自带爆品属性的会议营销也就是企业认真地从导演（主人公角度）、演员（客户角度）、制片（公司角度）3个维度为服务好一群客户而狂欢的盛宴。

（资料来源：www.sohu.com）

思考题：

通过案例分析，谈谈你对会议营销策划的认识。

3．实战训练

实战项目8　会议营销策划方案分析研讨

项目要求：

选择一家公司，运用会议营销策划的学习内容，团队成员对该公司的会议营销现状进行分析，提出建设性意见，撰写××公司会议营销策划方案，制作PPT，在“××公司会议营销策划分析研讨会”上宣讲，由同学们讨论、评议，教师指导，达到交流、提高的目的。

项目 9 体验营销策划

教学目标

知识目标：

通过学习，熟悉体验营销策划的原则；掌握体验营销策划的类型；掌握体验营销策划的操作程序和模式；熟悉体验营销策划应注意的问题。

能力目标：

通过实战训练，具备体验营销策划的能力。

9.1 认知体验营销策划

9.1.1 体验营销策划的概念

体验营销策划是指通过创意设计采用让目标客户看、听、用、参与的手段，使其亲身体验企业提供的产品或服务，充分刺激和调动目标客户的感官、情感、思考、行动、联想等感性因素和理性因素，让目标客户实际感知产品或服务的品质或性能，从而促使客户认知、喜好并产生购买行为的一种决策方式。

随着“体验式经济”的到来，体验营销逐渐在不同行业得以快速应用。体验营销从客户的感官、情感、思考、行动、关联 5 个方面出发，重新定义、设计营销的思考方式。此种思考方式突破了传统上“理性客户”的假设，认为客户消费时是理性与感性兼具的，客户在消费前、消费时、消费后的体验，才是研究客户行为与企业品牌经营的关键。体验营销的威力在于使客户以个性化的方式参与其中，通过体验对品牌产生情感寄托，从而成为品牌的忠诚客户。

实用链接 “客户体验”层级金字塔模型

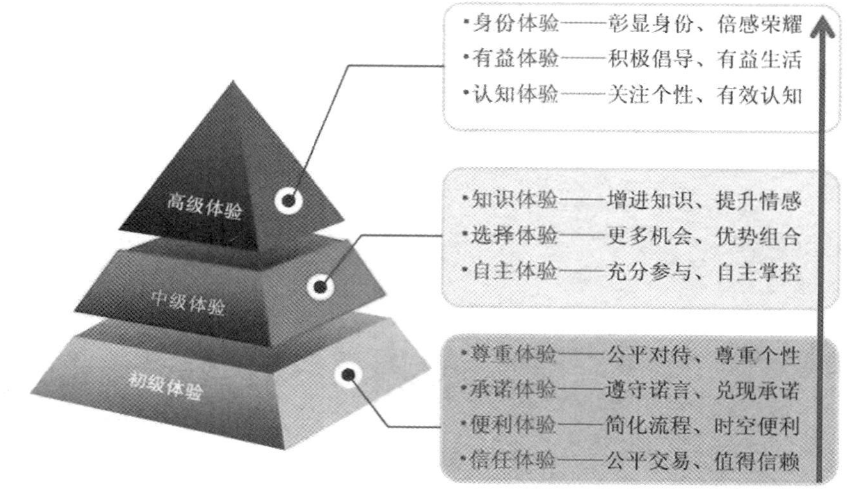

9.1.2 体验营销策划的原则

1. 适用适度

体验营销要求产品和服务具备一定的体验特性。客户为获得购买和消费过程中的“体验感觉”，往往不惜花费较大的代价。

2. 合理合法

体验营销能否被客户接受，与地域差异关系密切。不同地区由于风俗习惯和文化的不同，价值观和价值评判标准也不同，评价的结果也存在差异。因此，体验营销活动的策划，必须适应当地市场的风土人情，既富有新意，又符合常理。

实用链接 全新终端体验店——奥康体验馆

没有鞋子的鞋店，你见过吗？

由奥康国际推出的全新终端体验店——奥康体验馆在上海国际皮革展上正式亮相。偌大的体验馆内，除高端、时尚的智能机器外没有一双鞋子。奥康体验馆最大的亮点在于客户从被动地接受服务转变成主动地寻求服务，并通过高科技将客户进店选鞋、试鞋、量脚、下单等购鞋过程完美结合，客户只要5步就能轻松挑选到合适的鞋子。第一步，通过智能选鞋屏初步挑选自己喜欢的3D鞋款；第二步，在体感试鞋镜面前试穿自己挑选的3D鞋款，该过程纯电脑控制，无须脱鞋试穿；第三步，在脚形测量仪上量出脚形各部位的三维数据；第四步，在步态分析仪上记录自己各种步态运动学参数，为电脑推荐鞋款提供指导参数；第五步，在奥康电子商城下单，同时提供自己的家庭住址。接下来，客户只要在家等着就能收到为自己量身定做的鞋子。通过电脑智能买鞋所花费的时间一般在 10 分钟以内，和在普通专卖店买鞋的时间差不多。但是，鞋子更加合脚，穿起来也更加舒服。

在当前传统的专卖店营销模式遭遇发展瓶颈的情况下，奥康体验馆结合线上线下带给客户最时尚的购物体验，必将引领整个行业新的体验营销。

9.1.3 体验营销策划的类型

1. 感官式体验营销策划

感官式体验营销是通过视觉、听觉、触觉与嗅觉建立感官上的体验。它的主要目的是创造知觉体验的感觉。感官式体验营销根据企业和产品的不同，引发客户购买动机和增加产品的附加值等。

2. 情感式体验营销策划

情感式体验营销是在营销过程中，触动客户的内心情感，创造情感体验。其范围可以是温和、柔情的正面心情，如欢乐、自豪，也可以是强烈的激动情绪。情感式体验营销需要了解什么刺激可以引起某种情绪，以及能使客户自然地受到感染，并融入这种情景中。

3. 思考式体验营销策划

思考式体验营销是启发客户的智力，创造性地让客户获得认识和解决问题的体验。它运用惊奇、计谋和诱惑，引发客户产生统一或各异的想法。在高科技产品宣传中，思考式体验营销被广泛使用。

4. 行动式体验营销策划

行动式体验营销是通过偶像角色如影视歌星或著名运动明星来激发客户，使其生活形态予以改变，从而实现产品的销售。

5. 关联式体验营销策划

关联式体验营销包含感官、情感、思考和行动或营销的综合。关联式体验营销超越私人感情、人格、个性，加上“个人体验”，而且与个人对理想自我、他人或文化产生关联。让人们和一个较广泛的社会系统（一种亚文化、一个群体等）产生关联，从而建立个人对某种品牌的偏好，同时让使用该品牌的人进而形成一个群体。关联式体验营销特别适用于化妆品、日常用品、私人交通工具等领域。

6. 美学式体验营销策划

美学式体验营销是指以人们的审美情趣为诉求，经由知觉刺激，提供给客户以美的愉悦、兴奋、享受与满足。这种体验营销方式要求企业可通过选择美的元素（如色彩、音乐、形状、图案等）以及美的风格（如时尚、典雅、华丽、简洁等），再配以美的主题，来迎合客户的审美需求，诱发客户的购买兴趣并增加产品的附加值。在产品或服务越来越同质化的今天，美学式体验营销能有效地吸引客户的目光，实现企业及其产品、服务在市场上的差别化，赢得竞争优势。这种方式在奢侈品中尤其盛行，并且被广泛应用。

7. 娱乐式体验营销策划

娱乐式体验营销是指以客户的娱乐体验为诉求，通过愉悦客户来达到企业的营销目标。这种营销方式的出发点和归宿点就是为客户制造快乐和开心。它相对传统营销方式来说显得更加亲切、轻松、生动，并富有人情味。

8. 生活式体验营销策划

生活式体验营销是以客户所追求的生活方式为诉求点，通过将企业的产品或品牌演化成某种生活方式的象征甚至身份、地位的识别标志，从而达到吸引客户、建立稳定的消费群体的目的。体验营销中的"体验"是要客户经过自我思考与尝试去获得解决方案。这种方案是独特的，是一种生活方式与客户个人喜好的结合。

实用链接 宜家生活式体验营销

宜家把家具卖场打造成消费者寻找灵感和设计思路的地方，消费者可以根据每种产品价格、材料大小、颜色、产地等，思考出搭配方式。宜家的家具是为生活中的不断变动而设计的——一个新公寓、一段新恋情、一个新家……即使仅仅随意地逛逛宜家都会让许多人振奋起来。宜家的许多空间都被分隔成小块，每一处都展现一个家庭的不同角落，而且都拥有自己的照明系统，向人充分展示那个可能的未来温馨的家。

9. 氛围式体验营销策划

氛围指的是围绕某一群体、场所或环境产生的效果或感觉。氛围式体验营销就是要有意营造这种使人流连忘返的氛围体验。因为好的氛围会像磁石一样牢牢吸引着客户，使客户频频光顾。

实用链接 纳爱斯花式养龈馆

"喝啤酒加枸杞，蹦迪戴护膝，一边熬夜一边养生。"这一代年轻人有着与上一代完全不同的生活习惯。究其原因，是年轻人"活着就要尽兴，不想有所束缚"的生活态度，也是他们面对不确定的未来产生的焦虑情绪使然。纳爱斯迎合年轻人崛起的养生意识以及"防大于治，养大于防"的中国传统养生观念，提出了"养龈早，牙更好"的概念并推出了纳爱斯多效护龈牙膏，成立纳爱斯花式养龈馆，抢占日常牙龈护理市场。

日前，纳爱斯花式养龈馆空降杭州滨江宝龙城。从设计来看，纳爱斯花式养龈馆整体由波普艺术+ins风格的元素组成，营造出缤纷新潮的时尚空间，非常适合vlogger（vlog拍摄者）打卡；而偏二次元的画风，也吸引了更多年轻人驻足观看、拍照发圈留念。整个纳爱斯花式养龈馆分为“舞台+7”大体验区域，包括养龈知识展板、充气池+梳妆台以及养龈试洗区等，每个区域都有着独特的内容体验。例如，养龈冰饮区由时尚吧台和雪糕车组成，展示牙膏产品和代表维生素元素的橙子；吧台则供应养龈特饮（橙汁），NICE棒冰则供应花式黑暗料理。

除了这些不同内容的体验，熬夜唱歌、吃辣火锅、撸串烧烤、加班熬夜4个打卡场景则把消费者代入真实生活中，帮助他们了解日常最容易导致牙龈出现问题的生活场景，从而更好地教他们学会养护牙龈。

围绕养龈产品推出的“有趣”互动，消费者尽早养龈的需求变得迫切。而进一步加快驱动消费者养龈行动的，当属代言人韩东君现场助阵和粉丝互动，分享花式养龈招式吧。不仅如此，结合明星代言人的一波线上营销更将信息传播到更广泛的领域。一边是代言人韩东君在其微博发布现场视频，另一边则是B站、抖音、微博达人发布探店vlog（video blog，视频博客），线上花式养龈线下探店。结合时下流行的视频内容营销，从vlog到短视频实现了多维度覆盖，覆盖了更广泛的消费群体。

从明星到线下线上互动延续了纳爱斯以往的宠粉营销策略，既是产品推广也无形中增加了品牌好感度。从形式上来看，这是一次日化品牌营销标志性的沉浸式体验营销。但纳爱斯的营销风格独特之处在于，同样是偏年轻化的营销，它切入点更新颖。与其他品牌的沉浸式体验不同，“纳爱斯花式养龈馆”从空间搭建、视觉感受、玩法体验、场景本土化上进行多元化创新，让消费者了解“养龈早，牙更好”的概念，产生养龈认知，进而加深对纳爱斯多效护龈牙膏产品功效的需求。另外，在带给消费者全新进店体验的同时，也满足他们尝新的渴望和拍照朋友圈的社交需求。加上有趣的互动游戏和各种福利，形成集娱乐、福利、产品信息于一体的沉浸式体验馆。

目前整个牙膏市场中，大部分人对牙膏功能的认知还在于治疗，而不是“养护”。纳爱斯选择“养龈早，牙更好”的概念并推出纳爱斯多效护龈牙膏，可以帮助纳爱斯在缺乏强势品牌的利基市场中尖刀切入，占领“护龈”制高点。搭建纳爱斯花式养龈馆，用一场沉浸式的体验营销将品牌价值植入消费者认知。而在受众广泛的日化品行业中，当纳爱斯洞察到日化品的主力消费人群开始向年轻人转变时，品牌营销的偏向便迅速转向了年轻人并结合他们的生活习惯植入第一认知。同时，面对年轻人日益分散的注意力，以及时下纷繁复杂的媒介环境，纳爱斯在传播策略方面，借助新场景、新媒介、新营销有效触达目标受众，也成为日化品牌在新阶段营销制胜的一个好的范例。

（资料来源：品牌头版）

9.2 体验营销策划的操作程序与模式

9.2.1 体验营销策划的操作程序

1. 识别目标客户

识别目标客户是要针对目标客户提供购前体验，明确客户范围，降低成本，同时还要对目标客户进行细分，对不同类型的客户提供不同方式、不同水平的体验。在运作方法上要注意信息由内向外传递的拓展性。

2. 认识目标客户

认识目标客户是要深入了解目标客户的特点、需求，知道他们担心什么、顾虑什么。企业必须通过市场调查获取有关信息，并对信息进行筛选、分析，真正了解客户的需求与顾虑，以便有针对性地提供相应的体验手段，来满足他们的需求，打消他们的顾虑。

3. 从目标客户的角度出发

要清楚客户的利益点和顾虑点在什么地方，根据其利益点和顾虑点决定在体验式营销过程中重点展示哪些部分。

4. 确定体验的具体参数

要确定产品的卖点在哪里，让客户从中体验并进行评价。

5. 让目标客户进行体验

预先准备好让客户体验的产品或设计好让客户体验的服务，并确定好便于达到目标客户的渠道，以便让目标客户进行体验活动。

6. 进行评价与控制

进行体验营销后，还要对前期的运作进行评估。评估总结要从以下几方面入手：效果如何；客户是否满意；是否让客户的风险得到了提前释放；风险释放后是否转移到了企业自身，转移了多少，企业能否承受。通过对这些方面的审查和判断，企业可以了解前期的执行情况，并可重新修正运作的方式与流程，以便进入下一轮的运作。

9.2.2 体验营销策划的模式

1. 节日模式

每个民族都有自己的传统节日，传统的节日观念对人们的消费行为起着无形的影响。这些节日在丰富人们精神生活的同时，也深刻影响着消费行为的变化。随着我国的节假日不断增多，出现了新的消费现象——假日消费。企业如能把握好商机，便可增加产品的销售量。

2. 感情模式

感情模式是通过寻找消费活动中导致消费者情感变化的因素，掌握消费者态度的形成规律以及有效的营销心理方法，以激发消费者积极的情感，促进营销活动的顺利进行。

3. 文化模式

文化模式是利用一种传统文化或一种现代文化，使企业的产品及服务与消费者的消费心理形成一种社会文化氛围，从而有效地影响消费者的消费观念，进而促使消费者自觉地接近与文化相关的产品或服务，促进消费行为的发生，甚至形成一种消费习惯和传统。

4. 美化模式

不同的消费者对美的要求是不同的，这种不同也反映在消费行为中。人们在消费行为中求美的动机主要有两种表现：一是产品能为消费者创造出美和美感；二是产品本身存在客观的美的价值。这类产品能给消费者带来美的享受和愉悦，使消费者体验到了美感，满足了消费者对美的需要。

5. 服务模式

对企业来说，优越的服务模式可以征服广大消费者的心，取得他们的信任，同样也可以使产品的销售量大增。

6. 环境模式

消费者在感觉良好的听、看、嗅的过程中，容易产生喜欢的特殊感觉。因此，良好的购物环境不但迎合了现代人文化消费的需求，也提高了产品与服务的外在质量和主观质量，还使产品与服务的形象更加完美。

7. 个性模式

为了满足消费者的个性化需求，企业开辟出一条富有创意的双向沟通的销售渠道。在掌握消费者忠诚度之余，满足了消费者参与的成就感，同时增进了产品的销售。

8. 多元化模式

体验环境不仅要装饰豪华、舒适典雅，设有现代化设备，而且集购物、娱乐、餐饮、休闲为一体，使消费者在购物过程中也可娱乐休息，同时使消费者自然而然地进行了心理调节，为企业创造更多的销售机会。

"冬日森林"的"网红级"线下体验营销活动

9.2.3　体验营销策划应注意的问题

1. 以产品为核心，努力打造极致产品

由于"80 后"、"90 后"、"00 后"及"中产阶级"人群的消费方式发生了极大变化，因此尽管营销模式很多，但以产品为核心的基本层面没有发生改变，在此基础上企业需

要更上一层楼，努力打造极致产品。

“打造极致产品”本身就是体验营销的开始。著名财经作家吴晓波在“去日本买只马桶盖”一文中指出，中国当今的中产阶层是理性消费的中坚，他们很难被忽悠，也不容易被广告打动。他们当然喜欢价廉物美的产品，不过他们同时更是“性能偏好者”，是一群愿意为新技术和新体验买单的人。这类消费者的集体出现，实则是制造业转型升级的转折点。“中国制造”的明天，并不在他处，而仅仅在于能否提供打动人心的产品、服务及解决方案。

2. 让消费者体验更加有效，让体验层级更高

和消费者的接触点很多，但并不是每个接触点都会产生体验价值，所以要分析挖掘有效的“消费者体验接触点”，针对每个关键接触点，做好愉悦的消费者体验管理。在体验式营销管理过程中，努力将消费者体验层级提高，让消费者拥有愉悦的体验。在落实执行有效消费者体验的营销过程中，可按照消费者体验架构进行梳理、执行、归纳总结，从消费者体验中来再回归到更高层级的消费者体验中去。

3. 线下体验与线上体验相结合

移动互联网出现后，时代的更迭加快，催生出来的消费者需求变化也更快，要求更高、更挑剔的新中产成为消费主力，他们更加渴望体验更先进和高端的体验。所以，线上体验方式与线下体验方式要结合起来，利用企业微信公众号以及年轻人最爱聚集的媒体平台，与消费者互动。

思考与应用

1. 思考题

（1）体验营销策划的原则是什么？

（2）体验营销策划包括哪些类型？

（3）简述体验营销策划的操作程序。

（4）简述体验营销策划的模式。

2. 案例分析

舍得酒的“舍得的客人”沉浸式体验营销系列活动

白酒，作为一种“物质+情感”型消费品，其品牌价值的最终确认，需要回归消费，需要消费者的认同，需要与消费者产生情感、文化以及价值的共鸣。故而近年来，白酒市场营销环境逐渐从渠道导向进入消费者导向时代。互联网及社交媒体时代的到来，不仅改变着白酒企业的营销传播环境及媒介方式，更重要的是，它预示着一个互动、娱乐、体验为典型特征的社会化新时代的到来。

近日，舍得酒发起的“舍得的客人”系列活动引来了第一批游客，集生态、酿酒、

文化之美于一体的沱牌舍得文化旅游区，成功化身为舍得酒的社交货币，让乐于分享的“舍得的客人”成为传播者，用多种分享形式实现了营销流量最大化，以便提升营销转化，其中 vlog 是最关键的方式。互动体验式营销的重点在于营造体验和优化感受，这两者是一体的，不可分割。它们的基础是品牌和产品本身的价值，当舍得有意识地以沱牌舍得文化旅游区为舞台、以“最美酒厂”为道具来吸引具体消费者参与互动时，品牌体验便产生了。

一、品牌体验感

近年，在白酒营销市场争论最多的是，消费者的消费状态是消费降级还是消费升级的问题，可以说消费降级还是升级都与消费者的体验感有关，从品牌、产品、服务都可以让消费者满意，那便有提升消费者购买力的可能。沱牌舍得文化旅游区的存在就承担了宣扬品牌体验感的作用，以最美的生态酿酒环境吸引“舍得的客人”，通过老酒、艺术等多维度营造出独特的氛围，让消费者能够轻松感受到舍得打造的魅力，既联系了消费者，又给舍得自身提供了展示的机会。

二、具有品牌气质的生活方式

沱牌舍得文化旅游区的生态美、酿酒美、艺术美都决定了其本身就代表着一种极具品质的生活方式，98.5%绿化率带来的清新空气、传承匠心的酿酒技艺、蕴藏舍得精神的老酒艺术等多维度美学的展现，将消费者追求的精致生活融入实际的体验店中，实现了多层次的互动。将沱牌舍得文化旅游区赋予生活体验和消费体验的另一种空间，给消费者带来了一种白酒的愉悦享受。这种方式满足了当代白酒消费者悦己的心理，同时能够真实存在消费者视野中，让人近距离接触，从而拉近品牌与消费者之间的距离。

三、品牌血统中的精神文化

某些时候影响白酒消费者购买习惯的，不再仅仅是白酒本身，其感性消费开始占据消费者心理。如何才能让品牌形象在消费者脑海中深深地扎根，或者当消费者有某种需求时能够立马想到自己的品牌，对白酒品牌来说是一件难事。而舍得酒的这种酒厂体验式营销恰恰解决了这个难题，从大自然给予的绝美生态中酿酒，同时自身又建立起保护生态的旅游园区、舍去当下利益，用 6 年以上的时间得到至臻老酒等舍得精神，既不失智慧的品牌形象，又不给消费者距离感，打造出白酒智慧品牌的同时也能满足消费者的精神需求。

“舍得的客人”系列活动未来或成白酒体验式营销新标杆。“舍得的客人”通过深度体验零距离接触舍得品牌文化，这样一种营销方式，也给白酒品牌提供了另一种传播形象的可能。当消费者喝到陈甜净爽的舍得酒时，其“出生地”沱牌舍得文化旅游区也会随之在脑海浮现，品尝出更深层次的品牌内涵，这种内涵就如酒体中流淌的尊贵基因，更容易被消费者接受。

（资料来源：www.sohu.com，2020-08-26）

思考题：

本案例中，你认为运用了哪些体验营销策划的模式。

3．实战训练

实战项目9　体验营销策划方案分析研讨

项目要求：

选择一家公司，运用体验营销策划的学习内容，团队成员对该公司的体验营销现状进行分析，提出建设性意见，撰写××公司体验营销策划方案，制作PPT，在“××公司体验营销策划分析研讨会”上宣讲，由同学们讨论、评议，教师指导，达到交流、提高的目的。

项目 10 ■■■■

软文营销策划

教学目标

知识目标：

通过学习，掌握软文营销策划的概念；掌握软文的类型和软文营销策划的要素；掌握软文营销策划的操作程序和技巧，以及软文营销策划应注意的问题。

能力目标：

通过实战训练，具备软文营销策划的能力。

10.1 认知软文营销策划

10.1.1 软文营销策划的概念

软文是基于特定产品的概念诉求与问题分析，对消费者进行针对性心理引导的一种文字模式。从本质上来说，它是企业软性渗透的商业策略在广告形式上的实现，通常借助文字表述与舆论传播使消费者认同某种概念、观点和分析思路，从而达到企业品牌宣传、产品销售的目的。

软文营销策划是指通过特定的概念诉求，以摆事实讲道理的方式使消费者走进企业设定的“思维圈”，以强有力的针对性心理攻击迅速实现产品销售的文字模式和口头传播的决策。

实用链接 软文营销策划的精妙之处

精妙之处就在于一个“软”字，好似绵里藏针，收而不露，克敌于无形。等到发现这是一篇软文的时候，已经冷不丁掉入精心设计过的“软文广告”陷阱。它追求的是一种春风化雨、润物无声的传播效果。软文营销的文字可以不华丽、可以不震撼，但一定要推心置腹说家常话，因为最能打动人心的还是家常话。

10.1.2 软文的类型

1. 新闻类软文

新闻类软文指的是一种以新闻形式发表的广告软文，它介于新闻与广告之间，是新闻与广告的集合体。企业在开展营销的过程中，通过利用或创造新闻的手段，达到宣传企业或产品的目的。

2. 故事类软文

故事类软文是指软文写作者以讲故事的形式，将企业的产品和服务等展示出来，产品的"光环效应"和"神秘性"可以给消费者制造强烈的心理暗示，促使消费者下单购买。也就是说，讲故事不是故事类软文的目的，通过故事强化企业产品、服务的形象，激起消费者的购买欲望，才是真正的目的。故事类软文的表达形式非常多，可以是感人的故事，也可以是搞笑的故事，还可以是夸张的故事，只要能达到软文营销的目的即可。

3. 科普类软文

科普类软文是普及科学知识的文章。它类似于说明文，意在向消费者提供一个清晰的事实或道理，为消费者答疑解惑。一篇有价值的科普类软文，在消费者读完后，必定会有一种恍然大悟的感觉。当然，科普类软文最重要的部分是将企业的产品、服务与科普内容有机、巧妙地结合起来，只有这样才能起到营销的目的。

4. 体验类软文

体验类软文是指软文作者以消费者的身份进行写作，主要内容是向其他消费者介绍自己的体验心得。由于体验类软文是站在消费者的角度写的，所以更容易赢得消费者的信任。但体验类软文的内容，必须能够给消费者带来实质性的帮助，如软文必须对消费者最希望了解的产品操作体验进行详细描写。只有在软文中将消费者普遍关心的产品特点与作用表达出来，才是一篇有价值的体验类软文。

5. 情感类软文

情感类软文是指以情感为主要表达方式的软文，它包括亲情、友情、爱情及师生情等。该类软文主要以情感人，通过描写一个情感类的故事在引起消费者共鸣的同时将企业的产品、服务隐藏其中，在用文章打动消费者的同时也让消费者对文章中的产品、服务产生深刻印象或购买冲动。一篇成功的情感类软文，必定会把产品、服务作为整篇文章的点睛之笔。

6. 访谈类软文

访谈类软文是指以访谈或采访的形式，对企业的产品、服务进行全面深入的分析和介绍，以便让消费者能够更加深入地了解产品、服务。一般来说，消费者关心的并不是访谈本身，而是访谈带给他们的价值，也就是他们是否可以通过访谈了解到自己关心的各种信息。

7. 评论类软文

评论类软文是指针对某一事件、新闻等进行评论，然后在评论过程中植入产品、服务的相关信息，使事件、新闻等与产品、服务融合在一起，形成一个有机的整体，进而对消费者产生引导作用，点燃消费者的购买欲望。

以上 7 种软文类型作为营销威力最大、使用次数最多、最易被消费者接受的软文，虽然各不相同，但它们的写作原理、流程、核心等都是相同的。

10.1.3 软文营销策划的要素

1. 精定位

针对消费者的定位，软文可以选择切入的点，找准软文目标对象的切入点。只有这样，软文的目标定位才会准确，才会做到针对性营销和精准营销，软文的发放也才会有方向。

2. 热标题

在写软文时，一定要注重标题。标题成功，就是三分之一的软文成功。热标题表示软文标题对软文的营销力度影响是很大的。只有通过标题将读者吸引过来并点击进去，软文才会发挥它的优势。

3. 优内容

有了一个引人注目的标题后，文章内容就是进一步影响读者购买意愿的重要因素。因此，行业类的软文需要语言简洁、逻辑通顺、主题清晰。

4. 巧营销

软文营销是一种很好的营销方式。成功软文的重要特征在于一个“巧”字。自然巧妙的文章，就是一篇合格的软文。

10.2 软文营销策划的操作程序与技巧

10.2.1 软文营销策划的操作程序

1. 进行市场调研

（1）了解企业状况。软文的写作是立足于企业的，企业自身的状况也或多或少左右着软文的布局和立意角度。对企业自身状况了解得越清晰，对于软文的写作越有帮助。企业的市场形象如何？企业产品在市场中的占有率如何？消费者对企业产品的评价如何？此外，企业的历史、里程碑事件、商业模式、市场定位及企业领导人等都是非常重要的信息，这些信息都可以帮助软文策划人在撰写软文时，更好地扬长避短，写出特色和新意。

（2）确定软文营销的阶段性目标。一般来说，软文营销的阶段性目标主要分为4种，分别是市场培育阶段、市场竞争白热化阶段、市场领导地位巩固阶段及市场萎缩阶段。在不同的阶段，软文内容的侧重点有着极大的不同。例如，在市场培育阶段，软文内容要侧重于市场教育；在市场竞争白热化阶段，软文内容要侧重于品牌诉求，也就是让消费者更全面地了解企业的产品，选择企业的产品；在市场领导地位巩固阶段，软文内容要侧重于塑造品牌和传播企业产品理念；在市场萎缩阶段，软文内容要侧重于产品促销。只有认真进行市场调研，明确企业产品在市场中的真实处境，才能确定软文营销的阶段性目标。阶段性目标一旦确定，软文就有了精准的撰写方向。撰写方向的成功，意味着软文营销已经取得了很好的开局。

（3）进行SWOT分析。要写好软文，首先要成为产品（服务）领域的专家。而要成为这样的专家，就必须对产品（服务）进行SWOT分析。SWOT分析就是将与产品（服务）密切相关的各种竞争优势（Strength，S）、竞争劣势（Weakness，W）、机会（Opportunity，O）和威胁（Threat，T）等通过调研一条条列举出来，从而将企业战略与企业内部资源（W、T是内部因素）、外部环境（O、T是外部因素）有机地结合起来的一种科学的分析方法。

当软文撰写者在完成SWOT分析后，就可以清晰地知道企业产品（服务）的优势在哪里，短板是什么，有哪些突破机会，以及面临着哪些威胁。了解了这些，在撰写软文时就可以很好地扬长避短，写出极具特色和煽动性的软文。此外，在开展SWOT分析时，还要着重了解主要竞争对手和行业标杆，因为只有知己知彼，才能百战不殆。了解了对手和行业标杆，企业才可以更好地分析出自己的机会和威胁在哪里。这样在撰写软文时，就可以更有利地击中消费者的痛点，点燃他们的爆点。

2. 根据调研结果进行策划

（1）确定软文营销要达成的目标。由于不同的营销目标对于手软文的选材角度、创作角度等都有不同的要求，因此只有先将要达成的目标确定下来，才能对症施药，有针对性地开展软文创作。一般来说，软文营销要达成的目标主要有树立品牌、占领市场、促进销售、引领潮流及公关等。当目标确定下来后，软文的写作角度、用词造句的方式及整体的风格等都可以确定下来。

（2）确定系列软文的各个写作角度。写作软文切忌多角度同时进行，否则会给消费者一种杂乱无章的感觉，到最后不仅不能达到良好的营销效果，还会让消费者觉得软文不知所云，影响到企业形象。所以，在进行软文策划时，一定要先确立系列软文的各个写作角度。例如，系列软文可以从品牌、企业理念、产品优势等角度切入，每篇软文最好只从一个角度来写，只要写得透彻、详细，就可以给消费者留下印象。同时，要划分好各个软文之间的关系和顺序，它们看似都有自己的侧重点，但综合起来又是一个整体，是统一的、相互配合和辅助的。只有策划好系列软文的各个角度，规划好它们各自的主要诉求方向，才能打造出一组有营销摧毁力的软文。

（3）撰写软文标题和创作大纲。完成以上策划内容后，就可以进入策划正题，即撰写软文标题和创作大纲。一般来说，一篇软文要撰写 5～7 个标题，然后从中筛选出最满意的一个。至于创作大纲，除了诉求角度不变，大纲的内容、结构也最好能罗列几个，然后从中筛选出最满意的一个。当标题和创作大纲确定下来后，后期的软文撰写就有了明确的参照体系。

实用链接　微信软文最吸引人的标题

第一，名人导购式。通过一个大众认可的人物或公众熟知的群体的观点来组织标题。

示例：马云告诉你他怎么跑业务；李开复写给创业者的 10 个忠告；北大养生专家推荐的养生方法。

第二，情感拉动式。通过人的七情六欲吸引眼球。

示例：千万微信好友看完都哭了；让百万人笑喷的 10 个幽默段子。

第三，利益诱惑式。用很诱惑和很吸引人的数字来组织标题，从要推送的内容对读者的利益角度出发。

示例：10 块钱投资换回百万微信粉丝的秘诀；快点，××发红包了；10 个好友中奖了，验证过了。

第四，夸张诱导式。这类标题的核心是通过夸大背后数据给人造成一种势头来组织标题。

示例：看完这个视频，99%的人都辞职了；8 000 万人都收藏了的水果吃法；10 万人验证过的投资宝典。

3. 根据策划结果进行软文撰写

首先，撰写一个极具张力和诱惑力的标题，为软文营销的成功奠定了坚实的基础。其次，根据软文大纲进行创作。初稿完成后的查缺补漏、错别字的校对、病句的修改及关键事项的核对等，都需要花费很大的精力。万万不可对软文的撰写过程疏忽大意，只有进行精巧的布局和架构，选择有冲击力的切入点和最能打动消费者的语言风格，才能写出一篇优秀的营销软文。

实用链接　软文营销策划的黄金分割法

黄金分割法，又称黄金律，是指事物各部分之间一定的数学比例关系，即将整体一分为二，较大部分与较小部分之比等于整体与较大部分之比，其比值约为 1∶0.618，即长段为全段的 0.618。0.618 被公认为最具审美意义的比例数字。黄全分割法的美学价值主要体现在比例性、艺术性及和谐性等方面，它能带给人一种美的享受，无论是视觉上还是感官上。对于软文营销策划，黄金分割法的美学价值是非常珍贵的，它可以让软文营销的威力更强大。

4．制订正确的软文发布计划

（1）软文发布顺序。如果撰写的是系列软文，那么软文发布有先后顺序。这一顺序不可错乱，因为一旦错乱，就会使营销效果大打折扣。至于如何规划软文的发布顺序，完全可以对应前期策划中做出的软文营销要达成的阶段性目标。每篇软文都对应着相应的阶段性目标，只要严格按照这些目标发布软文，发布顺序就不会出现偏差。

例如，企业研发出了一款新型产品，在产品上市后，需要通过系列软文营销来引导消费者购买。软文的发布顺序就需要遵循循序渐进的原则。第一篇应该是先发布科普性软文，告诉消费者即将有一款新产品问世，此举是为了培育市场，为下一轮的营销做铺垫。当产品正式上市后，则需要发布一篇普及产品功效的软文。当市场打开后，接下来就该依次发布树立品牌的软文。这 3 篇软文的发布顺序绝对不可对调。一旦对调，就难以取得理想的营销效果。

（2）软文发布节奏。软文发布节奏就是软文发布的频率（间隔时间）。例如，是 1 天发一次，还是 3 天发一次。至于如何确定发布节奏，这就需要根据企业的自身情况和发布渠道来确定。一般来说，只有当软文发布出去、影响力已经得到最大程度的发挥时，才能进行第二轮的软文发布。

（3）软文发布渠道。软文通过不同的渠道发布出去，获得的营销成果自然也各不相同。所以，软文发布渠道也是软文发布计划中必须慎重考虑的一个因素。只有规划好合适的发布渠道，才能让软文营销的威力全面地体现出来。

软文发布的渠道有很多，主要有微信、QQ 群、微博、评测文章、网站、邮件、活动单页及《拍购族》杂志等。软文发布渠道不受传统渠道和互联网渠道的限制，可以只选择一种，也可以选择两种。只要能最大程度地起到营销推广作用，都可以被运用起来。发布渠道并非盲目选择的，需要视消费群体而定。也就是说，目标消费者聚集在哪种渠道，软文发布渠道就选择哪种。目标消费者的密度越大，软文发布渠道的权重就越大。

5．评估软文营销效果并调整策略

软文发布之后，要及时对软文营销效果进行评估。评估需要运用数据统计。

（1）渠道数据。渠道数据是评估软文营销效果的重要因素，因为只有知道哪种渠道是最有效的软文发布渠道后，才能更好地将主要精力放在该渠道上。而对没有任何成效的渠道，要果断舍去。

（2）内容数据。从点击率、评论数、转载量及搜索引擎的收录量等方面进行数据分析，就可以判断软文的受欢迎程度。这种评估方法主要适用于网络软文营销，对传统软文营销则有较大的限制。如果消费者和企业之间没有直接有效的沟通桥梁，双方就难以形成良好的互动和交流，企业就无法准确获知消费者对软文的态度，就会对内容数据一无所知。所以，要想选择传统媒体渠道，就要建立一条顺畅的沟通渠道，以便随时了解消费者对软文的态度，进而更好地调整布局。

（3）消费群体数据。软文发布后，要收集不同消费群体呈现出来的数据，通过数据筛选出密度最大的消费群体，然后增加软文在这个群体的覆盖率。

完成以上评估工作后，再根据评估结果，有针对性地进行策略调整，这样软文营销的效果才会大大提高。

10.2.2 软文营销策划的技巧

1. 软文开头的写作技巧

软文开头肩负着“转轴拨弦三两声，未成曲调先有情”的重任，漂亮的软文开头，可以提升软文营销的成功率。

故事型软文的写作技巧

（1）带有反常识的平铺直叙。平铺直叙的写法怎么才能吸引消费者的阅读兴趣呢？要想有吸引力，就需要加入一个技巧，即抛出一个出人意料的观点，让人眼前一亮。

例如，北京月亮河 CONDO 房地产营销软文的开头。

> **CONDO，袭击北京**
>
> RESORT CONDO 位于旅游胜地，是某一度假酒店的一部分。提到酒店，人们自然会想到豪华的星级酒店，而坐落在繁华京城各个方位的酒店，有着共同使用的致命缺陷。而 RESORT CONDO 却将优美的自然风光和标准的酒店生活纳入普通百姓的置业范围，无论从建筑细节、建筑文化还是建筑风格，RESORT CONDO 都是对旧的生活方式的颠覆，更是我国一场前所未有的休闲生活的革命。而月亮河 RESORT CONDO 正是这一新理念的载体。

这篇软文写得很棒。首先，标题就足够吸引消费者。“CONDO，袭击北京”，CONDO 是什么？它为什么会袭击北京？到底发生了什么大事？这一连串的悬念就促使消费者主动阅读软文正文。紧接着又用出乎消费者意料的表述吸引了消费者的阅读兴趣。“提到酒店，人们自然会想到豪华的星级酒店，而坐落在繁华京城各个方位的酒店，有着共同使用的致命缺陷。而 RESORT CONDO 却将优美的自然风光和标准的酒店生活纳入普通百姓的置业范围”。RESORT CONDO 却可以让普通百姓实现入住豪华星级酒店的梦想。这不得不说是出乎消费者预料的。如此一来，消费者就有了继续阅读下去的兴趣。

（2）夸张、刺激的阐述。夸张、刺激的描述手法是吸引消费者注意力的有效方式。而要想使这种夸张、刺激的描述手法让消费者产生阅读兴趣，必须做到干脆、直接、单刀直入。

> 100 万台！100 万台！简直太吓人了。谁能想到这种产品两天竟然就轻轻松松突破了 200 万台的销量。如此火爆的销量无疑给低迷不振的市场打了一剂强心针！到底是什么让客户疯狂抢购？到底是什么让客服忙得双手快抽筋？这就

是21世纪最具颜值和情怀的高科技产品——“黑暗骑士”独轮车！

上面这种软文开头就很不错。首先，连用两个“100万台”，夸张的语气给消费者带来了极强的感官刺激。然后，又用两个设问让消费者“欲罢不能”。也就是说，只有营造出一种夸张、急促的语言意境，才能给消费者造成一种紧张刺激的压迫感，诱使他们一口气读下去。

（3）引人入胜的故事。一般来说，所有人都喜欢读故事，但前提是这个故事必须引人入胜。所以，采用故事作为开头的写法，可以牢牢地把读者吸引住，让他们不由自主地往下阅读。

> 女儿刚考上大学，家里人每个月给她寄1 200元钱。一个月后，父亲去银行往女儿的卡里存钱，先打电话问女儿：“1 200元够不够？”女儿回答：“够了。”父亲放心了，嘱咐说：“想买什么就买什么，别亏了自己。”女儿听了，半天不出声……想不到一向沉默寡言、文化程度不高的父亲，竟然能说出如此深奥的人生哲理。按捺不住内心的好奇，女儿打电话给父亲：“爸爸，你真是个哲学家，说的话太有哲理了。”
>
> 父亲顿了顿，说道：“是我的网友教会了我太多太多！”女儿顺势问道：“爸爸在哪个论坛进修？”父亲不好意思地笑着说：“是今日头条。里面有很多文化修养极佳的君子，和他们交流的过程让我受益匪浅。”

上面这个故事是今日头条的一篇营销软文。软文一开始就抛出了一对父女的对话，且在第一段给读者留下了谜团：“女儿听了，半天不出声。”女儿为什么不出声？她到底有什么事情瞒着父亲？读到这里，读者就会不由不自主地往下读。

接下来，软文中的故事一环扣一环地往下发展，一个又一个高潮让读者不忍放弃阅读。当读者读到结尾处时，“今日头条”赫然出现。如此一来，今日头条就达成了软文营销的目的。

微商软文标题

（4）传播各种新消息。每个人都有或多或少的求知欲，当他们面对自己未知的事物时，往往会产生一探究竟的心理。所以，可以以传播各种消息为切入点，吸引消费者。“免费得到××”这种消息的涵盖范围很广，可以是生活技巧，也可以是出行须知，还可以是人生经验，但有一个原则，即所传播的消息必须和营销推广的产品联系起来，而且消息不能太过陈旧。

2．软文发布时机的技巧

（1）根据季节确定软文发布时机。有些企业的产品有着非常明显的销售淡旺季之分，这就给企业的软文营销造成了一定的时间限制。如果在产品销售淡季发布营销软文，就难以获得良好的营销效果。在这个时间段内，不管软文写得有多好，发布的频率有多高，都难以获得理想的营销效果。毕竟，在客户需求疲软的情况下，企业是很难说服客户消费的。除非企业开展了极大幅度的优惠，如实行让利促销。而如果企业在产品销售旺季发布营销软文，就能够爆发出极大的营销威力。所以，只要企业在产品销售旺季适当地发布软文开展营销，就可以获得事半功倍的效果。

（2）根据节假日确定软文发布时机。企业在节假日发布软文时，要遵循不早不晚的原则。对于面对本地消费者的企业来说，在发布营销软文时，最好能选择在节假日前一周左右的时间。同时要注意一点，如果通过传统媒体发布软文，则要计算好传统媒体的出刊时间。如果是报纸，周末是不出刊的，发布软文时一定要考虑到这一因素；如果是杂志，则要根据杂志的不同性质（周刊、月刊、期刊）选择合适的发布时间。如果通过网络开展软文营销，受到的限制就比较少。同时要分清轻重缓急，在节假日前一周左右，软文发布频率可以低一点；在节假日前两三天，软文发布频率可以高一点。如果是电商企业软文发布时间，就要再往前推一推。在节假日前的半个月左右，就要陆续发布软文；在节假日前的一周左右，软文发布频率达到高峰。这样做的原因主要是为了给消费者提供充足的收货时间。因为很多物流往往需要花费 3 ~ 4 天的时间。如果发布时间过晚，消费者会担心节假日期间难以收到货，因此会放弃购买，这样会极大地降低软文的营销效果。

（3）根据消费者生活习惯确定软文发布时机。每种产品、服务对应的消费群体都是有所偏差的。而消费群体的偏差会使营销手段出现一定的偏差，毕竟没有任何一种营销手段是完全适合任意消费群体的。所以，企业在选择软文发布时机时，要根据消费者的具体情况而定，不能站在自身的角度考虑，要站在消费者的角度考虑。唯有如此，使软文发布时机恰逢其时。当软文营销和软文发布时间完美契合时，软文营销就会获得令人满意的成果。

10.2.3　软文营销策划应注意的问题

1. 具有吸引力的标题是软文营销成功的基础

文章的内容再丰富，如果没有一个具有足够吸引力的标题也是徒劳的。文章的标题犹如企业的标识，代表着文章的核心内容，其好坏甚至影响了软文营销的成败。所以在创作软文的第一步，就要赋予文章一个富有诱惑、震撼、神秘感的标题。

2. 抓住时事热点，利用热门事件和流行词为话题

时事热点，顾名思义，就是那些具有时效性、最新鲜、最热门的新闻。流行词的使用也一样，能够捕捉到读者的心理，引起读者的关注。

3. 文章排版清晰，巧妙分布小标题，突出重点

高质量的软文排版应该是严谨的。试想一下，一篇连排版都比较凌乱的文章，不但会令读者阅读困难、思路混乱，而且会给人一种不权威的感觉。所以为了达到软文营销的目的，文章的排版不可马虎，需要做到最基本的上下连贯，最好在每一段话题上标注小标题，从而突出文章的重点，让人一目了然。在语言措辞方面，如果是需要说服他人的，最好加入“据专家称”“某某教授认为”等，能够提高文章的分量。

4．广告内容自然融入，切勿令用户反感

要把广告内容自然地融入文章是最难操作的一部分。因为一篇高境界的软文要让读者读起来没有一点儿广告的味道，要够“软”，要让读者读完之后受益匪浅，认为你的文章为他提供了不少帮助。这种文章就成功了。如果软文的写作能力不是很强，可以把软文放在第二段，在读者被第一段内容吸引之后直接阅读软文。如果没有高超的写作技巧，软文的广告切勿放在最后，因为文章内容如果不够吸引人的话，读者可能没有读到最后就已经关闭了网页。

思考与应用

1．思考题

（1）软文营销策划的类型和要素是什么？

（2）简述软文营销策划的操作程序。

（3）软文营销策划的技巧有哪几种？

（4）简述软文营销策划应注意的问题。

2．案例分析

用鞋走出来的爱情长征

在暖暖的冬日阳光下，在教堂悠扬的钟声里，在走廊上布满的白玫瑰的海洋中，在飞舞的粉红气球的簇拥下，我们终于走到了一起。我们的爱情长征总算有了结果。望着肃静的教堂，摸着他那双紧紧住我的手，一切仿佛又回到了从前。

大学毕业后，我在一家外贸公司工作，身材高挑，五官清秀，在公司也算是一名美女，追求者自然不少。而他，只是高中毕业，长得也极为平凡，开着一家小店，勉强糊口。不管任何人看来，我们是那么不般配，朋友总是叹息地劝我放弃，妈妈更是又哭又闹，说我要跟他在一起就不要回家了，似乎我要嫁给他就是犯了滔天大罪。

在那些左右为难的日子里，我也想过放弃，但又一次次地被感动。我不会做家务，特别是做饭，但十分挑食。他一个大男人每天对着菜谱研究，所有我爱吃的菜他都会做；我不爱吃的，他也会想着法地做成我喜欢的口味。看他系着围裙在厨房忙得满头大汗，我想那就是幸福的味道吧！

这些都还不算什么。最为可贵的是，他总是想办法呵护我们的爱情。他每个月都要给我送来一双精美的女鞋，有各种款式、各种牌子的。他知道我爱运动，就给我送来耐克板鞋、匡威跑鞋，每次都给我带来不小的惊喜。更为特别的是，在每个冬季，他都特意为我挑选新颖别致的流苏鞋。当他再次送我流苏鞋的时候，我很惊诧。我问他怎么知道我喜欢流苏鞋，他神秘地说：“在你的日记中看到的。”

原来，他早就偷看了我的日记，知道我很早就梦想着在冬季的雪地里与心爱的恋人追逐嬉戏。就在他送我流苏鞋的那个冬季，我们特意选择了一个大雪天，一起滑冰，一

起在公园散步。我穿着流苏鞋，靠着他的肩膀，内心那种踏实的感觉至今难以忘记。后来，习惯了他送鞋，我再也没有为自己买过鞋，一直到今年这个冬天。细算起来，他送给我的流苏鞋已经有 6 双了。这 6 双流苏鞋，见证了我们坚定的爱情足迹。

在结婚前夕，他又从网上给我们各自买了一双耐克跑鞋和最新款式的流苏鞋。我问他为什么买这么多。他说："跑鞋是等我们结婚后一起锻炼用的，流苏鞋是让你穿着走进教堂用的。你穿流苏鞋的样子，是我印象中最美的样子。"我说："买这么多鞋，一定很贵吧？"他说："不贵，不贵，只有不到 200 元，我是×××网店（网址链接）的老主顾，那位店长还给我打了 6 折。"看着他得意的样子，我问他为什么老是给我买鞋。他深情地说："你每天都要穿鞋子，当你看到脚上的鞋子时，你就会想到我啊。"我感动得几乎要流泪！

如今，我不再羡慕郎才女貌的爱情，不再徒慕绚烂的感情，我只想紧紧抓住他的手，和他一起在大家的祝福声中，穿着他给我买的流苏鞋，一步步走向美好的明天……

注：这是一篇情感式软文。软文的结构很简单，全文以温情的文字对一对情侣之间的爱情和故事进行了描写，其间不断穿插该软文的主线——流苏鞋。软文并没有对流苏鞋的款式进行详细的描写，而是赋予了它一种特殊的意义——爱情的见证。这篇软文在各大论坛和网站发布后，取得了非常明显的营销成果。除了有很多女性消费者慕名而来，还有相当数量的男性消费者特意前来为自己的女朋友选购流苏鞋。

（资料来源：微信公众号软文营销大全）

思考题：

谈谈你对这篇软文的看法。

3．实战训练

实战项目 10 软文分析研讨

项目要求：

选择一家公司，运用软文营销策划的学习内容，团队成员对该公司的软文营销现状进行分析，提出建设性意见，为××公司撰写一篇软文，制作 PPT，在"××公司软文分析研讨会"上宣讲，由同学们讨论、评议，教师指导，达到交流、提高的目的。

项目 11

社群营销策划

教学目标

知识目标：

通过学习，熟悉社群营销策划的概念与社群的类型；掌握社群营销策划的要素；掌握社群营销策划的操作程序与方法。

能力目标：

通过实战训练，具备社群营销策划的能力。

11.1 认知社群营销策划

11.1.1 社群营销策划的概念

社群不是把人强聚在一起建立一个群就行了。社群的组成单位是人，其意义在于把人聚合在一起，形成一个圈子，通过兴趣、爱好等方式，形成一种生态。所以社群就是以人为核心，聚合了各种资源、关系和价值的人文环境。互联网带来了超越地域的联系与连接，社群成为一种拥有紧密关系的、有相同兴趣爱好或者价值认同感的人共同组成的群体。如今的社群，更多的是指互联网社群，是一群被商业产品满足需求的消费者，以兴趣和相同价值观集结起来的固定群组。

社群营销策划是把相同或相似的兴趣爱好的消费者，运用多种载体聚集起来，通过激发和满足社群的精神和利益需求，密切品牌、社群、消费者关系，实现企业营销目标的系列设计活动。

11.1.2 社群的类型

1. 产品型社群

在商业社会里，产品始终是第一位的。只不过与工业时代相比，产品的成本结构与性能属性发生了改变。产品是连接的中介，过去承载具体功能，现在承载趣味与情感。优秀的产品能直接带来可观的用户、粉丝群体，基于这个群体还可以开展更多业务，实现利润的增加。因此，企业如果能够经营自身的产品社群，做到营销和产品合一、粉丝和用户合一，那么未必要通过产品直接盈利，而是有更多的盈利方式可以探索。因此，互联网时代的企业需要更多地接触用户、粉丝与市场。

2. 兴趣型社群

兴趣型社群，就是基于兴趣而创建的社群，通过虚拟网络由具有共同兴趣的参与者组成。参与者通过网络进行互动交流，寻找到一群彼此兴趣相投的伙伴，实现了人与人之间的自由聚合。在这个追求自由化、多元化、个性化的社群时代，来自个体成员非常微小的兴趣、非常精细的需求、非常细腻的情感，都能找到同类的人组成社群，个人的兴趣因为有了社群的互动而引起共鸣并得到放大。由于需求的个性化和兴趣的多元化，因此兴趣型社群种类繁多，各有各的优势。例如，社区电商平台小红书、美食类社群大众点评、内容平台豆瓣等。无论是哪种兴趣型社群，都蕴含着巨大的商业价值，值得企业挖掘。

实用链接 豆瓣的兴趣型社群

豆瓣的兴趣型社群是一个以书影音起家，提供关于书籍、电影、音乐等作品信息的社区网站。它之所以能形成数量庞大的社区，最主要的一点就是其产品本身为消费者提供了对相同兴趣点进行分享的平台，电影和书籍都是人们娱乐的刚需。

豆瓣最初由一批乐于分享和娱乐并且具有人文主义情怀的核心用户入驻，他们通过平台提供的分享和评价为初步了解的用户提供参考和价值，引发叠加创作，越来越多的内容聚集，孕育了人文主义氛围（兴趣点），并且引爆了社群价值（内容参考、社区交流等）。于是，社群就这样形成了。

3. 品牌型社群

品牌型社群是一种新的品牌营销模式，是消费者以品牌为联系纽带，围绕品牌自发形成的组织。品牌型社群有其独特的作用和价值。消费者可以通过参与品牌型社群来分享知识、情感和物质等方面的资源，甚至通过多种方式来构建和表达自我的个性，如参与品牌社群活动、展示自己喜爱的品牌、发布与品牌相关的广告。对企业而言，品牌型社群是发现消费者需求和信息、培育消费者忠诚的有效工具。强大的品牌型社群能够增强消费者的忠诚度，降低营销成本，奠定品牌信誉度，并产出大量促进业务发展的创意。

4. 知识型社群

知识型社群是指以学习知识为主要动机的社群。它提供高质量的文字、视频、分享会、课程、参观等形式的知识内容。在知识爆炸的时代，分享知识内容是件很容易的事情。在知识型社群中，务必保证分享的知识内容具有高质量的特点。没有高质量的知识内容是无法提升社群黏性的。

5．工具型社群

工具型社群是社群应用平台，如微博、微信、陌陌等，是为人们进行社群交流提供的基础性工具。如今，社群已经渗透到人们的工作、学习、生活中，成为一种普遍的日常状态。在这一趋势下，社群成了加强实时沟通的一种灵活方便的工具。

例如，越来越多的公司用微信群组织会议、协调项目和处理工作。一个工作或者学习项目成立时，一个社群也随之组建好了，整个项目的信息都可以在社群中进行沟通。又如，朋友们在聚会散场的时候，都会一同加入一个群来交流和互动。可以说，工具型社群具有应用性、灵活性、场景性等特点。

实用链接 小红圈

小红圈是一款专注于知识内容产出和沉淀的社群管理工具，基于微信公众号、小程序、网页、App客户端4种使用场景，为用户提供便捷高效的社群运营管理功能和内容变现渠道。2018年3月创立于中国杭州的小红圈，现已入选为互联网周刊发布的“2019知识付费平台TOP50”中的第18名，也得到了大量来自不同领域的专业大V创建社群圈子。小红圈致力于打造线上社群平台第一品牌，基于KOL（Key Opinion Leader，关键意见领袖）的专业属性，让每个用户都能在小红圈中发现有价值的社群，在小红圈中获取更多的知识。知识的来源，就是小红圈中来自各行各业的优质圈主。用户加入某个有价值的圈子，相当于结识了一群有相同爱好的朋友，围绕着圈主的知识分享，一起学习、成长。

11.1.3 社群营销策划与传统营销策划的区别

1．社群自由掌控，传统被动

在传统营销策划中，为了将自己的产品更好地宣传出去，许多企业会把产品展示在一些专门做信息服务的网站上，然后与同行竞争排名的先后。不过，这需要支付大量的展示费，而且效果往往不理想，这样的营销策划方式容易给企业带来资金压力。

社群营销策划则是通过微信、QQ、微博和社群平台进行产品宣传。这些平台的主动权都握在企业自己手里，只要通过合理的营销策划手段，就可以尽情地展示产品，粉丝便能快速地获得产品的信息。另外，这样的社群营销策划平台几乎没有额外的费用，因此更具优势。

2．社群平台交流便捷，传统有限

在传统营销策划中，企业做促销或推广，以线下活动居多。例如，商场打折、广场促销，用抽奖或领取奖品的方式吸引用户参与活动。虽然有一定效果，但参与活动的用户不一定就是消费者，很多人可能与产品或服务不相干，他们参与仅仅是为了凑热闹或得到奖品。

社群营销策划是企业直接在自己的社群平台发布相关的产品信息。由于大多数成员都是基于兴趣聚在一起的，因此社群中的用户基本都是自己的客户，他们参与是为了得到最新的产品，即便营销策划时优惠或奖励少一些，效果也比传统营销策划好很多。这主要得益于社群交流的便捷，提前将潜在客户聚集在一起。

3. 社群更有信任感，传统隐患大

在传统营销策划中，消费者可进入一个网站或者只听销售人员的一面之词来获取产品信息。通过这两种方式获得的产品信息都不是很全面，消费者有担心被骗的顾虑。

在社群营销策划中，消费者则不用担心这个问题。因为在社群中，消费者之间交流频繁，大家都能从更多人的评价中得到一些准确信息，而且消费者自己也能发表使用心得。总体来说，社群营销策划让消费者对商品有了更透彻的了解，信任度更高。

4. 社群品牌透明度高，传统难以实现

在传统营销策划中，消费者购买产品时往往选择大品牌，而对中小品牌来说，它们很难形成品牌的信誉、提高品牌曝光度并增加影响力。

而在社群营销策划中，企业的更多信息会被传播到互联网中，朋友圈、微博、QQ空间等都会有意无意地传播企业的品牌，所以社群更有利于提高品牌曝光度。

11.1.4 社群营销策划的要素

1. 社群对象

社群对象即目标人群。它的范围和边界，与社群运营主体所经营的产品（服务）的目标市场基本相同。有些社群的范围比较宽泛，包括已经成为用户的客户，也包括尚未成为用户的潜在客户；有些社群的边界狭窄和封闭一些，以已经成为用户的客户为主。

2. 社群入口

社群入口即吸纳社群成员的途径和场所。这是决定社群规模大小、社群发展速度快慢以及社群内部结构是否符合心愿的关键。入口总体上分线上和线下，其吸纳社群成员的引流成本和引流效率高低不同。无论什么社群，目前均需将线上、线下多个入口整合起来形成互补的结构。但不同的社群，入口在线上线下分布的重心不同。

3. 社群引流

社群引流即通过入口吸纳社群成员的方式。线上吸纳社群，主要依托切中需求的内容、应用以及公共空间内的讨论、评论，也依托在目标人群具有影响力的 KOL（Key Opinion Leader，关键意见领袖），还依托在利益、社交、学习、体验、参与、情感等方面富有吸引力的线上事件和活动。线下吸纳社群，除了依托产品和服务自身，主要依赖

现场（如零售终端及其他场所）的引导，以及“种子”社群成员的口碑。

实用链接 引流渠道的类型

（1）微信生态：通过公众号。

（2）线上活动引流：通过微信裂变。

（3）线下活动引流：地推或其他自行组织的线下活动。

（4）外部内容平台：今日头条、小红书、知乎、豆瓣等。

（5）短视频平台：抖音、快手等。

（6）社交类平台：探探、陌陌、领英、BOSS等。

（7）QQ群引流等。

这些引流渠道导流速度快，自动化程度高且黏性强，对吸粉引流能起到很好的效果。

4. 社群利益（价值）

社群利益（价值）即社群运营和社群营销的核心所在。只要社群存在不可抗拒的利益（价值），“入口”“引流”等技术环节都不是问题。利益（价值）是把每个个体连接为社群的主要纽带。社群成员参与社群的动机是复杂的，既有使用价值需求，也有精神价值需求。社群需通过利益（价值）以及利益生成方式，使社群成员的动机和利益诉求得以实现。当然，不同的社群给社群成员创造、提供的利益显然是大相径庭的。社群利益（价值）的具体形态和形式很多，常见的有积分、优惠、联谊、学习和旅游等多种活动。

5. 社群结构

社群结构中的“结构”主要不是指社群成员的分类，而是指社群内的“圈层”结构。“圈层”，通俗地说，就是不同层次的圈子。社会上存在多种圈层，较大规模的社群同样存在“圈层”。多层级“圈层”是社群内部的连接、传播机制，也是一种影响力和权力机制。

任何一个社群都有一些核心成员，他们是社群得以维系的关键。以他们为中心，分别形成了多个“圈层”，它们是社群中的“亚组织”。社群内的信息和利益往往是从核心成员“圈层”向外部依次传递和实现的。而核心成员的变化以及其所属“圈层”的变化，是部分社群内部自组织运行的主要图景。如果社群的形态是分布式，就会存在多个彼此关联、交叉的同一层次“圈层”。这样的结构状态及机制，是社群（内部传播和社群成员发展）的重要依托和途径。较大的社群，为防止从核心圈层和次级圈层信息衰减和影响力减弱，可以将社群分解为若干个部分（子群），在统一的平台上分别运行和管理。

6. 社群纽带

联络社群组织者（运营者）与社群成员之间、社群成员与社群成员之间的纽带，有两个层次：一是深层次的利益纽带和信任纽带，这是一种心理契约。而信任来源于长时间内利益承诺的兑现以及重复交往。二是操作层面保持、提升社群黏度和温度的话题（内容）以及公共事件和活动（“公共”相对于社群而言）。其中，主题性的事件和活动更为重要。也就是说，社群内的各种事件和活动，既为社群成员提供了体验和分享的内容，也为社群成员提供了参与的途径。

7. 社群运行

社群运行主要指社群成员（客户）价值链（价值流）中各项业务流程（客户加入或退出、信息搜寻、意见分享、活动参与、利益获取、交易及结算、物流配送等）以及支撑客户价值链（价值流）的各项管理流程。流程及作业模式的细化和优化，可以使客户得到更高、更好的体验价值。

8. 社群文化

社群经过长时间的外部适应和内部互动，会积累和形成自身独特的文化，即社群文化。它既是社群成员的行为习惯以及行为背后共同默认的价值观、思维方式和行为准则，社群赖以存续的基本规则；也是社群的整体氛围以及风格个性，以及社会成员之间沟通交往的“密码”。

社群文化“内化”于社群成员之心，少数内容“外显”于社群成员的行为，以及社群的一些特有的文化程式（如一些具有文化意味的活动）和语言形态（不被外部理解的沟通、表达方式）。符合企业（品牌）和社群成员共同期望的社群文化，是社群凝聚力和生命力的源泉；面向社群成员进行理念、价值观营销，是社群营销的最高境界。

9. 社群数据

社群运行过程会生成、流动、积累许多数据，它们是社群的宝贵财富，是社群未来智能化运行的养分。对于这些数据，需进行挖掘、整理、分析和利用。这样，既可以帮助企业从轮廓和微小颗粒度两端理解、把握社群成员的特征，也为企业根据数据分析以改进社群服务和运作提供了支持；同时，为企业通过智能商业系统预测社群成员行为创造了条件。

10. 社群生态

当社群已到一定规模并稳定运行时，围绕客户资源提供多维价值的商业模式就可能出现。而某个企业（品牌）很难为客户提供所有的产品和服务，因此，将自身变为平台，开放经营边界，吸纳其他主体共同为客户创造价值，几乎成为必然选择；以社群为基础和核心的多边市场结构以及社群生态也就形成。

实用链接 小米的社群营销

小米的快速崛起是离不开其社群营销的。其在社群营销上的做法，主要包括：

（1）聚集粉丝。小米主要通过 3 个方式聚集粉丝：利用微博获取新用户；利用论坛维护用户活跃度；利用微信做客服。

（2）增强参与感。例如，开发 MIUI 时，让米粉参与其中，提出建议和要求，由工程师改进。这极大地增强了用户的主人翁感。

（3）增加自我认同感。小米通过爆米花论坛、米粉节、同城会等活动，让用户固化“我是主角”的感受。

（4）全民客服。小米从领导到员工都是客服，都与粉丝持续对话，以时刻解决问题。

11.2 社群营销策划的操作程序与方法

11.2.1 社群营销策划的操作程序

1. 聚合粉丝是基础

在 2015 年 8 月的腾讯移动社群大会上，财经作家吴晓波指出：“社群是互联网送来的最好的服务。有了 QQ 以后，人们开始摆脱真实的身份和地域的局限，可以在虚拟的世界里重新构建朋友圈、重新设定身份、重新建立社交关系和商业关系等。这是互联网公司在过去十几年里带给中国最大的变化。”吴晓波是社群经济的受益者，除他之外，还有很多品牌或个人通过社群成为中国商业的新崛起力量。无粉丝，不社群。作为人与人的聚合体，缺少了真实粉丝的存在，社群自然无从谈起。所以，创建社群首先要吸引粉丝的注意力。借助不同的平台汇集粉丝，打通粉丝与社群之间的通道，才能完成社群的建设。

2. 策划活动，让粉丝参与是重点

策划活动，让粉丝参与，需要明确以下问题：

- 明确活动目的，要知道为什么举办这样的活动，活动想达到什么效果；
- 拟订活动安排的时间计划表；
- 活动前一周为宣传期，达到何种宣传的预期效果；
- 活动是否有话题性的主题吸引用户参与互动；
- 活动采用线上模式还是线下模式。

明确以上 5 个问题后，还需做到以下 3 点：

（1）理清活动传播的目的；

（2）定位好传播的人群；

（3）规划好活动，拒绝杂乱无章。

活动策划人要记住以用户需求为中心，从不同角度以不同形式对活动进行定位。只有这样，才能激发粉丝的兴趣，吸引粉丝参加。

3. 线上和线下的联动是关键

为了提高社群成员的积极性，增加社群成员之间的联系，社群作为平台定期举办线

下活动也是很好的选择。世界汽车销售第一人乔·吉拉德曾说："我卖的不是我的雪佛兰汽车，我卖的是我自己。"这告诉企业在销售任何产品之前，首先应该让用户了解自己。不同的社群有不同的文化气质，因此活动也不尽相同。通常来说，社群活动主要由线上和线下两种模式组成。线上活动主要依托于论坛、贴吧、QQ 和微信等，而线下活动包括见面会、分享会和主题活动。前期在社群平台有过互动，接着在线下活动中见到真实的人，用户才有真实感和亲切感。社群营销不管是线上模式还是线下模式，只有联动才能获得较好的效果，才能更好地拉近用户之间的关系，同时迅速建立起用户之间的信任。

实用链接 罗辑思维的社群营销

（1）选人。罗辑思维的客户主要是"85 后"爱读书的人，这群人有共同的价值观、爱好，热爱知识类产品；会员加入要交钱，分 200 元和 1 200 元，确保会员能真正付出行动。

（2）培养习惯。培养共同的习惯，可以进一步固化会员"自己人效应"。例如，罗辑思维固定每天早上大概 6 时 20 分发送语音消息，培养用户的阅读习惯。

（3）加强线下互动。线下互动更能激发人与人之间的联合，罗辑思维举办过不少线下活动，如"爱与抱抱""霸王餐"游戏等。

4. 打造核心社群是目标

社群有初级社群，也有高级社群；有边缘社群，也有核心社群。核心社群可能人数比较少，但个个都是高端人士，话题也许不像初级社群那样众多，但每次讨论都具有深度和专业性。但是，核心社群必须有严格的准入制度，才能保证自身的高档感和稀缺性。

核心社群决定了社群生命周期的长短，可以采取严格控制数量的方法与建立淘汰退出机制来进行打造。当前有的社群采取收费模式来建立核心社群，其实这个用资金作为门槛的方法并不能保证成员的水平高度，建议替换成社群贡献者邀请机制，即新人要想加入核心社群必须通过社群重要人士的邀请。

5. 沉淀社群文化是终点

小米用社群将自己与粉丝牢牢凝结在一起；"罗辑思维"用社群成功实现了媒体变现，走出了媒体的另一条路；黑马会用社群聚集了一批奔驰在创业之路上的黑马，想象空间无限。互联网经济的要素之一就是连接，甚至有人说拥有连接就拥有一切。通过连接，移动互联网能让社群成员像蜜蜂围绕着蜂巢一样紧紧地围绕着微信公众号。粉丝传播，极有可能使虚拟社区产生裂变式增长。

社群经济作为一种新兴的商业形态早已摆脱传统的交易模式，逐步向体验模式全方位转型。在体验模式中，必须让品牌流动起来。因为流动的品牌不仅可以展现品牌魅力，还能让品牌信息被更多的人主动传播，这是社群平台或社群文化的魅力所在。

在社群里，老成员通过不断的沉淀、晋升为社群带来了深度思考，而不断涌入的新成员会为社群创造全新的话题。每个社群都希望达到这样的生态闭环。要想做到这一点，就要利用社群文化凝聚人心。

11.2.2 社群营销策划的方法

1. 意见领袖是动力

社群虽然不像粉丝经济那样依赖个人，但它依旧需要一个意见领袖，这个领袖必须是某一领域的专家或者权威人士，这样才能推动社群成员之间的互动、交流，树立社群成员对企业的信任感，从而传递价值。

2. 提供优质的服务

企业通过社群营销可以提供实体产品或某种服务，来满足社群个体的需求。在社群中最普遍的行为就是提供服务。例如，招收会员、得到某种服务、进入某个群、得到某位专家提供的咨询服务等，能吸引不少人群的注意力。

3. 优质的产品是关键

无论是在工业时代，还是在移动互联网时代，产品都是销售的核心。如今，企业做社群营销的关键依旧是产品。如果没有一个有创意、有卖点的产品，再好的营销也得不到消费者的青睐。

4. 宣传一定要到位

企业有了好的产品之后，以什么样的方式展现出来尤为重要。在这个移动互联网时代，社群营销可谓是最好的选择了。这种社群成员之间的口碑传播，就像一条锁链一样，一环套一环，信任感较强，比较容易扩散且能量巨大。

5. 选对开展方式

社群营销的开展方式是多种多样的。例如，企业自己建立社群，做好线上、线下的交流活动；与目标客户合作，支持或赞助社群进行活动；与部分社群领袖合作开展一些活动。总之，企业必须在开展社群营销方面多下功夫，才能达到良好的社群营销效果。

11.2.3 社群营销策划应注意的问题

1. 对产品不熟悉

微信公众号运营者应该对自己的产品比较熟悉，但实际上很多运营者对自己的产品并不熟悉。原因是有部分运营者是代购商或代理商，他们不用自己发货，只需要销售。微信公众号运营者不了解自己销售的产品，自然也不了解它的市场，最终导致推出的文章因为比较刻板而不能吸引人。

因此，微信公众号运营者需要好好学习行业动态、市场情况、用户痛点和竞争对手所写文章的内容，否则即使文笔再好也写不出来好文章。

2. 吸引粉丝靠忽悠

现在社会比较开放，人与人之间信息交流比较通畅，那种靠信息封闭而忽悠人的年代已经不复存在。在微信公众号上营销应该真诚待人，不要忽悠。微信公众号运营者如果任意夸大产品功能，言过其实，粉丝一旦发现就会对平台失去信任。微信公众号是一个靠时间和精力来营销的平台，平台上的内容主要用于建立企业品牌的知名度，打造企业形象。微信公众号运营者要着重培养忠诚的粉丝，通过互动来营销产品，而绝不能靠忽悠。

3. 认为内容越复杂越好

内容不要太复杂，即内容要简单、直接、深入。通篇啰啰唆唆、绕来绕去，就是不说正事，这是微信公众号文章的大忌。写微信公众号文章时必要的铺垫一定要有，一旦做足就要立刻进入主题。其实，越简单的内容就越具备广泛传播的基础。所以，优秀的微信公众号文章是在做减法，运营者所要做的就是把主题用最简单、最直接的语言表达出来。微信文章就是命题作文，笔者建议微信公众号运营者养成一个好的习惯，那就是先花时间想好写什么，然后立即着手起一个好标题。有了好标题，接下来组织文章内容才能有的放矢。

4. 认为内容要一本正经

现代社会人们压力比较大，如果微信公众号文章内容过于一本正经，大多数人是不感兴趣的。如果内容做到风趣幽默，就会吸引人。那种随意而为、搞笑点的和海阔天空的文章内容，其效果远远好于正规、严肃的文体文本。

5. 社群切忌单打独斗

在互联网时代，“跨界”成了一个新名词。所以，企业在进行社群营销时，也要有跨界思维。那些认为只要建立一个类型的社群，然后笼络住这部分用户，就可以获得社群营销成果的人想得太简单了。

企业只依赖一个大社群很难获得长期的营销效果，因为在多元化的互联网世界中，社群也应该是多元化的。虽然互联网社群是以价值观聚合而成的，但是社群与社群之间并非封闭存在的，而是一个相互融合的状态。

因此，企业不懂得社群之间的相互通融，不进行跨界合作，靠单打独斗是很难长久生存下去的。企业不仅要注重社群之间的相互融合，与不同社群之间的合作也是必要的。

实用链接 蒙牛乳业与迪士尼的社群联合营销

2010 年，蒙牛乳业与迪士尼进行了个性化的联合营销。很多人认为，蒙牛属于快消品行业，而迪士尼则属于娱乐行业，从表面上来看，这两个企业分属于不同行业，甚至没有任何联系。但就是这样毫不相干的两个企业却在社群营销方面联手，共同实现社群盈利。

当时，迪士尼推出了全新回合网游“梦幻迪士尼”，这个游戏非常刺激、震撼。用户在玩游戏时，可以享受到全身心的刺激体验。因此，这个游戏一经推出就获得了大量玩家的支持。而蒙牛也很快就搭上了迪士尼，想要为消费者和玩家带来个性化特色。两个企业便开始了社群联合的模式：首先，在各大超市，人们会看到“梦幻迪士尼”中的游戏人物喝蒙牛乳品的广告和信息；其次，玩家在玩这款游戏时，可以花钱购买到标有蒙牛标志的虚拟体力补给饮料。通过这样的合作，玩迪士尼游戏的人会通过广告而看到蒙牛饮料，从而因为自身需求而对蒙牛有好感；而蒙牛也在自身的消费群体中，宣传迪士尼游戏内容，两个企业利用彼此的资源获得了社群营销的成功。

这次社群的融合，首先，让蒙牛乳品成了“梦幻迪士尼”玩家的补给能量的第一选择，同时也带动了蒙牛实体营销；其次，也让迪士尼在蒙牛粉丝群中获得了更大的传播力，吸引了更多年轻人去玩这款“梦幻迪士尼”游戏。

6. 社群不要只顾卖产品

建立社群的最终目的是盈利，但过程并不是简单地卖产品，因为社群的主体是人，不是产品。只有把人搞定，产品才能卖得出去。所以，以卖产品为主搭建的社群是难以生存下去的。例如，人们很容易为一个明星而聚集在一起，却很少因为某个消费品聚集在一起。产品是没有生命的，如果不进行宣传，人们不了解它，怎么会有人买呢？所以，企业首先要做的就是建立社群文化，建立彼此的信任，然后才是产品推广。

思考与应用

1. 思考题

（1）社群营销策划的要素有哪些？

（2）简述社群营销策划的操作程序。

（3）社群营销策划的方法有哪些？

（4）社群营销策划应注意哪些问题？

2. 案例分析

完美日记的社群营销

一、引流

完美日记微信公众号和个人号主要通过用户购买完美日记的产品后获得的红包卡来获得用户微信号，这样的好处是用低成本（1～2元钱红包）来获得用户的关注。接下来通过微信群的互动和福利留住用户，并通过个人号的优质服务和美妆知识分享来扩大“完美日记”这个品牌的知名度，获得用户的复购和关注，构建自己的核心竞争力，提高行业进入门槛。

完美日记还有一个引流的方法就是线下门店。按照完美日记的计划：

“完美日记 2020 年将开店超过 200 家，新进入 100 个城市；未来 3 年开出超过 600 家门店。其中，2020 年将进入更多三、四线城市，将门店数提升到 80 余家，那些开在小镇姑娘身边的门店将与一线城市的门店无异。”

而线下门店可以让用户真实体验到完美日记的产品，也可以让完美日记获得一批新用户。完美日记积极开拓线下实体店的另一个重要原因，则是线上流量的获取难度越来越大，急需在线下渠道拓展新的消费群体。

二、完美日记“小完子”个人号运营

“小完子”个人号由真人运营。在加“小完子”微信好友的时候她的第一句话就强调了她不是机器人，同时她用俏皮可爱的话术和表情包激发了用户的“少女心”，然后给予用户红包服务链接后顺势提出邀请用户进群（看到小完子那可爱的话术和表情包，用户会有一种怦然心动找到知音的感觉，同时由于获得了红包这个利益也不会忍心直接拒绝这样一个可爱的人发出的邀请顺势也就进去了，所以用户进社群这个转化率一直很高），再通过日常朋友圈经营及社群福利来让用户持续留存复购。

小完子把用户称呼为“宝宝”，因为完美日记的用户多为女性，这一称呼拉近了彼此的距离，同时用可爱的表情+话术，没有给用户觉得她有很强的推销感，而像好朋友给自己推荐自己觉得不错的产品一样，通过这种方式引导用户主动探索。

小完子的朋友圈每天发的内容不超过 4 条，并且有些是小完子的个人生活记录照片，以及护肤小知识，仿佛是一个可爱的小公主，给用户的感觉是小完子不再像一个营销号，也没有像微商一样疯狂刷屏，其精心编辑的文案（说明了产品的功能和作用，以及俏皮的话语和表情）和图片（精心拍摄）更让用户容易找到自己所需要的产品，这也让完美日记实现了用户留存和复购的目的。

完美日记现在有几百个这样的“小完子”个人号。个人号、微信群和小程序组成了品牌的私域流量池，与用户建立长期稳定的互动性和信任感，引导用户留存复购。

三、完美日记社群运营

完美日记在运营社群的时候一直使用自己的小程序“完子心选”。在这个小程序中充满了完美日记的各种产品，建立这个小程序的目的是让用户进入一个单独决策（把淘宝那种同一产品多种品牌的购买方式称为多重决策，把只能看到为数不多的品牌和产品的购买方式称为单独决策，多重决策会导致用户进入一个对比销量、价格的心理，而单独决策用户会更加在意产品的功能和效果）的场域。完子心选里面充满了完美日记品牌的产品，通过其首页的护肤教程、化妆教程、生活习惯教程来留住用户，并通过种草产品来实现销量的提升。

四、完美日记微信公众号矩阵

完美日记品牌旗下有多个微信公众号，每个公众号都有其特点。通过原创文章、护肤知识吸引用户关注及裂变，再通过一些福利吸引用户进入完美日记的旗舰店商城或者完子心选，引导用户购买，再通过优质的产品及红包卡将用户转化为忠实粉，形成多次复购。

完美日记的社群运营做得这么庞大离不开多产品线战略。其中定价策略也是极致性价比，产品平均售价<100元，针对12～35岁这类年轻的女性群体，不仅平价而且颜值高、质量好，又通过“小完子”这样一个IP亲近用户，教用户美妆知识及产品使用方法，从而达到留存和转化。

营销=增长路径的设计（增长指向营销的目的）+客户需求的管理（需求指向影响的本质）+竞争优势的巩固（竞争指向营销的关键）+持续关系的建立（关系指向好营销和坏营销的标准）。一场活动或者长期营销布局是否成功可以从不同角度来看，有没有完成最初的目的是衡量是否成功的关键，而好营销的衡量标准是建立持续关系，也就是把流量池的用户转到客户池，让用户产生复购。在这个流量越来越贵的时代，企业建立自身的私域流量也越来越重要。

（资料来源：微信公众号首席营运官）

思考题：

总结一下完美日记社群营销的特点。

3. 实战训练

实战项目11　社群营销策划方案分析研讨

项目要求：

选择一家公司，运用社群营销策划的学习内容，团队成员对该公司的社群营销现状进行分析，提出建设性意见，撰写××公司社群营销策划方案，制作PPT，在“××公司社群营销策划分析研讨会”上宣讲，由同学们讨论、评议，教师指导，达到交流、提高的目的。

项目 12 网络营销策划

教学目标

知识目标：

通过学习，熟悉网络营销策划的概念；澄清网络营销策划的误区；掌握网络营销策划的内容；掌握网络营销策划的操作程序与网络营销策划应注意的问题。

能力目标：

通过实战训练，具备网络营销策划的能力。

12.1 认知网络营销策划

12.1.1 网络营销策划的概念

网络营销策划是以互联网为基础，利用数字化的信息和网络媒体的交互性有效地满足客户的需求与欲望，为实现企业营销目标所进行的规划与决策。

12.1.2 网络营销策划的误区

1. 网络营销策划不等于网上销售

网上销售是网络营销策划发展到一定阶段后产生的现象，网络营销策划本身不等于网上销售。一方面，网络营销策划的目的不仅是促进网上销售，在很多情况下还表现为提高企业的品牌价值、加强与客户之间的沟通、拓展对外信息发布渠道和改善客户服务等；另一方面，网上销售的推广手段也不仅只有网络营销策划，还有许多传统方式，如传统媒体广告宣传、发布新闻和印发宣传册等。

2. 网络营销策划不等于电子商务

电子商务主要是指交易方式的电子化，是利用互联网进行的各种商务活动的总和。我们可以将电子商务简单地理解为电子交易，电子商务强调的是交易行为和方式。因此，可以说网络营销策划是电子商务的基础，在具备开展电子商务活动的条件时，企业同样可以开展网络营销策划。网络营销策划只是一种手段，无论传统企业还是互联网企业，都需要网络营销策划，但网络营销策划本身并不是一个完整的商业交易过程。

3. 网络营销策划不等于网站推广

网络营销策划的开展需要科学地制订网络营销策划目标与计划，因而不能片面地认为网络营销策划就是网站推广，网站推广只是网络营销策划的基础性内容。单纯进行网站推广，其营销策划效果会大打折扣。企业往往会发现，虽然网站访问量提高了，关键词搜索也使用了，却没有带来多少客户和订单。这是因为配套的网络营销策划措施不到位。所以，企业在开展网络营销策划时，要制订包括网站推广在内的系统且周密的网络营销策划计划，以达到预期效果。

4. 网络营销策划是手段而不是目的

网络营销策划具有明确的目的和手段，但网络营销策划本身不是目的。网络营销策划是为实现网上销售目的而开展的一项基本活动。网络营销策划是营造网上经营环境的过程，也就是综合利用各种网络营销策划方法、工具、条件并协调它们之间的相互关系，从而更加有效地实现企业营销策划目的的手段。

5. 网络营销策划不是孤立存在的

许多企业开展网络营销策划的随意性很强，往往是根据网络营销策划平台的建议进行的，企业营销策划部门几乎不参与，网络营销策划成了营销策划平台的“表演秀”。事实上，网络营销策划应纳入企业整体营销策划战略规划。网络营销策划活动不能脱离一般营销策划环境而独立存在，网络营销策划应被看作传统营销策划理论在互联网环境中的应用和发展。网络营销策划与传统营销策划之间并不冲突。由于网络营销策划依赖互联网应用环境而具有自身的特点，因此它有相对独立的理论和方法体系。在营销策划实践中，往往是传统营销策划与网络营销策划并存。

实用链接 卫龙辣条的网络整合营销

由于新冠肺炎疫情的影响，食品行业产品销量也在不断减少。可是有一种食品却出人意料，不仅销量没有受到影响，还有上升的趋势，从垃圾产品变成了网红食品。这样的改变，让同行大吃一惊。卫龙辣条之所以会成功，是因为有一套很好的网络整合营销。例如，论坛里那些脑洞大开的段子，微博上的各种表情包，以及各种模仿有创意的网站，从用户角度的创意营销，这些很快就让消费者接受了，因此卫龙辣条成为一个热门话题。

12.1.3 网络营销策划的内容

1．搜索信息

信息的搜索是网络营销多种功能的一种反映。在网络营销中，能够利用多种搜索方法，积极主动地获取有用的信息，进行决策研究。随着信息搜索功能由单一向集群化、智能化的发展，以及向定向邮件搜索技术的延伸，网络搜索的商业价值得到了进一步的扩展和发挥，寻找网上营销目标将成为一件易事。可以说，搜索功能已经成为营销主体能动性的一种表现、一种升华。

2．发布信息

无论哪种营销方式，都要将一定的信息传递给目标人群，因此发布信息是网络营销的又一项基本功能。它可以把信息发布到全球任何一个地点，既可以实现信息的广覆盖，又可以形成地毯式的信息发布链；既可以创造信息的轰动效应，又可以发布隐含信息。网络营销所具有的这种强大的信息发布功能，是古往今来任何一种营销方式所无法比拟的。在网络营销中，网上信息发布以后，不仅可以能动地进行跟踪，获得回复，而且可以进行回复后的再交流和再沟通。因此，信息发布的效果十分明显。

3．网上调研和商情调查

通过在线调查表或者电子邮件等方式，可以完成网上调研。相对传统市场调研，网上调研具有高效率、低成本的特点，因此，网上调研成为网络营销的主要功能之一。它主要的实现方式包括通过企业网站设立的在线调查问卷、通过电子邮件发送的调查问卷，以及与大型网站或专业市场研究机构合作开展的专项调查等。网上调研不仅为制定网络营销策略提供支持，也是整个市场研究活动的辅助手段之一。合理利用网上调研手段对于市场营销策略具有重要价值。

网络营销中的商情调查同样具有重要的商业价值。对市场和商情的准确把握，是网络营销中一种不可或缺的方法，是现代商战中对市场态势和竞争对手情况的一种电子侦察。在激烈的市场竞争条件下，主动地了解商情、研究趋势、分析客户心理、窥探竞争对手动态是确定竞争战略的基础和前提。

4．开拓销售渠道

网上销售是企业销售渠道在网上的延伸。网上销售渠道建设也不限于网站本身，还包括建立在综合电子商务平台上的网上商店，以及与其他电子商务网站不同形式的合作等。因此网上销售并不仅大型企业开展，不同规模的企业都可以拥有适合自己需要的在线销售渠道。

5．扩展和延伸品牌价值

网络营销的重要任务之一就是在互联网上建立并推广企业的品牌。知名企业的网下品牌可以在网上得以延伸和拓展，一般企业则可以通过互联网快速树立品牌形象，并提升企业整体形象。

网络品牌建设是以企业网站建设为基础，通过一系列推广措施，达到客户和公众对企业的认知和认可。从某种程度上说，网络品牌的价值甚至高于通过网络获得的直接收益。与网络品牌建设相关的内容包括专业性的企业网站、域名、搜索引擎排名、网络广告、电子邮件、会员社区等。

6. 特色服务

网络营销提供的是一种特色服务功能，服务的内涵和外延都得到了扩展和延伸。客户不仅可以获得形式最简单的 FAQ（常见问题解答）、邮件列表、聊天室等各种即时信息服务，还可以获取在线收听、收视、订购、交款等选择性服务，无假日的紧急需要服务，信息跟踪、信息定制到智能化的信息转移、手机接听服务，以及网上选购、送货到家的上门服务等。这种服务以及服务之后的跟踪延伸，不仅极大地提高了客户的满意度，使以客户为中心的原则得以实现，而且使客户成为商家的一种重要的战略资源。

7. 管理客户关系

客户关系管理，源于以客户为中心的管理思想，是一种旨在改善企业与客户之间关系的新型管理模式，是网络营销取得成效的必要条件，是企业重要的战略资源。

在网络营销中，通过客户关系管理，将客户资源管理、销售管理、市场管理、服务管理、决策管理于一体，将原本疏于管理、各自为政的销售、市场、售前和售后服务与业务统筹协调起来；既可跟踪订单，帮助企业有序地监控订单的执行过程，规范销售行为，了解新、老客户的需求，提高客户资源的整体价值，又可以避免销售隔阂，帮助企业调整营销策略，收集、整理、分析客户反馈信息，全面提升企业的核心竞争能力。客户关系管理系统还具有强大的统计分析功能，可以为企业提供“决策建议书”，以避免决策的失误。

8. 增值经济效益

网络营销会极大地提高营销人员的获利能力，使企业提高或获取增值效益。这种增值效益的获得，不仅是由于网络营销效率的提高、营销成本的下降、商业机会的增多，更是由于在网络营销中，新信息量的累加会使原有信息量的价值实现增值或提升其价值。这种无形资产促成价值增值的观念和效果，既是前瞻的，又是明显的。

12.2 网络营销策划的操作程序

1. 确定网络营销目标

营销目标是指在本计划期内所要达到的目标，是营销策划的核心部分，对营销策略和行动方案的拟订具有指导作用。

与传统营销一样，网络营销也应有相应的营销目标，即网络营销目标。网络营销目标总体上与现实中的营销目标一致。由于网络面对的用户有其独特之处，且网络不同于一般营销所采用的各种媒体，因此具体的网络目标应稍有不同。例如，通过网络营销提高品牌形象，还是提高销售额？在网络营销刚起步时，其重点在于如何使用户接受这种新颖的营销手段。

网络营销目标分为 3 个层次：一是企业计划期的直接营销利润；二是未来一段时期内企业形象的增值，即通过优质服务、让利和承担社会责任来提高企业的形象；三是探索和积累网络营销经验，培育、造就一支高素质的网络营销人才队伍，建立完善、有效的网络营销体系。

2. 确定网络营销目标用户群

进行网络营销，首先需要确定网络营销对象，即确定网络营销目标用户群。如果不能确定目标用户群，就难以制定恰当的、有针对性的推广方案。有了产品、渠道、方案，才能有效地实施网络营销。确定目标用户群和调研目标用户的方法如下。

（1）确定目标用户群。任何产品都有它针对的、固定的用户群。例如，书包的用户群主要是学生，化妆品的用户群主要是女性，但同类型的产品会涉及高端、中端、低端的消费群体。香水的用户群主要是女性。那么，哪个年龄段的女性最需要？什么条件的女性又是它的主导消费群体？因此，营销团队需要全方位地了解她们，进行有针对性的宣传，牢牢地将她们锁定为自己的忠实用户。这类人群是长期固定的消费人群，她们的所有需要都是营销团队要考虑的内容，也是企业调整规划的依据。

（2）产品特色带来的人群。一种产品拥有自己的特色，就会带来特定的消费人群。这些目标人群虽然不是固定的，但是主导消费人群。例如，对于孕婴产品而言，没有人是常年怀孕的，甚至很多人一生中只有一次，因此她们想要最安全、营养价值最高的孕婴产品。因为不是常年消费，价格反而是最后才考虑的。因此在做这种产品的网络营销时，营销团队应该了解特定人群的消费心理，打造产品自身的特色。因为吸引消费者的是产品特色，这些特色在网络营销中可以根据时间性、阶段性的需要进行调整，也可以根据自己产品的特点，在网络营销中主动找到所需的目标人群，简而言之，就是逐条列出优势，发现感兴趣的受众群体。

在网络营销中确定目标用户群，可以进行量化分析，并与同行业的其他产品进行比较，分析产品优势与不足，把产品特色放大，让更多潜在用户了解，同时要维护好固定人群。在固定人群不流失的情况下，挖掘特定人群，锁定用户群，网络营销将会事半功倍。

（3）目标用户的调研。了解网络营销对象是谁，可以使用科学的调研方法来收集用户的数据信息，如消费情况、需求和购买行为变化、目前营销策略的效果等。这些数据可以为确定网络营销目标和营销用户群提供科学依据。

3. 分析网络营销用户的特点

分析网络营销用户的特点是数据化运营的基础。即使传统行业，只要企业足够关注用户，也会进行用户特点分析。对网络营销而言，用户特点分析更是必不可少的。可使用 RFM 分析法进行用户特点分析。

（1）新鲜度（Recency，R），是指用户最后一次购买企业产品的时间，如用户最后一次进店消费是什么时候，上一次何时浏览过网站等。理论上，距离上一次消费时间越近的用户对即时提供的产品或服务越有可能产生反应。如果要密切地注意用户的购买行为，那么最后一次消费就是网络营销人员第一个要利用的工具。买过你的产品、服务或曾经光顾过你店铺的用户，是最有可能再次购买的用户。吸引一个几周前上门的用户购买，比吸引一个几个月前来过的用户要容易得多。

（2）消费频率（Frequency，F），是指用户在特定时间段里购买企业产品的次数。我们可以认为最常购买同一企业产品的用户，是满意度最高的用户

（3）消费金额（Monetary，M），是指用户在特定时间段里购买企业产品的总金额。

毫无疑问，新鲜度、消费频率和消费金额高的用户具有重要价值。最近消费时间较远，但消费频率和消费金额都很高，说明这是一个一段时间没来的忠诚用户，营销人员需要主动与其保持联系。最近消费时间较近，消费金额高，但消费频率不高，表示该用户忠诚度不高，但具有消费潜力，营销人员可以对其重点发展。最近消费时间较远，消费频率不高，但消费金额高，可能是将要流失或已经流失的用户，营销人员应当采取挽留措施。

新鲜度、消费频率、消费金额 3 个指标是测算用户价值最重要、最容易的指标，对营销活动具有很强的指导意义。这 3 个指标的排列顺序是严格的，有轻重缓急和先后次序，其中用户新鲜度是最有力的预测指标。

4．确定网络营销方法

如何打动用户，实现用户和品牌之间的有效沟通，成为众多网络营销人员迫切需要解决的问题。要想打动用户，应注意两方面：一方面是网络营销平台和方式的选择，另一方面是网络营销内容的设计。网络营销的内容将主导网络营销的进行，网络营销平台和方式则是渠道、工具和手段，应易于用户接收和传播。

（1）选择网络营销平台和方式。选择网络营销平台和方式实质上是网络营销宣传策略的体现。在对网络营销用户群和用户特点进行分析后，就可以有针对性地选择互联网上的营销平台来推广产品和品牌或开展营销活动。如果产品和服务是针对学生群体的，那么 QQ、微博、微信是不错的选择，因为这些平台上聚集着很多潜在用户，并且易于接收和传播；如果是女性群体，则可以选择购物网站、手机 App 等方式开展营销活动。同时，还需要确定网络营销内容的传播方式，是使用文字、图片，还是视频？

（2）设计打动用户的网络营销的内容。引起用户的情感共鸣，洞察用户情感的内容就是网络营销的内容。

①洞察用户情感的内容打动用户。洞察用户情感的内容可体现出产品或服务的内涵。“洞察”不是行为表现，不需要解释，它更多地渗透到用户的情感和精神世界，必须满足真实、新鲜、能触动人、与环境相关等条件。好的营销内容会给出一个非常清晰的结果，

会告诉用户需要什么，为什么需要，如何去满足他们。例如，女性消费者购买护肤品等产品时，她们需要的是什么？她们需要的不仅是这款产品，也不仅是这款产品带来的保湿和美白效果。更深层次地说，她们需要“美”，需要“自信”，甚至可能是“爱情”。因此，营销人员在设计营销内容时，需要通过文字、图片或视频表达美、自信或爱情，这就是营销信息具有洞察用户情感的内容。

②网络营销场景化打动用户。网络营销场景化从情感体验入手，将用户融入不同的场景，实现情感共鸣，以此打动用户。网络营销场景化对产品和品牌有较高的要求，品牌要打破过去单纯“覆盖”和“触达”的流量思维，要思考如何通过价值主张与场景的融合，让品牌获得用户发自内心的认同，真正打动用户。

网络营销场景化，首先要精准洞察用户需求。只有探查到用户的需求后，才能准确“出招”。场景化的应用不仅给用户带来了新鲜的消费体验，也与用户达成了情感共鸣。其次要构建多元化应用场景。营销不仅要通过场景覆盖用户，也要打动用户。使用营销应用的“场景时刻”，才能找到激发用户共鸣的要素。最后要保持与时俱进的技术创新。无论是产品还是营销，都离不开技术的支持。技术创新可让产品有更多功能和场景融入，带给用户更惊艳的完美体验。

5．明确网络营销活动要素

在确立网络营销活动目标、选定营销方法后，还必须明确以下网络营销活动要素。

（1）网络营销范围。企业或销售网店不可能只经营一种产品。在进行营销活动策划时，要确定营销的产品范围，是一种产品，还是一类产品。

（2）网络营销时机。选择在什么时机进行网络营销活动，对营销效果的影响非常大。一般，时机的选择应根据消费需求和市场竞争特点，结合整体市场营销战略来确定。例如，冬季棉衣可以在秋季和冬季展开促销活动；许多企业也会选择重大节庆或社会活动等有利时机开展各种促销活动。

（3）网络营销主题。网络营销主题是营销活动进入市场的切入点。只有切入点独特、鲜明，才能在提升销量的同时获得品牌形象的提升。营销主题一定要足够鲜明，信息要有足够的刺激性和聚焦性。当然，不管以什么主题进行，都要使消费者容易接受和信服，并有利于品牌的广泛传播。

（4）激励规模。要使网络营销获得成功，最低限度的刺激物是必不可少的。同时，较高的刺激程度会产生较高的销售反应，但超过一定点时，其增加比率却是递减的。因此，在制定产品的网络营销策划方案时必须决定使成本效益比达到最大的激励规模。

（5）参与条件。设定参与条件要注意两个问题：一是避免将优惠给予不可能成为产品固定使用者的人；二是防止因条件太苛刻，阻碍了大部分品牌忠实者或喜欢优惠活动的消费者参与。通常，赠品只送给那些积极参与促销活动的购买者。

（6）网络营销活动费用预算。网络营销活动费用是保证营销策划方案得以完整实施的保障，因此必须对网络营销活动的费用进行较为准确的预算。

①计划行动细节。无论是优惠券、游戏竞赛，还是有奖促销，每种活动都在努力翻

新花样以吸引更多的消费者。无穷的花样翻新就使得对这些活动具体细节的准确选择和把握成为获得成功的关键。例如，要开展网络营销活动，就要根据活动的具体情况确定活动主题、方式和方法。

喜茶网络营销策划方案

②预估营销策划方案。市场的持续变化、活动形式的不断创新，都要求厂商在确定营销行动细节后，对拟定的营销策划方案和行动计划进行预先评估，包括法律、物资后勤、预算、时间、营销方法和激励规模以及促销媒介等各方面。

12.3 网络营销策划应注意的问题

1. 品牌建设之广告投放

任何营销都离不开广告，网络营销自然也一样。在传统营销配合传统广告媒体宣传的同时，网络营销的主要广告媒体平台自然也是网络平台，但线上与线下是一个完整的市场综合体，离不开任何一方。关于品牌效应的获利，始终是一个长期积累和沉淀的过程，因此对于广告时间的把握应该按段划分循序渐进，这样才能慢慢体现出品牌应有的优势。

2. 网络营销平台之网站建设

网站建设就好比实体店面的门脸，高级的网站本身也是一种信誉的代表。这里要求网站的一切配置都要高标准、严要求，如网站的运行速度、网站的内容质量等都直接影响到用户的体验度。企业一定要秉承以高标准用户体验为目的，对网站在建设之前就要有一个前瞻性的规划，每个环节都要做到专业，为最后的网络营销打造一个好的平台。

3. 线上、线下相配合，营销平台的选定

要想将潜在客户转化成实际客户，需要的是，正确的线上网络营销引导和线下拓宽用户的需求，同时不论是网络营销策划还是投放的广告，都需要一个好的平台去展现产品和服务。品牌的塑造和口碑的传播都需要好的平台。很多用户在进行网络营销策划过程中没有遇到一个好的网络平台，导致功亏一篑。

思考与应用

1. 思考题

（1）简述网络营销策划的内容。

（2）简述网络营销策划的操作程序。

（3）网络营销策划应注意哪些问题？

2. 案例分析

欧莱雅网络营销策略

欧莱雅的中国市场分析显示，男性消费者初次使用护肤品和个人护理品的年龄已经降到 22 岁左右，男士护肤品消费群体已经获得较大扩张。虽然消费年龄区间正在扩大，但是即使在经济最发达的北京、上海、深圳等一线城市，男士护理用品的销售额也只占整个化妆品市场的 10%左右，全国的平均占比则远远低于这一水平。作为中国男士护肤品牌，欧莱雅对该市场的上升空间充满信心，期望进一步扩大在中国年轻男士群体中的市场份额，巩固在中国男妆市场中的地位。

欧莱雅推出了新品男士 BB 霜，希望迅速占领中国男士 BB 霜市场，树立该领域的品牌地位，并希望将其打造成年轻男性心目中人气最高的 BB 霜产品。欧莱雅男士 BB 霜的目标客户定位于 18～25 岁的人群，他们是一群热爱分享，热衷于社交媒体，并已有一定护肤习惯的男士群体。

为了打造该产品的网络知名度，欧莱雅针对目标人群，同时开设了名为“型男成长营”的微博和微信账号，开展了一轮单纯依靠社交网络和在线电子零售平台的网络营销活动。

（1）在新浪微博上引发了针对男性使用 BB 霜的接受度讨论，发现男性以及女性对于男性使用 BB 霜的接受度大大高于人们的预期，这为传播活动奠定了舆论基础。

（2）邀请明星代言，并让其发表先行者宣言，号召广大网民通过微博申请试用，发表自己的先行者宣言。微博营销产生了巨大的参与效应，将微博参与者转化为了品牌的主动传播者。

（3）在京东商城建立欧莱雅男士 BB 霜首发专页，开展“占尽先机，万人先型”的首发抢购活动；设立了欧莱雅男士微博部长，为 BB 霜使用者提供一对一的专属定制服务。另外，开通微信公众号，每天及时将新品上市、前后对比等信息及使用教程通过微信推送给关注巴黎欧莱雅男士公众号的每一位用户。

该活动通过网络营销引发了在线热潮。两个月内，在没有任何传统电视广告投放的情况下，该活动覆盖人群达到 3 500 万人，其中超过 30 万个用户参与了互动。新浪微博统计，微博阅读量达到 560 万人。另外，在整个微博试用活动中，一周内有超过 7 万个男性用户申请了试用，在线预估销售库存在一周内销售一空。

可以看出,网络营销对欧莱雅男士 BB 霜营销的最大促进作用表现在以下 3 个方面。

（1）降低了营销成本。

（2）大幅度地提高了品牌占有市场的速度。

（3）已使用产品的客户可通过互联网对潜在客户进行有效的口碑传播。

以上 3 个方面很好地体现了网络营销的特点和优势，即网络营销的成本费用更低，互动性更强，传播更快、更广泛等。

思考题：

通过案例分析，谈谈你对网络营销策划的认识。

3．实战训练

实战项目12　网络营销策划方案分析研讨

项目要求：

选择一家公司，运用网络营销策划的学习内容，团队成员对该公司的网络营销现状进行分析，提出建设性意见，撰写××公司网络营销策划方案，制作PPT，在“××公司网络营销策划分析研讨会”上宣讲，由同学们讨论、评议，教师指导，达到交流、提高的目的。

项目 13 ■■■■

新媒体营销策划

教学目标

知识目标：

通过学习，掌握微信营销策划的思维模式和方法；掌握直播营销策划的要素、模式和操作程序；掌握视频营销策划的要点和策略。

能力目标：

通过实战训练，具备微信营销策划、直播营销策划和视频营销策划的能力。

13.1 微信营销策划

13.1.1 微信营销策划的概念

微信营销是以分众和精众市场为目标诉求的营销模式，集文字、语音、视频于一体，正在深刻地改变着人们的社交与生活。可以说，微信代表了一种新的生活方式。微信营销策划正是建立在微信大量活跃用户的基础上，利用微信平台向用户提供产品或服务信息，进而实现产品营销推广活动的谋划。其形式灵活多样，具有非常强的互动性，为微信营销提供了更多的运营空间。微信营销策划已成为企业或商家进行营销推广的重要方式之一。

实用链接 随处可遇的微信营销

来自四川、以酿造糟米酒为生的戴小强，在酿造初始申请了微信公众号，名称为“糯米酒香戴小强”。其糯米酒定价是每斤 50 元，无论是品质还是价格，与市场上 20～30 元的米酒都有很大差异。因此，知道自己的用户是谁、在哪里非常重要。

为了锁定目标群体，并让他们成为粉丝，戴小强首先花了半个月搜集了当地高端厨房、橱柜企业及其店铺信息，最终锁定了 10 个高端品牌和 20 个中端品牌。之后，他精挑细选了部分店铺，和同事用了近半年的时间深入每家门店现场互动“拉粉”，与他们建立感情，最后那些用户成为戴小强微信公众号的粉丝。

半年多以后，其公众号已有近 3 万名粉丝，每月有近 6 万元的销售额，糯米酒定价每斤 50 元，多数用户会一次性购买 5～10 斤，因此每单价格在 250～500 元。为了回馈这些用户，戴小强会定期在朋友圈发红包，开展优惠促销活动。

除了个体商家，很多企业也将微信营销作为主要的营销渠道。

星巴克在筹备“冰摇沁爽”系列饮品上市时，为了开展新品推广，就想到了通过微信渠道开展营销活动的方法。这种方法有两个重要的关键词——微信和音乐。不久后，建立于微信平台的“自然醒”活动就上线了。

星巴克开展“自然醒”活动时，微信粉丝只要发送一个表情符号（兴奋、沮丧或忧伤皆可）给星巴克，立刻就能收到星巴克按其心情特别挑选的音乐曲目，和星巴克进行一番内容丰富的对话。

在实施过程中，星巴克首先从全国门店开始，让光顾星巴克的客户先成为其微信公众号的粉丝，然后利用各种活动让粉丝将星巴克公众号推荐给自己的朋友。轻松时尚、趣味性强、互动性强等优势让星巴克微信公众号的粉丝在短时间内暴增。

13.1.2 微信营销策划的思维模式

1. 助力思维：病毒式传播，全民关注

助力营销，是病毒式传播的一种，它是通过朋友间的不断转发，实现快速传播和全民关注。助力思维通常的方式是，技术公司在制作活动微网页时，添加“助力”一栏。用户参加活动时，在活动页面上输入姓名、手机号码等信息后，点击“报名参与”，即进入具体活动页面。用户如想赢取奖品，就要转发至朋友圈并邀请好友助力，获得的好友助力越多，获奖的概率也就越大。为发挥助力者的积极性，也可以让参加助力的好友抽奖。这样，因为有大奖的吸引，就可以通过报名者与其众多好友的关注和转发，达到了广泛传播的目的。

运用微信助力思维，不但可以在后台清晰地获取报名者的基本数据和信息，如名字、性别和手机号码等，也最大程度地发掘了他的朋友圈资源，让更多人关注甚至参与此项活动。这种经济学上的乘数效应，使得活动消息得以成倍扩散，企业品牌得以迅速传播。

实用链接　“广厦国际登山节”微信报名活动

由今日早报公司全案策划的“广厦国际登山节”微信报名活动，就是一个经典的助力思维营销案例。这个题为“你登山，我送房”的微信报名活动，在全国征集 1 200 人参与登山，其中有 400 人从助力活动中产生。由于登山者有机会赢取价值 200 万元左右

的大宅，因此微网页上线当天，就在朋友圈引发了转发、注册报名和助力的狂潮。当天就创造了近 40 万次的点击量，影响力覆盖全国。数据显示，参与助力活动的 400 人中，大部分人的助力数在 500 个以上，最高者达到 1 500 多个。也就是说，为了登山，最高者在朋友圈发动了 1 500 多人来支持他。

2. 抢红包思维：精众传播，立竿见影

抢红包思维，就是为用户提供一些具有实际价值的红包，通过抢的方式吸引社会各界积极参与，引起强烈关注，找到潜在客户，并实施针对性营销。抢红包思维比较适合电商企业，客户得到红包后即可在网店中消费，这样一来，既起到了品牌推广作用，又拉动了商城销售。抢红包思维一般由商家提供一笔总体金额，由此分散出很多个不同金额的红包。想要参与的用户首先得关注并填写注册信息，成为某商家的会员，然后到活动页面领取红包，并在指定时间内抵扣消费。

时至今日，很多商家已习惯在店庆或节庆时，推出抢红包游戏，让全民嗨抢。其实，商家看似发了红包，让了利，但实际上得到了自己的目标用户，有力地推动了商品销售。因此，抢红包思维对于电商企业来说，是一个十分有效的营销手段，既在短时间内取得了良好的经济效益，又获得了不错的社会效益。

实用链接　抢红包游戏

腾讯公司最先在微信平台上推出了抢红包活动，一时热闹非凡，但这次抢红包的钱是由用户自己掏腰包，然后分享给自己好友的。此后，抢红包思维在企业中生根开花。京东商城在“618”活动中，出资 10 亿元作为红包与全民分享。不同的是，京东将红包的种类分成了两种：普通红包和群红包。普通红包只要刮开就可得到一定的金额，最高面额 618 元；而群红包，则是另一种方式的扩散，一个群红包内有 10～15 个普通红包，用户可将群红包分享到朋友圈，让更多的朋友关注这项活动，打开群红包的每个用户也能相应得到随机金额。每个群红包可以被多次分享，直至金额全部领完。

3. 流量思维：痛点营销，快速传播

互联网时代，流量为王。网站如果没有流量，那就是“无源之水，无本之木”。而对手机上网族而言，流量就像“人之于水，车之于油”。因此，抓住消费者的痛点，也就抓住了营销的根本。流量思维的基本思想是转发送流量，用户只要转发某家公司或某个产品的微网页，就可以得到一定的流量。

如果商家每天准备送出 1 万元流量，那么按每人 5MB（2 元）计，每天将有 5 000 人受益，而为抢流量转发的人可能达到 1 万甚至更多。试想，如有 1 万人转发活动微网页，以每个转发者平均拥有 300 个朋友计算，每天就有 300 万人在关注此活动。1 万元

让 1 万人参与活动，同时获得 300 万人的眼球，这就是流量思维的魅力和魔力所在。如果企业的品牌想要实现快速传播，就可以用流量思维。

4. 游戏思维：兴奋点营销，蝴蝶效应

游戏思维是通过游戏的转发传播，来认识某个品牌。在微信的战略发展方向中，游戏与社交是其重点，可见，游戏在移动互联网上的地位。微信小游戏的普遍特点是设计新颖，而且呆萌，规则简单却不单调，可以在短短几分钟内吸引到大量用户。

实用链接 “蟹蟹登月”的游戏

中秋节前，今日早报公司今日购电商推出了一款“蟹蟹登月”的游戏，参与者只要不断地猛戳屏幕，那只卡通蟹就会不断地沿着葡萄藤往上爬。如果有 120 人给参与者助力，卡通蟹就可以成功登月，这时就会跳出一张由“友名水产”提供的免费蟹券。一周时间，竟有 5 万多人参与游戏。这个活动，是今日购电商用游戏思维做电商的大胆尝试，为国内微电商同行寻求流量提供了思路和路径。

5. 节日思维：传递的是温情，传播的是品牌

逢年过节，互致问候是中国人的良好传统。微信祝福是一段语音、几段文字、一个视频，简单却温暖。节日思维，就是利用节假日人们相互送祝福的机会，在微信文字或视频中植入品牌形象，恰到好处地进行传播与推广。想在情人节、七夕节、春节等节日促销的企业，也可以事先制作一个祝福短视频，提前在朋友圈向大家致以节日的问候。想吸引用户长假旅游的景点和宾馆，可以在劳动节、国庆节前借祝福做朋友圈营销。一个简单的祝福，传递的是关爱，传播的却是企业品牌。

6. 大奖思维：高转发率，广参与性

微信营销中，给奖甚至给大奖，是媒体和企业用得最多的招数，实力雄厚的，用房子或车子作为大奖；实力稍弱的，也常常用年轻人最爱的 iPhone、iPad 等通信工具，或者门票、电影票和旅游券等作为奖品，而且效果良好。大奖思维瞄准的是消费者的痒点，只要有奖，就会有人参与有人转发。只要给大奖，就会有很多人参与并转发。而企业和活动品牌，就在用户的广泛参与下，得到了有力的传播与推广。

7. 众筹思维：聚沙成塔，集腋成裘

众筹是指用团购或预购的形式，向用户募集项目资金的模式。相对于传统的融资方式，众筹更为开放、更为灵活。对圈子的精准把握，是微信适合众筹最核心的竞争力。微信众筹思维更多地用于产品的售卖，像“低价得正宗大闸蟹”等都是利用了众筹思维。无论是从发起者还是从投资者的角度去考量，众筹都是一个风险投资效率较高的方式。对于发起者来说，筹资的方式更灵活，而对于投资者来说，可以在最短的时间内获得较

好的收益。因此微信众筹思维也是一个较好的微信营销方式，传播方式快，扩散范围广，产生效益大。

8. 生活思维：自然而然，润物无声

生活思维，就是把人们所关心的日常生活知识，发布到微信平台上，通过这些信息的转发，起到良好的传播作用。如今，人们对生活质量的要求越来越高，对生活知识的需求也越来越大，有关生活类的知识在网络上的转发率相当高。例如，冬病夏治、节假日旅游、十大美食去处、最美民宿等，凡是与生活、旅游、美食、教育等相关的信息，都会引起人们的关注。而这些信息不但适合转发，而且很多人还会收藏，这样一来，就是对信息进行了二次传播。因此，在这些生活类信息中植入产品图片、文字或者做链接进行传播，是个不错的思维方式。

用生活思维所传播的信息必须是公众关注度高、实用性强的。在这样高、强的信息中推广活动信息或企业品牌，可以做到润物细无声的效果。

9. 新闻思维：让品牌随新闻飞扬

新闻思维，是借助突发性新闻或关注度较高的新闻夹带图片进行传播。移动互联网时代，新闻的传播速度已经以秒计算，地球上任何一个地方发生的重大新闻，都能在瞬间传递到地球的角角落落。而它在微信圈的阅读量，往往以十万甚至百万计。因此，如果在转发率如此高的新闻中植入广告，其传播影响力是不可估量的。《今日早报》率先在微信平台上开设了突发新闻板块，将新闻事件第一时间进行还原、报道，发布到网络上，让受众更快地了解到更详细的内容。试行几个月来，已经获得了较好的社会反响，并将尝试植入品牌广告，让广告随新闻飞。

10. 测试思维：因为风靡，所以广泛

测试思维，就是通过一些小测试，如智商测试、情商测试、心理测试等来对一些品牌进行传播。今天的微信圈内，各类测试甚是风靡，这些测试情商、智商的题目，抓人眼球，很容易让人点进去测试。而在这些测试的最后，往往都会跳出“分享到朋友圈，分享后测试答案会自动弹出”，这么一来，无疑进行了二次传播，而藏在这些题目开篇或结尾的网站或咨询机构，也在传播中宣传了自己。

13.1.3 微信营销策划的方法

1. 个人微信号运营

对于需要建立个人品牌的营销者来说，个人微信号就是一张非常直观的名片，设置个人微信号，树立个人品牌。利用个人微信号的头像、昵称、个性签名等，就可以建立一个人的基本形象，并进一步决定着其他人与之产生联系的可能性。

（1）头像。人与人接触的前 3 秒是非常重要的。很多时候，建立对他人的第一印象往往从微信头像开始。它代表了用户的形象，也是个人品牌的“门面”。营销者可通过这

两种方式设置微信头像。

①可选择与自己的专业或职业贴近的头像，体现个人的专业度和品牌形象。例如，理财等行业的从业人员，其头像风格应是正式、严谨的，这样才能使用户产生信任感；如果是销售、咨询等行业的从业人员，那么头像可以采用阳光帅气、温和轻松的风格，用头像传达出自己对生活和情感的态度，让用户产生亲切感。

②可选择与产品、服务、个人品牌相关的图片，给人一目了然的感觉。

需要注意的是，不能频繁地更换自己的微信头像。频繁地更换头像，不利于用户对你产生印象，不利于树立个人品牌形象，也会让用户降低对你的信任感。

（2）昵称。按照习惯，在用户决定是否添加微信好友和使用微信聊天时，首先注意的是对方的微信头像和昵称。通常用于运营和营销的微信号，设置昵称时应遵循简洁、明确的基本原则，字数不宜太多，应符合人们的记忆习惯。最好使用自己真实的名字，人们都喜欢与真诚的人交朋友，营销者也可在名字后面加上自己的电话。进行互动时，电话都会跟在你名字的后面。也就是说，昵称可按照“名字+职业+电话号码”的格式设置，如“王肖-理财师-1367834××××”。

需要注意的是，昵称最好与其他媒体平台保持一致。特别是当一个人已经具有一定知名度和影响力时，此时的昵称就相当于一个鲜明的个人品牌，设置相同的昵称可以进一步增强个人品牌的推广效果。

（3）个性签名。个性签名非常关键。在个性签名里，可以把经营的项目写进去。同时，可展示个人的个性特点、情感态度等。原则上不应直接粘贴僵硬、直白的广告，这不仅容易影响好友申请通过率，还会给人留下不好的第一印象。

（4）二维码。多数时候，会通过扫描二维码添加好友。当到处默认的都是黑白二维码样式时，一个个性化的二维码能够吸引用户的注意。通常可在微信中直接更换二维码的样式，也可使用应用程序来设置二维码的样式。

2. 朋友圈内容营销策划

朋友圈是展示自身形象的常用窗口，也是个人微信号营销的重要途径。要想利用好朋友圈，发挥其最大的营销价值，首先必须设计好朋友圈的内容。朋友圈是社交空间，并不是重复发布硬广告的地方。因此，要想取得持续、有效的营销效果，不仅需要对广告的内容进行策划设计，还需要掌握好广告的发布时机。同时，可开展营销活动，以便更好地与用户互动，扩大影响力。毕竟，一场有意思的或有实在优惠的营销活动对用户来说是具有非常大的吸引力的。

（1）朋友圈广告发布的技巧。

①配图。在朋友圈发布广告时，配图很重要，再动人的文案都不如一张有说服力的图片。但切记，配图上不要有别人的水印，这样容易给人抄袭的感觉，难以让人信服。

②软广告。软广告是一种委婉、真实、润物无声的广告，可用产品故事、人物生活等进行包装。用户非常反感对他们毫无价值的广告内容。为了发广告而发广告，是微信用户非常抵触甚至厌烦的一种形式。相反，用讲故事的方法发广告，则是有效手段之一。

一个好的故事能够牢牢抓住读者，因为人们都喜欢听传奇的、浪漫的、温馨的、励志的故事。例如，某微信号在朋友圈发布“看到这张图，你想对我说什么”，然后搭配一张能引起话题的产品图片，这就属于软广告。

③短内容。广告内容不宜过长，尽量在简短的内容中达到轻松有趣的效果；也不要在一条广告中添加太多产品信息，这不仅需要花费用户的更多精力进行阅读，还不方便用户快速做出购买决策，容易使其因为选项太多而放弃决策。

（2）朋友圈广告发布的时机。为了保证推广效果，要分析目标用户在朋友圈的活跃时间，要在其查看朋友圈的高峰期进行推广。一般朋友圈广告的最佳发布时间是 8:00—9:30、11:30—13:00、17:00—18:30、20:00—24:00 这 4 个时间段，大多数人会在这些时间段浏览朋友圈来消磨时间、分享信息。当然，每个行业的作息时间会有所差别，喜好的内容也不一样。针对不同的用户群，应对发布的时间进行调整。例如，对于上班族，7:00—9:00、21:00—23:00 是他们使用手机最频繁的时间段，适合广告的发布。

另外，有关资料显示，移动用户的购买行为主要发生在周一至周五的 12:00—14:00、20:00—22:00，以及周日的 20:00—24:00，因此，可在这些时间段发布带店铺链接的广告，但这个链接最好是短链接。如果发长链接，那么因为手机屏幕小，会影响内容的美观。

（3）朋友圈活动策划。策划朋友圈活动的目的是让微信好友参与互动，实现活动信息的快速传播，扩大活动影响力。朋友圈活动的常见形式是转发和点赞，通过转发和点赞发布的朋友圈内容可获得奖品、优惠券、现金等福利等，如“转发图片参与活动，即可获得价值 ×× 的优惠券”“转发并集齐 ×× 个赞，即可获得现金红包，截图有效”等。如果技术允许，还可以在朋友圈发布一些小游戏，吸引用户参与和转发。

开展所有活动都会有一个预热期。最好在活动正式开始前的 3 ~ 7 天就开始预热，提醒微信好友准时参加。在此期间，保持每天发布一次活动信息，通常可以选择在线人数多的时候发布，如中午午休时间、下午下班时间等。

设计朋友圈活动可通过配图说明活动的相关信息，如活动时间、参与条件、参与流程等，活动内容应具有鲜明的主题和简洁的内容，以及便捷的操作和简单的流程，以方便用户参与。如果用户需要花费太多精力去参与活动，则会大大降低用户参与的积极性。

（4）好友互动是微信营销的制胜法宝。好友互动是微信营销的一种常态。营销效果的好与坏，很大程度上取决于与用户的关系如何。用户关系需要经营，最重要的经营方式就是互动，互动会让其关系不断加强。微信好友互动主要有 3 个方面，分别是日常互动、朋友圈互动和微信群互动。

①日常互动。对于不太熟悉的好友，节日是最好的互动时机。节日问候不仅不会显得突兀，还能让对方觉得十分贴心。问候信息不能使用群发模式，要带上称谓，用适当的风格和语句进行问候，这样才能形成友好的互动。在与微信好友互动交流的过程中，一定要有礼貌。有时，也可提供一些售后访问、优惠活动等相关信息。此外，要注意保护微信好友的隐私，不要将其信息私自泄露给他人。有问题需要咨询或讨论时，尽量提前组织好语言，做好准备。需要发送语音前，提前问询对方是否方便。最后，要表达谢意。

②朋友圈互动。多发一些互动性的文案来增加朋友圈的活跃度，多留问号，多给他人点赞，经常评论他人的动态。所谓礼尚往来，哪怕是点一个赞，也会让别人觉得你在关注他，从而拉近你们之间的距离，对你产生好感和信任。其中，美食、搞笑、养生是目前比较受欢迎的文案类型。因为评论和点赞只有互为好友的人才能看到，所以可以在回复好友的评论时，直接以评论的方式发布回复信息，这样所有人就都能看到了。

③微信群互动。微信群互动是为了提高群成员的活跃度，多参与社群话题讨论，以增加其他成员对你的熟悉度。另外，不要在群里面发布虚假的、毫无价值的广告，否则容易引起用户的反感。在微信群中发言时慎用语音，因为语音浪费时间，你说一分钟，其他人就要花一分钟来听你说的是什么，而花一分钟写的文字，对方只需要几秒钟就可以查看完。

3. 微信公众平台的建立

从营销策划的角度来说，微信公众平台在品牌传播、宣传推广等方面都具有非常重要的意义。利用微信公众平台，可以更好地引导用户了解品牌、参与互动，同时可扩大信息的曝光度，在降低营销成本的基础上实现更优质的营销。

微信公众平台主要包括服务号、订阅号、小程序和企业微信 4 种类型。每种类型的使用方式、功能、特点均不相同，用于营销的公众平台一定要选择最适合自己的公众平台类型，这样才能达到预期的营销推广效果。

（1）服务号。服务号具有用户管理和提供业务服务的能力，服务效率比较高，主要偏向于服务交互。银行、114 等提供服务查询的企业类型适合选择服务号，客户服务要求高的企业也可开通服务号，一般适用于媒体、企业、政府或其他组织。服务号每个月可群发 4 条消息，还可开通微信支付功能。

（2）订阅号。订阅号具有信息发布和传播能力，可以展示自己的个性、特色和理念，树立自己的品牌文化。订阅号主要偏向于为用户传达资讯，每天可以群发一条消息，具有较大的传播空间。如果想简单地发送消息，达到宣传效果，可选择订阅号。

（3）小程序。小程序是一种新的开放功能，具有出色的使用体验，可以在微信内被便捷地获取与传播，适合有服务内容的组织注册。

（4）企业微信。企业微信主要用于企业内部，具有实现企业内部沟通与协同管理的作用。用户需要先验证身份，才可以成功关注企业微信号。

4. 微信公众平台的定位

在信息爆炸时代，网络中每天传播的信息非常多，群体细分成为新媒体发展的天然属性。不管是个人还是企业，要想获得更好的公众平台推广效果，都必须对目标用户进行精准定位。一个公众平台在发展前期一定要做好定位工作，选择好针对的用户群体，之后策划公众平台的运营内容，设计、提供用户群体喜欢的风格、特色和服务，以此建立清晰的账号形象，发展精准用户，最后慢慢形成品牌效应，寻找盈利点，达到营销目的。常见的定位方法有按地域、风格、行业、产品及功能等定位。无论采用哪种定位方式，实现盈利的思路都只有直接售卖产品、提供服务和通过分享知识、经验诱导购买这两种。

（1）地域定位。不同地区的用户在文化、习俗、喜好上会有一定的差异，甚至在接受能力、吸收速度上会有很大的不同。例如，南方和北方地区用户的生活习惯、风俗喜好不同，一、二线城市和三、四线城市用户的生活观念、消费水平、接受能力不同。运营具有地域特色的公众平台时，需要一定的针对性，需要发布具有地方特色的内容，对内容的把握需要精准、深入，以让用户获得最新、最贴近身边的消息。

未来微信的商业化会更趋地域性、社区化。地域性公众平台对一些广告商家来说更具价值，更容易实现线上、线下联动营销。

（2）风格定位。公众平台风格定位是指文风是严肃的、文艺的还是幽默的，这取决于公众平台面对的目标群体的属性：公众平台面向年轻人推广时，采用轻松诙谐的方式有很大的吸引力；如果是专业报道，则采用严肃朴实的风格较好。

（3）行业定位。行业定位是指确定公众平台未来营销的产品或服务属于哪个行业。营销人员可以免去分析与自己的产品或服务对应的精确适用人群，只需对自己的产品或服务进行行业归类，就可以简单地为自己的公众平台做出定位。

针对行业细分的公众平台需要推荐与本领域行业相关的消息，其专业性会更强一些。所谓“行行出状元”，行业定位准确可快速吸引粉丝，将自己的公众平台做出知名度。

（4）产品定位。产品定位是以已有的产品或品牌为公众平台的定位基础。以产品定位的公众平台类似于官网微信平台，将公众平台定位于产品或品牌，有利于以后的流量商业变现或电子商务的实现。以产品定位时，在多数情况下，原产品或服务需要具备一定的知名度，这有利于公众平台的前期推广。如果产品或品牌知名度不高，则以产品定位的公众平台的粉丝数量将受到限制。

（5）功能定位。不管是行业定位、地域定位还是产品定位，其分类界限都较分明，但部分公众平台的分类边界并不明显，这部分公众平台中就有很多是以功能来定位的。

以功能定位的公众平台可提供功能服务，如提供保洁、保姆、搬家等一系列上门服务的 58 到家公众平台。

5. 微信公众平台的营销策略

微信公众平台提供了营销方式，但是良好的营销效果离不开公众平台的运营。只有在某一行业中有热度、有影响力的公众平台，才具有真正的营销价值。

（1）经营好个人微信号的朋友圈。近年来，越来越多的个人和企业通过各种方式来吸引新用户和引导老用户关注自己的公众平台，但是存在着一个不可忽视的现象，那就是公众平台的粉丝量虽然在不断增加，文章阅读数却越来越少，这时，无论你怎样优化文章的推送时间、推送频率，作用都十分有限。事实上，用户关注的公众平台非常多，但详细查看公众平台的情况不多。更多时候，用户关注公众平台之后，就没有关心过公众平台的动态。大部分的公众平台流量来源于个人朋友圈的转发。一篇文章如果不被个人微信号转发和推荐，就无法扩大影响力。因此，越来越多的营销人员更加重视经营好个人微信号的朋友圈，一些自媒体的大号开发了一批个人号，经营公众平台的企业也开始把更多的用户加到个人微信号上。

（2）营造个人风格。这是一个较为缺失个人风格的时代，技术的成熟、信息的传播迅速使人们更加注重流水线式的操作，以期用更快的速度将产品或服务推向市场，获取利益。公众平台中的文章除了机械化的语言文字，更应该适当插入嘘寒问暖的关怀。例如，最近天气酷热，提醒大家预防中暑，让读者能感觉到有人在关心他们，内心是温暖的。另外，即使转载文章，也应该加入自己的看法和见解，并欢迎大家一起讨论，而不是单纯地转载一篇文章或人云亦云。

（3）内容精准发布。高成交率来源于精准的定位。与公众平台定位出于相同目的，内容精准发布也是为了实现明确的定位，如内容给谁看，谁对我们的服务、产品或品牌感兴趣，谁有可能成为我们的用户。要想做到内容精准发布，就要对症下药，将广告推送给合适的人更有利于产品宣传。这里的“对症下药”主要表现在两方面：一是根据用户的风格对症下药，二是根据与用户的关系对症下药。前者主要表现为根据用户的类型进行推广，如某一条广告比较幽默诙谐，包含了很多网络现象和词汇，可以设置成让指定分组的年轻人查看。后者主要表现为根据与用户的关系进行推荐，如刚结识不久的用户，可以推荐一些单价不高的产品。有了信任基础或交易记录的用户，可以推荐单价较高的产品等。此外，为了保证推广效果，还可以分析目标用户在朋友圈的活跃时间，在其查看朋友圈的高峰期进行推广。

（4）巧用热点事件。在移动互联网时代，热点事件的传播速度非常快，运营者应懂得利用这些热点，营造自身产品的热度，借势营销。例如，电影《捉妖记 2》火热上映时，麦当劳借影片中“胡巴”的热度发布了朋友圈广告，以此快速获得了用户的认同感。在借助热点发布朋友圈广告时，还可以根据需要与用户保持互动。

（5）有价值的营销内容。任何时候都应该传播有价值、有意义的内容。只有为用户提供了感兴趣、有价值的营销信息，才能让用户有阅读的兴趣，才能持续提高用户的忠诚度，也才能让用户接受并参与营销活动。例如，一个电影院的公众平台可以发布最近即将上映电影的相关信息或参演明星的新闻，为了吸引用户，也可通过发放折扣券来激励用户参与互动。

发布营销信息时还要注意发布内容的排版形式。一个有吸引力的标题能够激发用户的好奇心，图文并茂、段落清晰的内容编排则会让用户产生良好的阅读美感。

（6）互动增强用户参与感。吸引用户只是第一步，要想持续扩大影响力，还要用好的内容和互动把用户真正留住，把用户当作自己的朋友来对待。对于公众平台而言，关键词回复、问题搜集和反馈、评论等都是比较有效的互动形式。粉丝是公众平台营销的基础，要想获得更大的影响力，提高推广效果，必须增加粉丝量和提高粉丝的忠诚度。粉丝不一定是用户，但是粉丝可以成为分享、传播产品、服务和品牌的最大助力。

获得公众平台粉丝的方法有很多，不同类型的运营者通常会使用不同的手段。下面对比较常用的获取粉丝的方法进行介绍。

①邀请老用户关注。邀请老用户关注公众平台，如有过交易的、有过互动的用户，可通过微信、短信等方式进行邀请。

②线下用户。不管是线下店铺交易、参加展会还是开展其他线下活动，都可以制作一个二维码，邀请潜在用户关注。为了增加关注率，还可以附赠一些小礼品。

③其他媒体平台引流。通过在各种网络平台上分享有价值的内容，吸引读者关注可以引流的平台很多，如微博、QQ 等社交平台，论坛、知乎等社区平台，美拍、秒拍等短视频分享平台，以及文库、网盘等资源分享平台等。

要想增加粉丝并不难，可通过上述方式来实现。要想提高粉丝的忠诚度，关键在于先经营好个人微信号，然后维护好公众平台上的互动。

6. 微信小程序的营销策略

微信小程序于 2017 年 1 月 9 日上线，被称为“移动互联网的下一站”。2017 年微信公开课 Pro 版上曾对小程序进行过介绍：“小程序是一种不需要下载和安装即可使用的应用，它实现了应用触手可及的梦想，用户扫一扫或者搜一下即可打开应用，也体现了用完即走的理念，用户不用关心是否安装太多应用的问题，应用将无处不在，随时可用，但又无须安装卸载。”小程序是微信原生的，是社群传播的良好载体，无论是在运行速度还是稳定性上，都具有很强的优势。这些优势决定了小程序非常适合做营销。这种通过扫码就能应用的工具，对于企业来说，不仅设置极其简单，而且线下推广极为便利。

（1）通过小程序进行客户引流。小程序拥有二维码扫描、关键词搜索、微信群分享、朋友聊天分享、附近的小程序、公众号关联等入口。利用小程序，企业可以通过多种方式展示想要传递的内容、提供的服务，甚至可以通过小程序商城进行商品售卖、服务预订等。基于微信庞大的用户流量，企业通过小程序的开发与运营，能够便捷地获得更多的用户资源。

（2）小程序的即时服务。现阶段，小程序以二维码为主要入口，用户通过微信扫一扫进入应用，享受随时随地的即时服务，省去了 App 等的下载、安装、注册等环节。因此，将会有更多用户通过不同的服务场景进入小程序，体验企业提供的线上服务和产品。例如，商场停车场可以提供“停车导引”服务，用户通过扫描二维码便可享受停车场全景、空位引导等服务；在购买产品后，通过扫描产品二维码可开启“购物清单”应用，享受产品说明、过期提醒、新品推荐等服务。

利用场景化功能引导用户使用小程序，可以提高线下服务效率，优化服务体验。用完即走的便捷操作方式，也避免了用户下载、注册、卸载 App 的烦琐操作。

（3）与公众号双剑合璧，实现黏性服务。微信小程序的研发主旨是“简便、用完即走”。企业可以通过会员系统或公众号，将系统中的消息推送功能和小程序“用完即走”的服务相结合，进行粉丝和会员的二次开发，在增强用户黏性的同时，创造更多商业价值：一方面，在公众号中可以加入小程序入口。将小程序与公众号关联后，公众号可以选择向关注者发送一条关联通知。通常，点击即可添加小程序。这样，通过关联的方式即可将公众号的粉丝引入小程序，为其提供更多的增值服务，以此增强用户黏性并增加销售转化。另一方面，在公众号运营中，可结合用户在小程序中的行为数据，为其提供精准的个性化服务。例如，通过用户在小程序中的行为可辨别用户价值和产品购买倾向。对于有价值的用户，可利用优惠手段在小程序中吸引其关注公众号，并利用公众号实现有针对性的服务，进行折扣券推送等。

13.1.4 微信营销策划应注意的问题

1. 不注重粉丝的质量

粉丝是实现营销目标的重要支撑，他们是精准营销的重要目标客户群体。目前来看，在微信的营销生态圈层中，粉丝是其中不可或缺的组成元素，具有巨大的营销价值。基于粉丝的作用，一些企业或商家盲目地重视粉丝的数量，而忽视粉丝的质量，走入了营销策划的认识误区。数量是与质量相对的，当偏向于某一方时，就失去了平衡，更何况在微信营销中，粉丝的数量是受限制的。

2. 不了解互动的形式

企业由于对互动形式不够了解，在微信营销时常常会忽视与粉丝的互动，从而错过一些营销机会。对于企业而言，假如一味加粉，而忽视与粉丝的互动，其最终结果只能是错失粉丝的价值利用。

3. 过度地推送微信消息

在朋友圈营销的过程中，部分人认为刷屏就能卖东西，且刷得越频繁效果就越好。其实这种过度推送微信消息的想法是错误的。在这一过程中，成交的最确切基础来自好友的信任，这也是运营和发布朋友圈信息的目的所在。

因此，在朋友圈里刷屏并不一定能够卖东西，这需要建立在一定的互动沟通和情感、信任的基础上。只有这样，成交才能发生。

4. 随意地编写微信内容

利用朋友圈营销，在经营好客户关系的同时，还要特别关注一个问题，那就是营销的前提——产品质量。而这个问题容易被企业或商家在朋友圈的产品信息推送中忽略。很多微信运营者为了尽快地完成工作内容，甚至会随意地编写微信内容。很明显，这样是不正确的，对微信营销毫无帮助。

产品质量是提升客户满意度最基本的前提。只有产品质量经得起考验，才能在朋友圈营销互动过程中提升客户体验。因此，企业或商家推送的必须是好的产品，而其中的“好”必须满足两个方面的要求，即产品的内部质量要求和外部客户对质量的需求。

5. 把朋友当作营销桥梁

在朋友圈发信息也要注意一个适度的问题。假如把朋友圈当作营销的桥梁，对此过度地加以应用，使朋友圈信息泛滥，其结果只能适得其反。

13.2　直播营销策划

13.2.1　直播营销策划的概念

直播营销策划是对以直播平台为载体进行营销活动的谋划。与传统媒体直播相比，它具有不受媒体平台限制、参与门槛低、媒介设备简单、直播内容多样化、更广的营销覆盖、直达用户、身临其境的体验、更直接的销售效果及更有效的营销反馈等优势。如今，淘宝、蘑菇街、京东等大型电商平台都提供了直播入口，如淘宝直播、抖音直播、快手直播、蘑菇街直播、京东直播等；一些专注于直播领域的平台也可进行直播营销。

13.2.2　直播营销策划的要素

直播营销策划包括场景、人物、产品和创意 4 个要素。

（1）场景。营造直播的气氛，让观众身临其境。

（2）人物。直播的主角，可以是主播或直播嘉宾，用以展示内容，与观众互动。

（3）产品。产品要与直播中的道具或互动有关，以软植入的方式达到营销的目的。

（4）创意。可提高直播效果，吸引观众观看，如明星访谈、互动提问等形式就比简单的表演直播更加吸引观众。

实用链接　哪些产品更适合直播营销

一、难以到现场考察的产品

说到难以到现场考察的产品，很多人都会想到跨境电商。因为不是所有人都能直接到海外去“买买买”，而传统代购让人无法了解自己想要购买的产品在国外究竟是什么样的状况、什么样的品牌更适合自己、如何做好价格选择等，所以信息的不对称导致消费者在跨境电商购买时难以做出决策。这时如果通过直播，就能相对有效地解决这些问题。在观看直播时，消费者能全面直观地了解这些产品的详情，再根据这些信息迅速做出决策。

二、注重生产过程的产品

人们越来越关注产品的质量和服务。以食品来说，消费者关注得较多的是食品生产的过程，是不是有机的，是否有农药等。而在艺术品上，人们关注的是制作过程，是手工制作还是机器制作等。人们的关注点在不断转变。那么在直播营销时，也要突出消费者的关注点，并将这些要素展现出来。

卫龙创办于 1999 年，是集研发、生产、加工和销售为一体的现代化休闲食品品牌。卫龙曾做过一次食品制作流程的直播，将其生产车间的状况和整个生产用直播的方式展示给消费者，成功地打消了人们对其食品是否安全的疑问，获得了非常好的宣传效应。

卫龙这种宣传方式是传统电商无法做到的。就算传统电商以图文的方式展示了食品制作过程，消费者也未必相信。但直播能让人信服。企业通过直播不仅可以让广大消费者了解自己的产品，而且可以展示一个安全、卫生、健康的品牌形象。

三、需要体验的产品

当人们在购买高档消费品，如房、车以及大的家用电器时，一般需要全方位地了解产品和相关服务，听取专业人士的意见及分析。但是也有不少人没有时间去亲自体验，这时就可以通过直播的方式先行了解。虽然直播无法完全代替真实体验，但是可以通过展示细节等方式在有限的时间内让消费者完成第一轮筛选，节省到现场了解的时间。

例如，早已在电商直播中风靡的美妆产品。不少美妆产品需要讲解化妆技巧，以及上妆时的感受、上妆后的效果。这时，消费者可以通过直播深入了解，觉得满意了，就下单购买。

四、适合团购的产品

团购最容易打造爆款，原因是借助团购这一契机吸引了大量具有相同需求的群体，并成功说服他们买单。团购非常适合直播，因为它能够在短时间内将一群具有相同兴趣爱好的人聚集起来。这是直播的优势之一。

13.2.3 直播营销策划的模式

1. 直播+电商

“直播+电商”是常见的直播营销场景，在网络店铺中应用广泛，通过直播的方式介绍店内的产品，或传授知识、分享经验等。因为电商平台用户众多，流量集中，观看直播的用户目的明确，对某类型的产品感兴趣，所以“直播+电商”能够将流量快速变现，将产品售卖效果发挥到极致。

2. 直播+发布会

“直播+发布会”已经成为众多品牌抢夺人气、制造热点的营销法宝。直播平台上的直播地点不再局限于会场，互动方式也更多样和有趣。直播可以对产品进行直观展示和充分的信息说明，结合电商等销售平台，将直播流量直接转换变现。小米的无人机发布会放弃了一直使用的发布会场地——新云南皇冠假日酒店，举办了一场在线直播的新品发布会。雷军通过十几家视频网站和手机直播 App，发布了小米传闻已久的无人机。仅在小米直播 App 中，同时在线人数最多时已经超过了 50 万。

3. 直播+企业日常

在社交时代，营销强调人性化，如同普通用户分享自己日常生活中的点滴，企业分享自己日常做的事，也成为与公众建立密切联系的社交方式，因为用户对企业日常也很感兴趣。为了宣传新一代 Mini Clubman，宝马 Mini 联手《时尚先生 Esquire》杂志在映客上连续 3 天直播时尚大片拍摄现场。直播的主角是几位当红明星，利用明星效应吸引了众多年轻用户。最终，映客上有 530 多万人次的在线观看量。

4．直播+广告植入

直播中的广告植入能够摆脱生硬感，原生内容的形式能收获粉丝好感，在直播场景下能自然而然地进行产品或品牌的推荐。例如，很多主播通过直播与粉丝分享化妆秘籍，植入面膜、去油纸、保湿水、洁面乳等护肤产品广告。同时，导入购买链接，获取购买转化。

5．直播+活动

直播最大的优势在于带给用户更直接的使用体验，甚至可以做到零距离互动。“直播+活动”的最大魅力在于通过有效的互动将人气“链接”到品牌中。企业通过实时互动问答，为用户进行全方位的产品卖点解读，使品牌得到大量曝光。

直播时互动形式多样，如弹幕互动、产品解答、打赏粉丝、分享企业的独家情报等。企业或商家通过发布专属折扣链接、爆款产品提前购、红包口令、新品预购等信息和福利，可以让粉丝感受到企业对他们的重视，从而增加粉丝对企业的忠诚度。

为了实现企业产品与品牌的宣传与销售转化，直播活动中应引导用户进入购买页面，同时，可通过营造紧迫感，促进销售转化。

6．直播+访谈

采访营销是从第三方的角度来阐述观点和看法的，如采访行业意见领袖、特邀嘉宾、专家、路人等。利用第三方的观点来增加产品信息的可信度，对于传递企业文化、提高品牌知名度、塑造企业良好的形象都有着促进作用。这种直播方式切忌做假。在没有专家和嘉宾的情况下可以选择采访路人，以拉近与观众的距离。

13.2.4 直播营销策划的操作程序

1．充分且精准的市场调研

因为直播是向大众或个人推销产品，所以直播的前提是要深刻了解直播的受众是谁，他们能够接受什么，企业能够提供什么，避免同质化的竞争。找到合适的受众是做好直播营销的关键。

2．清晰的项目认知

做直播项目前，需要对直播项目有非常准确的认识，如人脉储备、营销经费等。只有这样才能扬长避短，最大程度地发挥自己的优点，收获意想不到的惊喜。当直播营销经费充足、人脉资源丰富时，可以实施任何想法，但是对于大多数企业，如果没有充足的经费和丰富的人脉资源，就要充分发挥自己的优点来弥补不足。一个好的项目也不仅是人脉、财力的堆积就可以达到预期效果的。只有充分发挥自己的优点，才能取得意想不到的效果。

3．主播准确的人设定位

这是在直播营销策划前，最重要的一个环节。现在是一个 IP 概念盛行的娱乐化时代。主播一定要有精确的人设定位，才能获取更多流量，赢得粉丝青睐，从而提高直播间转化。

4．合理选择直播平台

现在的直播平台样式繁多，根据属性不同又可划分为几个领域，所以企业在选择平台的时候需要考虑自己与平台的适配性，根据自己的直播类型选择匹配度高的平台进行直播营销。例如，游戏类直播在虎牙、斗鱼等这些平台比较受欢迎，购物直播就更适合在抖音、淘宝等平台。

5．合理的直播方案设计

前 4 个步骤都是在为了更好地完成直播营销策划方案做铺垫。在直播营销策划方案的整个过程中，和用户的互动方式以及活动方案的制定是需要着重考虑的。在直播间和用户有一个良好的互动会大大增加直播间的成交率。设计活动也是为了吸引用户下单，所以活动的内容一定是能让用户受益的。在设计过程中，如何把握视觉效果和营销方式之间的关系？需要不断调整，才能得到合适的方案。

6．有效的后期反馈

后期反馈非常重要，因为营销最终要落实在转化率上。有效的后期反馈主要体现在数据上。对直播数据及时进行总结和分析，才能知道自己的不足。只有不断修改直播营销策划方案，才能提高直播营销策划方案的可实施性和转化性。

13.2.5 直播营销策划应注意的问题

直播营销虽然门槛低，例如，有一部可以录像的智能手机，有网络接入，就可以开始直播，但是要想做一场有效的直播营销，除了过硬的产品、良好的方案设计等，品牌是否适合直播营销与主播的选择这两个因素对最终的营销效果也将产生很大影响。

1．品牌是否适合直播营销

直播用户大部分是年轻人，他们为直播贡献了巨大的流量，但其消费能力普遍不强。基于直播常规用户以中低龄男性网民为主的常态，对品牌开展直播营销前需要考虑其是否适合直播营销这种方式。如果定位较高的奢侈品品牌或高端产业（如汽车等），直播营销的效果就不明显。

2．主播的选择

主播的选择会对直播营销产生巨大影响。主播类型包括明星、网红达人和颜值主播。不同的主播能够收获不同的用户群体。

（1）明星。明星本身就带有流量与话题。利用明星进行营销可以充分调动明星的粉丝。其粉丝数量庞大，互动性强，可以为直播营销带来较高的热度。但邀请明星需要一定的资金支持，企业需要在充足的预算条件下选择与自身产品和品牌形象相符的明星。

（2）网红达人。网红达人定位清晰，往往贴有行业标签，如社交领域红人、游戏主播等。他们自带流量，能够吸引与自身标签相符的人群。网红达人通过个人影响力将品牌传递并植入用户脑海中。要选择有独特性、符合品牌调性、粉丝聚集效果好的网红达人。在直播过程中，对主播实时控场和互动能力要求也很高。目前，各大平台知名主播竞争激烈，一场直播的成本也不低。

（3）颜值主播。明星、网红达人固然能够带来庞大的流量，但其直播成本较高。在优秀产品的支撑下，颜值主播同样具备一定的吸引力。颜值主播的形象较好，男主播英俊帅气，女主播青春靓丽，通过高颜值来吸引大量观众观看直播，并产生打赏行为。这种方式也能带来可观的流量，是进行前期引流的有效手段。

13.3 视频营销策划

13.3.1 视频营销策划的概念

视频营销策划是一种以视频为主体，以内容为核心，以创意为导向，对产品营销与品牌传播进行精细的设计，具有目标精准、传播灵活、互动性强、感官性强、效果可预测的优势。

13.3.2 视频营销的运营平台

1. 短视频平台

秒拍、抖音、美拍、快手、小咖秀等都是比较主流的短视频平台，功能类似。企业可以根据输出内容与目标用户的定位选择适合自己的营销平台。

（1）秒拍。秒拍是一个集视频观看、剪辑和分享为一体的短视频工具。秒拍的口号是“一个你看了还想要的短视频 App”，其有众多知名明星加盟，推送（分享）搞笑、娱乐、明星、游戏、小品、影视、生活、汽车、运动等各类短视频。

（2）抖音。抖音是一款专注于年轻人的音乐创意短视频社交软件。用户可以在抖音中选择歌曲，拍摄一段 15 秒的音乐短视频进行上传，以展示自我个性。抖音中的内容主要包括潮流音乐、搭配舞蹈、表演等。可以通过多种特效、滤镜和场景切换编辑短视频内容，打造精致的短视频大片。

抖音、快手、小红书、B 站、知乎五大平台的营销方法

2. 网络视频平台

传统的网络视频平台如土豆视频、爱奇艺视频、腾讯视频、优酷视频、百度视频、搜狐视频、新浪视频、哔哩哔哩（B 站）等。这些视频平台的功能较为类似，可以供用户自行上传视频内容，其对视频时长的限制较少。同时，这些视频平台大多具有互动功

能，可通过弹幕、评论等与用户互动，能够快速获取用户的反馈与意见，以便更好地进行营销计划的改善与调整。

13.3.3 视频营销策划的要点

1. 用好故事打动人心

大多数脱颖而出并广为传播的网络视频，通常都具有一个共同的特点，就是具有故事性。一段优秀的视频一定要会讲故事，有值得品味的开头、过程和结尾，故事情节跌宕起伏，这样才能吸引用户的注意力。

有兴趣的读者可上网搜索相关视频，如李子柒的美食视频。

2. 视频形式的创新

视频形式非常多元化，精彩的创意内容与恰当的视频形式相搭配，才能获得更好的传播效果，这就需要营销人员和制作人员根据内容去设计更适合的视频形式。例如，定位是高品位、高格调的视频可以采用电影的表现形式，给用户美好的视觉享受；对于大场面、大场景的视频，可采用 360 度全景视频，让视频更具冲击力。

有兴趣的读者可上网搜索相关视频，如海底捞创意吃法大赛视频。

3. 充分的视频拍摄准备

拍摄营销视频不是“即兴表演”，越真实、越自然、越充实的视频越吸引观众。要想取得好的营销效果，需要在拍摄前做好充分的准备工作。首先，要根据经费、技术、设备和营销目的等选择视频表现形式，不同的表现形式适合不同的企业，也会产生不同的效果；然后需要构思视频内容，设计剧本；在拍摄视频时还需要注意内景和外景的选择，场景风格以适应视频内容为前提。

4. 第一时间吸引用户眼球

通常，在观看一段视频或一部影片时，如果开头无法打动观众，那么观众往往没有继续观看的欲望。营销视频也一样，如果不能在片头打动用户或调动用户的好奇心，他们就不会再观看。要想在第一时间抓住用户的眼球，可以通过一个引人入胜的标题、一张完美的构图、一首美妙的音乐或者强烈的视觉冲击、绚丽的色彩布局等来实现。

5. 隐藏广告痕迹

大多数人对索然无味的视频广告是没有好感的，还有的人对广告信息怀有抵触心理。如果营销视频一开始就让人感觉到浓浓的广告气息，则其很可能不会获得成功。在知识分享时代，用户能够从视频中认识什么、理解什么、学习什么，能够解决什么样的疑惑，才是他们最在意的。因此，营销视频分享“干货”才是制胜法宝。

13.3.4 视频营销策划的策略

1. 视频整合传播策略

整合营销是对各种营销工具、营销手段的系统化结合，注重系统化管理，强调协调统一。应用到视频营销中的整合传播，则不仅体现在工具和手段的整合上，还在整合的基础上进行内容传播，以用户为中心，以产品和服务为核心，以互联网为媒介，整合视频营销传播的多种形式和内容，达到立体传播的效果。

不同的网络用户通常拥有不同的网络习惯，拥有不同的与视频进行接触的途径，这使得单一的视频传播途径很难收获良好的效果。因此，开展视频营销时不仅需要在公司网站开辟专区，吸引目标用户的关注，还应该与主流的门户、视频网站合作，提升视频的影响力。此外，在通过互联网进行视频营销的过程中，还可以整合线下活动资源和媒体进行品牌传播，进而扩大推广效果。

除了渠道的整合，视频营销的模式和类型也可以进行整合。例如，可以将微电影、音乐电视、动画视频、网络自制短剧、创意视频、贴片广告、植入式视频、网友自制视频等不同类型的视频模式和类型进行整合，整合成各种不同的营销策划方案，以满足不同渠道、不同用户、不同营销目标的要求。

2. 视频创意策略

视频创意策略是一种具有创新性的营销策略，要求视频的内容、形式等突破既有的思维定式，从构思、执行、宣传到发布的每个环节都可以体现创意。视频创意可以有效吸引用户的关注和兴趣，获得病毒式的营销效果。视频创意主要体现在两个方面：一个是内容，另一个是形式。

（1）内容。在“内容为王”的营销时代，视频内容的质量是视频的生存之本。大部分网络用户更愿意主动分享和传播经典、有趣、轻松的视频，同时这种视频也最容易形成病毒式传播。病毒式营销的前提是企业需要设计出有价值的视频内容。此外，大多数脱颖而出并广为传播的网络视频，通常都具有一个共同的特点，就是具有故事性。因此一个优秀的视频一定要会讲故事，设计值得品味的开头、过程和结尾，故事情节跌宕起伏，才能吸引用户的注意。

在构思视频内容时，为了快速获得关注，可以利用事件进行借势，也就是事件营销。事件营销不仅可以在线上发挥巨大的作用，而且是线下活动的热点，国内很多品牌都依靠事件营销取得了成功。在利用事件进行营销的基础上，还可以进一步实现进阶，即从利用事件发展为制造事件，即主动策划有影响力的事件。

（2）形式。形式的创新也是视频创意的重要组成部分。例如，定位幽默的视频，可以使用脱口秀的表现形式等，以期获得用户的共鸣。

3. 视频连锁传播策略

视频的传播渠道是营销与运营中非常重要的一环。很多时候，单一的传播渠道往往无法取得良好的营销效果。此时，需要采用多渠道、多链接，环环相扣，打造具有连续性和连锁性的传播方式，扩大视频的影响范围，延长影响时间。

（1）纵向连锁传播。纵向连锁传播贯穿于网络视频构思、制作、宣传、发布、传播的每个环节，精确抓住每个环节的传播点，配合相应的渠道进行推广。例如，某企业要制作一个推广视频，制作初期可以透露视频的制作消息，包括视频热点、拍摄人员等，进行宣传预热；制作阶段也可以将一些片段发布到网上，利用各种媒体渠道进行宣传；视频上线后，进一步对前期预热的效果进行扩大和升华，加大宣传的力度和深度，提高视频营销的作用。

（2）横向连锁传播。横向连锁传播贯穿于整个纵向传播的过程，又在每个环节进行横向延伸，选择更多、更热门、更适合的传播平台，将社交平台、门户网站、视频平台全部纳入横向连锁的传播体系，扩大每个纵向环节的传播策略，扩大传播深度和广度，让营销效果进一步延伸，从而实现立体化营销。

4．视频互动体验策略

基于互联网进行的营销活动，实际上就是一种关系营销，关系越牢固，营销效果就越好。视频互动体验策略是指在视频营销过程中，及时与视频用户保持互动和沟通，关注用户的体验，并根据他们的需求提供更多的体验手段。一般来说，用户体验效果越好，营销效果就越出众。

视频互动体验营销的前提是一个多样化的互动渠道，能够支持更多用户参与互动，常见的具有互动功能的视频网站、社交平台都可以实现沟通。同时，为了提升用户的体验，建立更牢固的关系，需要综合设计丰富的视频体验方式。例如，通过镜头、画面、拍摄、构图、色彩等专业手法制作视频，为用户提供美好的视觉体验；用贴心的元素、贴近用户的角度、日常生活中的素材制作视频，优化用户的心理体验等。在保证视频本身互动性的基础上，还需要通过平台与用户保持直接的互动，包括引导用户评论、转发、分享和点赞等，让用户可以通过多元化的互动平台，自由、便利地表达自己的看法和意见。

13.3.5 视频营销策划应注意的问题

1．确定明确的视频营销目标

通常，人们在制定视频营销目标时比较迷茫，因为不知道选择什么作为视频营销推广的重点。可以以产品为核心，先把进入市场的新款产品打造成视频营销重点，来提升销量，完成视频营销的目标。

2．通过数据分析用户的喜好

在进行正式视频营销之前需要对目标用户进行适当的了解，如从用户的购物习惯、喜欢哪些渠道来获得信息。用此数据分析来确定投放的视频渠道和内容。

3. 学会用新颖的标题

在这个信息爆炸的时代，每天要浏览的视频非常多。一个吸引人的标题不仅能增加视频的曝光率，更能让浏览者对视频的内容加深印象，所以在视频营销策划的时候要学会用新颖的标题。

4. 视频内容要有创意

视频的内容一定要有独特的创意，这样不仅可以激发用户的好奇心，而且在解决用户疑问的同时能让用户有所收获。同时，要对视频内容进行适当的压缩，否则加载时间过长会导致观看人群的流失。

思考与应用

1. 思考题

（1）简述微信营销策划的思维模式和方法。

（2）简述直播营销策划的要素、模式和操作程序。

（3）简述视频营销策划的要点和策略。

2. 案例分析

生鲜电商品牌“每日优鲜”短视频营销

近年来，生鲜电商市场的交易规模持续扩大，垂直生鲜电商平台脱颖而出，逐渐成为用户购买生鲜食品的重要途径。以视频为营销载体的新的营销模式，在生鲜电商领域中的应用非常广泛，并且取得了不错的营销效果。

生鲜电商每日优鲜在 2018 年新年期间发布了自己的品牌视频广告，在获得巨大关注度后，携手某社会化媒体资源平台，邀请了 4 位 KOL（Key Opinion Leader，关键意见领袖）围绕传播主题进行二次创作，实现了又一轮传播。

其短视频营销以“为爱优选，让家，不寻常”为主题，将每日优鲜的代表性商品黄花鱼、粳稻米、车厘子融入内容，通过细腻化的表达方式，带动每日优鲜知名度的增长，在目标用户中得到了迅速传播。

4 位 KOL 在原视频基础上进行了二次解读和创作，拍摄了 4 个短视频。

第一个视频围绕“答应女孩子的事，无论付出多大代价都要做到”的主题，构思出一个为了保证自己妻子吃到新鲜车厘子而与人“混战”的故事。视频内容幽默搞笑、充满创意，视频的传播量超过 700 万人次。

第二个视频的主角走访了美国一家养老院探望中国老人，并带来了家乡的黄花鱼和大米，给养老院的中国老人带来了春节惊喜，与每日优鲜的“为爱优选”相呼应。该视频获得了微博小时榜第二名、微博总榜第十名的成绩。

第三个视频的故事情节是儿子每日忙碌工作，而父亲过着粗茶淡饭的生活，独自一人留守农村，每日优鲜成为父子团聚的一个纽带，粳米、黄花鱼等家常食材展现出了饭桌上的父子情深。传播期间，视频播放量超过1 300万人次。

第四个视频的内容为3种智利车厘子的创意美食做法，将美食与家庭的爱融合，用趣味的方式展现因家人而诞生的美食，与每日优鲜“为爱优选，让家，不寻常”的主题相呼应。传播期间，视频播放量超过855万人次。

此次短视频营销取得成功的原因在于4段视频在拍摄质量、画面和剪辑上都非常优秀，选择的4位KOL具有影响力和热度，并且在原视频基础上进行解读，内容各有亮点，通过故事演绎、美食教学等方式，让“每日优鲜”以内容定制、口播、植入等形式进行了传播，涵盖了视频营销的多种手段，品牌展示更突出。

另外，短视频的用户以“80后”“90后”“00后”为主，与生鲜类产品的消费主力人群高度重合，这让品牌更容易通过短视频营销触达精准的目标群体。

思考题：

每日优鲜短视频营销策划的成功之处有哪些?

3. 实战训练

实战项目13　新媒体营销策划方案分析研讨

项目要求：

选择一家公司，运用新媒体营销策划的学习内容，团队成员对该公司的微信营销、直播营销或视频营销现状进行分析，提出建设性意见，选择一种营销方式，撰写××公司微信营销、直播营销或视频营销策划方案，制作PPT，在“××公司新媒体营销策划分析研讨会”上宣讲，由同学们讨论、评议，教师指导，达到交流、提高的目的。

项目 14

营销策划管理

教学目标

知识目标：

通过学习，掌握营销策划书的构成、写作程序和写作技巧；掌握营销策划书的完善与推介的操作程序和技巧；掌握营销策划的实施与控制；掌握营销策划效果的评价指标和评价方法。

能力目标：

通过实战训练，具备营销策划管理的能力。

14.1 营销策划书的写作、完善与推介

14.1.1 营销策划书的构成与特征

1. 营销策划书的构成

企业的营销策划书大致由 8 个部分构成，如表 14-1 所示。

表 14-1 营销策划书的构成

部　分	内　容	说　明
1. 策划导入	（1）封面	策划书的脸面，应充满魅力
	（2）前言	表明策划人的动机及策划人的态度
	（3）目录	策划书的目录
2. 策划概要	（4）策划概要	概述策划书的整体思路与内容
3. 策划背景	（5）现状分析	明确策划的出发点，说明策划的必要性及其前提
4. 策划意图	（6）目的、目标设定	确定策划的目的、目标，说明策划的意义
5. 策划方针	（7）概念的形成	明确策划的方向、原则，规定策划的内容

续表

部　分	内　容	说　明
6. 策划构想	（8）确定实施策划的结构	明确策划实施的结构及其组织保证，提高策划的效果
	（9）具体实施策划	策划的具体内容，将实现目标的方法具体化
7. 策划设计	（10）确定实施策划	实施策划所需的时间、费用、人力及其他资源，预测策划可能获得的效果
8. 附录	（11）参考资料	附加的与策划相关的资料，增加策划的可信度

2. 一份优秀的营销策划书的基本特征

（1）粗略过目就能了解策划的基本内容。

（2）使用浅显易懂的语言，充分体现相关方的利益与要求。

（3）策划书展现的内容与同类策划书相比，有相当明显的差异性与优越性。

（4）图文并茂，加强策划书的表现效果。

（5）全文条例清晰，逻辑分明。阅读者看完策划书后，能够按照策划书的内容有计划、有步骤地执行下去。

（6）策划书能够充分体现企业的勃勃生机和企业的基本特征。

14.1.2 营销策划书的写作程序

（1）列出营销策划书的写作大纲。

（2）细化写作大纲，列出写作大纲中各部分内容的范围。

（3）检查写作大纲的框架结构及各部分的内容是否合理得当。

（4）调整、确定各部分内容。

（5）撰写 SWOT 分析，列出分析结果。

（6）依据分析结果从构思要点出发对策划书的核心部分进行策划，即对营销目标、战略和策略的策划。

（7）写出策划书的概要提示，从而决定策划书的整体构成。

（8）写出策划书的实施计划，以及策划方案控制措施。

（9）补足其他部分。

（10）统撰全篇，润色定稿。

14.1.3 营销策划书的写作技巧

1. 恰当使用文字表现

文字表现是营销策划书最基本的表现手法，比较适用于对概念、状况、策略等进行说明。它是框图、表格等表现手法的支柱，是数据表现、视觉图片表现的补充。在撰写策划书时，要使用通俗易懂的文字、词汇和语句。

文字表现的具体要求：

（1）文体统一。在整个策划书中前后文体必须统一，避免使用口语化的文体及过于书面化的文体，同时要求策划用语统一，数字使用方法统一。

（2）文字简洁、准确。简洁在文字表现中是非常重要的。它要求：一段文字最好掌握在 40 ~ 50 字；最好能将文字内容分条列出。将文字条理化的最大好处在于，即使不擅长写文章的人也能比较容易写作，而且这种方式能够明确文章主题，加深阅读者的印象。

（3）结论明确。营销策划书中应避免出现内容含糊、态度模糊的表现。例如，在文中出现"也许""大概"等，容易给人留下策划人缺乏自信或过于主观的印象。

2. 运用框图、表格、图形、图片来帮助理解

（1）框图是将图形与文字二者结合到一起的表现形式，利用框图能够更好地表现策划的整体结构与策划内容相互间的逻辑关系，不仅能够使策划书美观、大方，更重要的是，通过它们有助于对数据的理解，使数据特征一目了然，从而使阅读者更好地理解策划内容。所以，策划人在撰写策划书时应尽量使用这些工具。

（2）表格的类型。

①横道表。横道表是一种用线条表示在一个时期内各项工作计划的管理情况，其优点是简单明了。

②网络工程推进表。网络工程推进表是一种用网络图来表达策划的进度安排的手段。它反映了各项活动之间的相互关系。它能把千头万绪、错综复杂的活动，在确定它们的先后次序以及所需的时间和相互衔接的关系之后用网络图表示出来，并通过数字计算，找出活动过程中存在的主要矛盾，再通过调整、平衡，使整个策划达到统筹兼顾、合理安排，以收到预期效果。

（3）图形的类型。

①柱形图。比较数值的大小，发现随时间推移的数值变化规律。

②饼图。表现构成比例。

③面积图。同时表现时间变化及构成比例变化。

④散点图。表现分析对象的整体分布，发现其规律性。

⑤条形图。表现构成比例，比较随时间变化的数值关系。

⑥雷达图。变数较多时，表现各变数间的相关关系。

（4）图片的类型。图片的类型有插图、设计图、透视图、照片、拼贴图等。通过图片能够表现出用文字及其他方式难以表现的微妙差异，强化策划内容的现实感。

3. 合理使用理论依据和实践例证

要提高营销策划书的可信性，更好地说服阅读者，就要为策划书中的观点寻找理论依据。理论依据可以是专家学者的经典理论，也可以是通过调研获得的统计数据。其中的数据不应是简单的数据罗列，而应是使用上面提到的表格、图形来表现的数据。在策划书中适当加入一些成功与失败的案例，也可以印证策划书中所倡导的观点。在具体使用时一般以国内外成功的案例为宜。

4．合理设计策划书的版面

策划书视觉效果的优劣在一定程度上影响着策划效果的发挥。有效利用版面安排也是策划书撰写的技巧之一。策划书的版面风格要统一，层次要分明，重点要突出，要严谨而不失活泼，以便使阅读者从视觉上比较容易接受。具体设计要点如下：

（1）统一设定页面纸张的规格、页边距大小、页眉和页脚的大小、页眉名称、页码位置。

（2）统一设定章节标题的位置、字体、字形和字号。

（3）统一设定各级标题的位置、字体、字形和字号，标题号的体例。

（4）统一设定正文的字体、字形和字号。

（5）统一设定行间距和每行的字数。

（6）统一设定表格和图形的字体、字形和字号，表标题和图标题的位置、字体、字形和字号；统一设定表标题号和图标题号的编号。

14.1.4 营销策划书的完善

营销策划书的完善，是对营销策划书进行通篇复查，对重点内容进行审核，修正错误与不妥之处，提高营销策划书的质量。

1．营销策划书的校正

营销策划书的写作完成以后，要对其进行全面的校正。所谓校正，就是要对营销策划的内容、结构、逻辑及文字等进行检查与修改。对营销策划书进行校正工作时，最好能让与本次策划无关的第三者加入。

在校正营销策划书时需要注意以下问题：

（1）有没有错别字，数值是不是正确、可靠。

（2）文字的字号、字体以及开始、结束的位置是否恰当。

（3）各种直线的粗细、长短以及开始、结束的位置是否合适，对网线和阴影的修饰是否适当统一。

（4）页码是否连贯，标题、页码是否与目录对应一致，标记符号是否全篇统一。

（5）营销策划书的版面设计是否合理。

2．营销策划书的最后确认

营销策划书的校正完毕后，要对其进行最后的确认，即对营销策划书从头读到尾。通过这种方式来确认营销策划的内容及其表现是否真正合适，营销策划书的文字是否有错误。此时，策划人应与营销策划书保持距离，要没有任何感情色彩地看待营销策划书。要进行角色换位，站在营销策划委托者的立场，确认营销策划书是否有疑点，是否有不清楚的地方。最后，还要对营销策划书的提出者或委托者、标题、提出时间、封面等进行最后的确认。

3. 营销策划书的装订

营销策划书的写作、校正工作完成以后，还涉及营销策划书的装订问题。一份装订整齐得体的营销策划书同样是营销策划工作顺利推进的重要内容之一。

（1）营销策划书装订式样。在进行营销策划书的装订工作时，要根据不同的需要选择不同的装订式样。营销策划书的装订式样主要有以下几种。

①用订书钉装订。此种装订比较简单，一般在商谈或初稿往来时使用。最后正式提交的营销策划书最好避免这种装订式样。

②用铁夹子装订。此种装订整理及折合比较容易。因此，以数据为中心的营销策划书常常采用此种装订式样。但此种装订一般只在商谈阶段使用。

③用胶带装订。首先，将营销策划书用订书钉订好。然后，用胶带将营销策划书的边沿包好。胶带颜色一般较封面颜色更深。此种装订，不用专门的装订机，因此，装订成本较低。

④简易装订。用简易装订机订好，然后套上透明的套子。此种装订使营销策划书的外观较好看，且容易保存。

⑤活页装订。此种装订适用于营销策划书页数特别多的情况。采用活页装订，当添加或消减策划内容时比较自由、方便。因此，处于反复商谈阶段的大型营销策划书使用此种装订非常便利。此时，要选择厚度适中的活页夹，且活页夹的颜色及材质应为上品。

⑥正式装订。当营销策划书页数过多自己无法完成装订工作或自己装订无法满足客户的要求时，往往请专门的装订企业来装订成册。

（2）营销策划书装订应注意的问题。

①营销策划书是否要分成若干册，即要考虑是否需要将营销策划书的正文与资料或附件分开装订成册？通常情况是，当资料或附件的页数不超过营销策划书的正文页数时，则不需要分开装订；当资料或附件的页数超过营销策划书的正文页数时，则需要将二者分开。

②各个大部分之间是否要插分隔页？一般分隔页用带颜色的纸，并且在分隔页上要写上标题。营销策划书的封面、封底及分隔页可使用与正文不同颜色的纸，这有助于提高营销策划书的品质。

③如果营销策划书内含彩色照片，则应灵活应用彩色复印。当营销策划书内使用彩色照片和插图时，最好进行彩色复印。当营销策划书要准备实物模型时，最好预先将实物拍摄下来，然后彩色复印下来使用。

④确定营销策划书的复印或印刷册数。若提交的营销策划书要求不多，则可以进行复印；若提交册数较多，则采用印刷方式。

14.1.5 营销策划书的推介

策划人完成策划书并非策划设计工作的结束，还有一项很重要的工作，就是向上司、同人或委托方推介营销策划书。其成功与否决定了营销策划书能否被接受、采纳，决定了策划方案能否付诸实施。

1．营销策划书推介的特点

营销策划书的推介一般是通过召开营销策划介绍大会或交接大会的方式来进行的。营销策划书推介会与一般的讲座、演讲等有很大不同，主要表现在：

（1）推介对象的人数较少。讲座、演讲一般参加人数较多，而营销策划书推介会的参加人数一般不会超过百人。

（2）推介对象主要是委托者、上司或同事。推介对象一般是自己的上司或策划人的委托者，策划人与他们是利害共存、谋求共赢的伙伴关系。这与讲座、演讲中的大众沟通有很大差别。

（3）推介营销策划书往往使用视觉化工具。要在有限的时间内把策划书的内容很清晰地表达出来，必须使用投影仪、幻灯片等视觉化工具。视觉化工具主要有幻灯机、黑板、挂图、投影机、计算机模拟、样品展示、模型等。

（4）推介营销策划书的目的是说服对方接受方案并付诸实施，而讲座或演讲只是为了使参加者了解而进行的说明。

2．营销策划书推介的操作程序

（1）明确推介目的，即首先要明确推介营销策划书的目的是什么，是否要预先将此目的传递给对方，必须达到的最低目标是什么。

（2）准备会场与熟悉对象。要确定会场的大小、所需使用的装置和工具，以及到达会场的交通如何安排。同时，要对推介对象的知识水平、人员构成情况等有所了解。

（3）确定推介方法和工具。要明确在推介营销策划书时应用什么样的视觉化工具和用什么样的方法推介营销策划书的各部分内容。

（4）资料准备。要明确资料是否易懂且印象深刻，资料是否过多，提供证据的数据是否已经准备充分，可能会出现哪些问题。

（5）彩排。要进行营销策划推介的多次演练。要了解方案及时间安排是否可行，是否能获得通过。

14.1.6 营销策划书的推介技巧

1．营销策划书语言表达的技巧

（1）推介营销策划书的语言定位。传统营销策划书的推介语言采用陈述的方式，因为营销策划书的推介是为了让对方了解、接纳营销策划书。因此，营销策划书的推介语言要采用宣讲的方式，通过宣传、讲解、推销的语言，说服对方，激发对方接受营销策划书。

（2）推介营销策划书的语言表达需要注意的问题。

①声音洪亮，应使最后一排的人也能听见。

②声调的高低及说话的速度应有变化。声调的单一很容易使听众厌烦，对于重要的

策划内容要大声表达并放慢速度。

③应适当地提出结论。策划书的倾听者往往都是企业的决策者，他们时间安排较紧。因此，在阐述营销策划书的内容时，可先将结论提出，让他们心中有数，能够耐心听下去。当全文叙述完毕以后，再重复一遍结论。

④重要的内容应当反复强调。重要的内容仅提一次，一方面听众不能完全理解，另一方面也没有突出重点，因此对重要的内容要反复强调。

2. 营销策划书推介者形象表现的技巧

（1）营销策划书推介者形象的定位。营销策划书推介者形象的定位：端庄、大方、热情、自信，包括仪容美、仪表美、仪态美、语言美、心态美。营销策划书推介者形象不仅代表了组织形象，而且表明了营销策划书推介者的素质修养水平。

（2）营销策划书推介者形象表现的基本要素。

①视线。推介者凝视对方，抓住对方的视线，吸引对方加入交流。

②手的动作。说话时辅之以相应的动作，将会增加说服力。例如，使用手指表示数字、用手比拟销售额的提高等动作都能给倾听者强烈的印象。但要注意动作一定要自然，动作也不要过多，否则会起反作用。

③表情及站立姿势。表情应该是温和的，站姿要舒服，不要东摇西晃。要注意必要的身体移动，要面对对方。

④服装。服装也是交流的手段之一。着装不合适，也会令对方不快。因此，推介者一般应穿整洁的正式服装。

3. 营销策划书回答问题的技巧

推介完营销策划书以后，倾听者可能就策划书内容的重点、难点、疑点等进行提问。因此，正确的回答对说服对方接受策划方案、快速做出决策能起到有效的促进作用。

在回答问题时需要注意的事项：

（1）事前要做好充分的准备，即在营销策划书介绍之前，就必须考虑可能出现的问题，并将答案预备好。

（2）始终抱着欢迎提问的态度，应充满自信地要求大家提出问题。策划人应当了解，提出疑问是接受者在寻求正面的证据。

（3）回答要反复强调自己的主要主张。实际上，回答问题是反复强调策划人自己主张的最好机会。

14.2 营销策划的实施、控制与评价

14.2.1 营销策划的实施

1. 拟订行动方案

企业为了有效实施营销策划方案，必须制定详细而具体的行动方案。在行动方案中应明确营销策划方案实施的关键性决策和任务，并将实施这些决策和任务的责任落实到执行小组或个人。另外，行动方案中还应列示具体的时间表，制定出行动的确切时间。

2. 组建有效的组织机构

企业有效的组织机构在营销策划方案实施过程中有决定性作用。组织将营销策划方案实施的任务分配给具体的部门和人员，并规定明确的职权界限和信息交流渠道及方式，协调企业内部的各项决策和行动。组织机构要因营销策划方案不同而有差异，也就是说，组织机构必须与营销策划方案一致，必须与企业自身特点和营销策划环境相适应。

组织机构具有两大职能：一是在实施营销策划方案的过程中提供明确的分工，将全部工作任务分解成便于管理的若干部分，再将它们分配给各有关部门和人员；二是充分发挥组织协调作用，并通过企业正式的组织联系和信息沟通网络，以协调各部门人员的行为活动。

3. 设计决策制度和报酬制度

为了实施营销策划方案，企业还必须设计相应的决策制度和报酬制度。这些制度直接关系到营销策划方案实施的成败。就企业对管理人员工作业绩评估和报酬而言，假如以短期的经营利润为衡量标准的话，那么管理人员的行为活动必定趋于短期目标，对实现长期目标他们就不会很努力。

4. 开发人力资源

企业营销策划战略目标最终是企业内部的工作人员来实施的，所以人力资源至关重要。人力资源开发涉及企业员工的考核、选拔、安置、培训和奖罚等问题。在考核和录用管理人员时，要注意量才而用，做到人尽其才；为调动员工的积极性和生动性，必须建立较完善的奖惩制度和工资、福利分配制度。此外，企业还应根据本身的特点和性质，合理分配不同层次和岗位上的员工人数，使企业行政管理人员、业务管理人员和一线员工之间的比例恰当，以减少管理费用和提高工作绩效。

5. 建设企业文化和管理风格

企业文化对管理人员的行为有重大的影响。当企业文化形成并得到加强时，它会到处蔓延并影响管理人员所做的一切，通过左右管理人员的知觉、思想和感觉影响管理人员的决策。企业文化要素包括企业环境、价值观、模范人物、仪式、文化网 5 个方面。

管理风格与企业文化紧密相连，有的管理人员的管理风格属于“专权型”，有的则属于“参与型”。不同的战略要求不同的管理风格，管理风格取决于企业的战略目标、组织机构、人员和环境。

企业文化和管理风格一旦形成，在一定时期内就具有相对的稳定性和延续性。因此，企业营销策划方案通常是根据企业文化和管理风格的要求来制定的。企业原有的文化和风格不宜轻易变更。

总之，营销策划方案实施是一个整体过程，每个环节都是企业营销策划战略的一个要素。所以，为了有效实施企业营销策划战略目标，企业的行动方案、组织机构、决策制度和报酬制度、人力资源、企业文化和管理风格这 5 个要素必须协调一致、相互配合。只有这样，才能保证营销策划战略的顺利实现。

14.2.2 营销策划的控制

营销策划的控制是指营销管理人员经常检查营销策划方案的执行情况，将营销策划方案与实际情况进行对比，发现差距，查找原因，并采取适当措施加以纠正，以保证营销策划任务的如期完成。营销策划的控制既不是对营销活动未来目标的设计，也不是对营销活动结果的考评，而是对现实的营销活动过程的把握。其特点是营销策划方案控制与营销活动的开展同时、同步进行。

1. 建立、健全有效的控制体系

营销策划针对的是企业急需解决的具体问题，营销策划的实施决定着企业的发展。另外，营销策划方案的实施所面临的市场环境是变化的，企业需要动态地掌握实施的情况，根据环境的变化，采取有效措施，保证经营目标的预期实现。因此，建立控制体系关系到营销策划方案的实施。需要注意的问题如下：

（1）确定营销策划方案实施的关键点，并重点控制，即根据营销策划方案中不同环节的重要程度和难易程度，找出关键的影响因素，对这些因素实施重点控制。

（2）建立评估体系，及时发现问题，即要动态监控营销策划方案的实施状况，做到及时发现问题，迅速采取有效措施，保证市场目标的实现。

2. 营销策划方案控制的操作程序

（1）确定营销策划方案的控制对象。一般来说，营销策划方案控制的范围广（如人员、职能、计划、策略等）、内容多，获得的信息也多。但任何控制活动本身都将支付费用，因此，营销管理人员在确定控制内容、范围、额度时，应注意控制成本小于控制活动所能带来的营销收益。

（2）设置营销策划方案的控制目标，即确定所要达到的营销策划方案的预期目标。营销策划方案的控制目标是进行有效控制的前提，应以计划目标为基础，同时考虑客观环境的变化，灵活掌握。稳定性、明确性和适应性是设置营销策划方案控制目标的特征。

（3）建立营销策划方案的衡量尺度。评价工作要有一个衡量尺度，借以衡量营销目标的完成情况，如利润、市场占有率、营销费用等。企业在制订计划时就应确定衡量尺度，但也有一些问题比较复杂，如营销人员的工作效率可用一年内新增加的客户数量来衡量。值得注意的是，不同性质的企业有不同的衡量尺度。此外，评价尺度是动态的，而不是固定的。总之，衡量尺度标准应根据企业的具体实际来设立。

（4）确立营销策划方案控制的检查方法。确立检查方法是为了评估绩效。方法有多种，既可以用平时积累的各种资料（如各种报告单、报告表、统计台账、企业内部报表等）来检查这些原始资料是否准确、及时、全面、系统地记录并反映企业营销的实际情况，也可以通过直接观察法来检查和评比。企业采用哪种检查方法，应根据实际情况来确定。适当的检查方法对正确结果的获得关系重大，对后一步控制也会起到积极作用。

（5）对比营销成果与营销策划方案控制标准，即将营销工作的实际成果与营销策划方案控制标准进行对比，掌握实际情况和对比中出现的差距。对完成好的，要予以总结，推广经验；对完成不好的，要查找原因，加强改进。多长时间对比一次，可定期也可以不定期，这取决于营销策划方案控制对象的具体变动情况。

（6）剖析偏差产生的原因。营销成果与控制标准的对比，可能产生偏差。若产生偏差，则说明控制标准与营销实际情况不相符，需要寻找造成控制标准与营销成果偏差的原因，为修正原营销策划方案提供依据。一般而言，产生偏差可能有两类情况：一是营销策划方案本身有缺陷，这种缺陷通常易出偏差；二是营销策划方案实施过程中发生的问题，这种偏差比较容易分析。有时这两类情况交叉在一起，使得分析偏差的工作成为营销策划方案控制过程中的一大难点。在进行偏差原因分析时，要全面仔细地分析资料，从多种角度研究问题，并抓住关键问题。

（7）采取对策与建议。根据分析结果，企业检查人员应及时写出分析报告，并提出对策与建议：

①分析结果表明营销策划方案标准脱离实际，采取的对策是认真对控制标准加以修订，以真实反映市场营销活动。

②分析结果表明营销策划方案控制标准是合理、正确的，而营销策划方案实施过程中出现问题，采取的对策是在具体营销策划活动过程中寻找原因，建议迅速制定相应的补救措施，以提高工作实效。

在营销策划方案实施控制中，由于营销目标和营销环境等多种因素不同，企业采用的控制方法也不一定相同，因此以上营销策划方案控制的步骤不是唯一的，应根据企业实际情况进行正确的选择。

3. 营销策划控制的方法

（1）人员控制。营销目标是要由人来实现的。员工应该按照营销策划制订的计划去做，所以必须对员工进行控制。对人员控制的常用方法如下：

①直接巡视，发现问题马上纠正。

②对员工进行系统化的评估。通过评估，对绩效好的予以奖励，使其维持或加强良好的表现；对绩效差的采取相应的措施，纠正出现的行为偏差。

（2）资金控制。为保证营销效率、维持营销的正常运转，必须进行资金使用的控制。对资金控制的常用方法如下：

①审核各期的财务报表，以保证一定的现金存量，保证债务的负担不至于过重，保证各项资产得到有效的利用等。

②预算是资金控制的衡量标准，是一种有效的控制工具。

（3）物质控制。尽量在保证正常营销活动的情况下，减少物资消耗，从而达到降低成本、提高营销效率的目的。对物质控制的常用方法如下：

①通过执行营销策划方案来达到人、财、物的有机配合，从而降低物资消耗。

②通过对营销产品的数量控制来降低物质的占用量。

14.2.3 营销策划效果的评价指标

营销策划方案实施以后的效果如何？需要运用特定的标准及方法予以评价。这种评价既可以在方案实施过程中进行，也可以在方案实施结束以后进行。通过对实施效果的评价，适时充实营销策划方案或调整营销策略是十分必要的。它可以使企业的营销策划活动逐步完善，进入良性运转状态。评价营销策划整体效果的指标主要有以下几个。

1．经济效益：盈亏状况

企业进行营销策划的目的是提高经济效益。实现效益最大化的营销战略目标也是营销策划的出发点和归宿点。因为不同企业的条件不同，所处的市场环境也有所不同，所以实施营销策划方案后的效果也有一定差异：有些企业在短期内效果非常明显，销售量或销售额大幅度增加，利润也大幅度增长；有些企业的经济效益往往表现为滞后增长；还有些企业在实施营销策划方案后不但效益没有增长反而出现亏损，营销策划无效或出现负效应。评价营销策划效果的盈亏状况的公式如下：

利润变动总额=报告期（策划后）利润总额－基期利润总额

当利润变动总额为正值时，表示企业利润增长；当利润变动总额为 0 时，表示企业利润持平；当利润变动总额为负值时，表示企业利润下降。

2．销售增长率

销售增长率是指某企业某产品的现（报告期）销售额（或销售量）与原（基期）销售额（或销售量）的比值。其计算公式如下：

销售增长率=（报告期销售额−基期销售额）÷基期销售额×100%

一般来说，衡量一个企业的销售增长率通常以 10%为临界值。如果一个企业所生产、经营的产品的销售增长率大于 10%，其效益非常可观，则属于高增长率；如果小于 10%，则属于低增长率。

3. 市场占有率

市场占有率分为绝对市场占有率和相对市场占有率。绝对市场占有率通常是指某企业某产品的现销售量或销售额与同行业、同类产品在同一市场的销售总量或销售总额的比值。绝对市场占有率通常称为市场占有率。其计算公式如下：

市场占有率=某企业某产品的销售量÷市场上该产品的销售总量×100%

相对市场占有率，又称相对市场占有份额，是指某企业某产品的市场占有率与同行业中最大的竞争对手的市场占有率的比值。其计算公式如下：

相对市场占有率=某企业某产品的市场占有率÷同行业中最大的竞争对手的市场占有率×100%

相对市场占有率通常是用一倍作为衡量标准的临界值。大于一倍为高市场占有率，小于一倍为低市场占有率。

为什么评价市场营销策划效果采用相对市场占有率而不采用绝对市场占有率呢？这是因为绝对市场占有率只限于同一目标市场，企业产品销售量与同行业销售总量的比值存在着局限性，而采用相对市场占有率是与最大竞争对手进行比较，能全面反映该企业在策划前与策划后的竞争实力是否有所提高。若企业的相对市场占有率大于该目标市场的最大竞争对手，该企业就是该市场的领先者，则表明二者竞争实力均等，其市场占有率不相上下；若该企业的相对市场占有率小于最大竞争对手，该企业在市场中就处于次要地位，则证明实施的营销策划效果不理想。

以上 3 个是采用定量分析评价营销策划效果的指标。另外，还可以采用定性分析对营销策划效果进行评价，也可以采用定性分析与定量分析相结合的方式。

14.2.4 营销策划效果整体评价法

营销策划效果整体评价法是采用国际上流行的标准普尔评级方法，通过市场调查，对营销策划方案实施前后的企业盈亏状况、销售增长率和相对市场占有率的测算，来对营销策划效果进行整体评价的一种方法，如表 14-2 所示。

表 14-2 营销策划效果整体评价

级别	盈亏状况（盈/亏）	销售增长率（%）	相对市场占有率（倍）
特优	3 年连续盈利	≥30	≥3.0
优	2 年连续盈利	20～29	2.0～2.9
良	1 年内盈利	10～19	1.0～1.9
差	微利、保本或亏损	＜10	＜1.0

注：AAA 为特优一级；AA 为特优二级；A 为特优三级；BBB 为优一级；BB 为优二级；B 为优三级；CCC 为良一级；CC 为良二级；C 为良三级；DDD 为差一级；DD 为差二级；D 为差三级。表中所列均为各级别的第三级。

（1）该方法的操作步骤。通过市场调查，根据获得的企业产品的销售量或销售额的统计数据，计算出企业在实施营销策划方案前（基期）和实施后（报告期）的盈亏状况、销售增长率和相对市场占有率的数值，按特优、优、良、中、差等标准，区分效果的等级。

（2）该方法的特点。快捷、简便、易行，便于推广和普及，可以定期或随机地进行考核和分析营销策划效果的优劣程度。它最适用于对营销策划效果进行全面、系统的整体评价。

思考与应用

1. 思考题

（1）简述营销策划书的基本结构、写作程序和写作技巧。

（2）简述营销策划书的完善与推介的程序和方法。

（3）简述营销策划实施、控制与评价的程序和指标。

2. 案例分析

某公司海参品牌网络营销策划方案

一、公司及品牌介绍

大连 R 有限公司拥有万亩无污染的海域基地、数十亩海参幼苗培育基地和近万平方米加工基地，在北京、大连、沈阳等地设有营销机构，通过产、供、销一体化的经营格局建设，现已具备海参育苗、养殖、加工及市场推广的综合实力。

公司秉承绿色、环保、自然的生态经营理念，其海参基地被农业部农产品质量安全中心和大连市海洋与渔业局分别评为无公害农产品基地，并获得无公害农产品产地环境检测报告和无公害农产品产地认定证书。

2012 年公司创建"野猪礁"品牌，它是取万亩海参基地中的极品海参精心打造的顶级冻鲜海参品牌。"野猪礁"这一品名来自海参产地。野猪礁是位于丹东和庄河交界处的一块形似野猪的小岛，当地人曾在这个小岛上多次拾到海参，最大的长达 40 厘米。野猪礁附近的海域不仅是孕育优质海参的基地，更被当地人看作大自然的馈赠。因此"野猪礁"就是优质海参的代名词。

二、大连海参市场分析

（1）一线品牌。包括獐子岛、棒棰岛、晓芹等初具全国品牌地位，销量在 3 亿~5 亿元之间的大连海参品牌。

（2）二线品牌。包括上品堂、长生岛、海晏堂、财神岛、新玉麟等品牌，销量在 1 亿~3 亿元之间，正在谋求品牌与营销模式的突破。

（3）三线品牌。主要有天伦、钓鱼岛、三山岛等老牌低调品牌和益宝、益群、东泽、蚂蚁岛、御臻坊、岛礼、八鲜岛、参功夫等新品牌。这些海参企业的营销软硬件都有所欠缺，光鲜亮丽的品牌外衣下隐藏着生存和发展的深层次危机。

一线品牌已经在主销市场确立了品牌和销量地位，逐渐与二线品牌拉开距离，稳步确立了市场领先者的优势。二线品牌处于“军阀混战”的市场环境中，缺乏精准的品牌战略，缺乏对海参产业未来发展的精确解读，依靠概念战、产品战、渠道战、价格战的方式角逐市场，获得市场地位。三线品牌还处于营销发展初级阶段，产品体系、营销网络、市场体系尚不完善，还没有与一、二线品牌争夺主流市场的能力，只能依靠在小区域市场的拼搏谋求一线生机。

纵观大连海参市场，虽然发展相对成熟，但存在养殖加工企业鱼目混珠、各类产品良莠不齐、行业缺乏统一标准、品牌同质化现象严重等问题，海参企业着手品牌建设已是大势所趋。

三、企业资源及能力分析

“野猪礁”品牌由大连R有限公司于2012年创建，拥有坐落于大连黄海野猪礁（北纬39.42度）万亩无污染的海域基地。家族企业规模庞大，资金雄厚，为海参的水产养殖提供了物质保障和支持。

“野猪礁”品牌对海参的质量有完美的保证。野猪礁的优质养生保健的市场定位，确保了海参的高质量，坚决不以牺牲产品的高质量来换取巨大的市场占有率，在同行业激烈的竞争中，不断优化产品的质量以应对国家对海参行业提出的一系列质量要求。

同时，“野猪礁”凭借全产业链的生产经营模式，实现了海参生产加工全程的可控性，能够真正保证海参的高品质，让消费者对品牌建立起信心。

四、消费者分析

（一）影响消费者需求的因素分析

1．动机因素

市场上的消费者大多购买海参自己食用，海参作为营养品越来越受到消费者的重视。由于生活水平改善，保健意识增强，人们越来越倾向于购买海参食用，以增强身体的免疫力。

2．收入因素

海参是高端奢侈消费品，一般市民可能听说过，但真正了解海参甚至认识海参的，不在多数。海参由于稀少，不少地区甚至没有海参销售。依据问卷提供的数据分析，消费者的收入和购买频率在0.05这一水平上显著相关，表明收入与购买频率之间存在正相关关系，一般收入越高，购买海参的频率越高。

3．价格因素

目前市面上以即食海参、入味即食海参、淡干海参等为主，海参的价位区别不是很大。即食海参每斤700元左右，每斤7~9头。消费者习惯购买50克左右的海参，大概60～80元。与单独包装的海参及大包装相比，消费者更倾向于选择小包装的海参，如每袋3只或5只海参。

4．观念因素

南北方消费者对海参的消费观念存在差异：北方的海参产业发展得比较早，市场也比较成熟，消费者对海参的营养价值、品类、食用方式等比较了解，由于距离原产地比较近，食用的品类和食用方式比较多样化。相比之下，南方海参市场发展得比较晚，消费者对海参的熟悉度还不是很高。同时由于技术限制，市场上新鲜的活海参不如北方多。因此，进入南方市场的海参产品以即食和入味这两种为主。

（二）消费者购买习惯分析

1．购买渠道分析

大多数消费者选择去专卖店、超市等购买海参。在他们的潜意识里，那里的海参质量更能得到保证。大部分专营店都提供海参泡发服务，这在一定程度上能够吸引消费者，给消费者提供便利。近些年还出现了一种新的海参购买途径——网络渠道，这种途径比较适合年轻人和习惯网上购物的中年群体。网络渠道给消费者提供了便利，节省了时间，而且价格相对便宜。

2．客户忠诚度分析

大多数消费者都认为品牌很重要，认为品牌海参的质量和口味较好，让人放心。针对这种情况，"野猪礁"塑造自己的品牌就显得尤为重要。要想让消费者牢牢记住自己的品牌，对品牌具有一定的忠诚度，首先要确立产品的定位和竞争力。

五、产品定位及开发

（一）市场细分

结合海参市场和企业自身实际状况采用新的市场细分变量，以购买人群、产品档次以及地域为细分变量，对海参市场采用立体交叉细分法。

1．按购买人群进行细分

根据消费者年龄、家庭人口、收入、职业和购买力等，购买人群主要分为低端消费者和中高端消费者。第一类消费群体购买海参用于进补，多为中老年消费者；第二类消费群体购买海参除了用于进补，还用于礼品馈赠。

2．按产品档次进行细分

购买人群主要分为低档消费者、中档消费者和高档消费者。低档消费者大多为家庭购买，消费者偏好简易方便的包装，注重性价比，对品质的要求不是特别高；中高档消费者是收入较高、追求海参品质、对包装有较高要求的消费群体，价格对于他们而言不是考虑购买与否的决定性因素。

3．按地域进行细分

由于产品认知以及文化观念不同，可按地域将海参市场细分为南方市场与北方市场。相比于较为成熟、竞争激烈的北方市场（以大连为代表），南方消费者对海参、对品牌的认知度还不高，因此具有较大的市场潜力。

（二）目标市场选择

经过对消费者以及各个细分市场的研究分析，结合企业的实际情况，我们将进军中高端市场，把中高收入水平的消费者作为主要的目标客户，以质量上乘的中高端海参作为主打产品。依靠海参的高品质来征服市场上的消费者，建立消费者对企业的信任。

（三）产品定位

1．品牌定位

坚持提供高品质的海参，全力打造“呵护我的Ta”。

2．品质定位

提供高品质、全程可溯源的辽参。通过“全程保质”“产品溯源”“私人定制”等特色服务，推广品质上乘的海参产品，在产品质量上严格把关，以百姓的口碑相传作为品牌支撑点。

3．包装定位

通过大气美观的外包装吸引客户，采用玻璃罐和木质镂空礼盒。同时内部的三大黄金卡（“野猪礁”企业文化介绍卡、产品质量证明卡、“参 ID”）有助于客户进一步了解品牌，增强客户对品牌的认同感和忠诚度。

4．价格定位

市面上中端品牌海参的价格一般是每斤800~1 000元，而高端海参的价格则是每斤1 500元左右，在对市面上的海参价格进行调查后，根据海参的质量确定相应价格。“野猪礁”的价格不是最便宜的，但是在同等价格下，“野猪礁”海参的品质却是最好的。

5．宣传定位

结合“野猪礁”的品牌定位和目标市场的选择，我们要求宣传渠道、方式、风格以及广告语的选择都要符合并集中体现中高端消费群体的特点与喜好。

（四）产品开发

根据市场细分与目标市场选择的结果，我们根据不同消费群体的消费特点，将“野猪礁”产品分为两个系列，以满足目标消费群体的要求，并促使其购买。

1．家庭消费系列

家庭消费系列主要面对大众消费市场的家庭消费群体，满足其购买海参以供自己、家人食用的需求。为了满足大众的需求，海参不仅可以批量购买，还可以单个购买。

此外，“野猪礁”还将开发新产品“片儿参”（海参切片），将即食海参切片并包装。由于市面上尚无此种切片，可作为产品差异化战略快速占据海参切片市场。

2．礼品系列

礼品系列主要满足消费者购买海参送亲朋好友，企事业单位订购福利产品以及对产品质量、包装具有较高要求的高端消费群体的需求。礼品系列的海参选用质量最上乘的进行加工。

六、网络营销策划方案

随着海参市场不断升温，大批新兴海参企业涌现出来，海参业风起云涌，品牌竞争日趋白热化，许多先进的营销手段和营销理念不断应用到海参营销中，促使海参市场格局发生很大的变化。除了传统的渠道，“野猪礁”海参只有开拓网络渠道，加强网络营销，才能在激烈的市场竞争中突破重围。

（一）网络渠道的建立

1．第三方平台——电商渠道

由于网络销售日趋火热，“野猪礁”已经计划在天猫商城运营。电商渠道将是企业打入市场重要的渠道之一。商家可以在特殊节日如“双十一”期间推出“片儿参”等活动，为实体终端的销售提供有力补充，在销售初期达到开拓市场的目的。

2．自建平台——“野猪礁”鲜活海参网购商城

为了保证海参交易秩序、提供产品保证，大连 R 有限公司建立了海参网购行业全国最大、最专业的网购平台——“野猪礁”鲜活海参网购商城。该网购商城是集合了企业服务平台系统、400 全国热线支持系统、呼叫转移平台系统、客户数据库管理系统、公益海参知识解答论坛等系统的大型海参网购商城。

3．微信二维码

二维码正在走进百姓的日常生活。在上班的路上拿出手机扫一下二维码，你到办公室时美味的早餐就已经放在你的桌上；游览观光时扫一个二维码便能听到动态的现场讲解。这一切都表示二维码时代已经到来。如今，各行各业都加入二维码潮流，海参行业当然也不落后。各大海参品牌都在网购平台上角力，“野猪礁”也将建立企业的公众号，客户只要扫一下二维码就能通过微信跟企业联系，方便客户随时随地订购海参，与企业互动。

（二）网络推广策略

1．搜索引擎

搜索引擎付费点击广告。网络广告是常用的网络营销策略之一，在产品促销、网站推广等方面均有明显效果。网络广告的常见形式包括横幅广告、关键词广告、分类广告、赞助式广告、E-mail 广告等。这种方法是中小型企业网络营销的首选，一次性投入小且见效快，是最快、最直接也最简单的方法。这种付费点击广告排名第一的是百度竞价排名广告。据权威机构统计，百度占中文搜索市场的比例大约为 60%。如果放弃百度，就等于放弃了 60%的主流客户。

2．搜索引擎优化排名

例如，在百度的关键词搜索结果中先显示竞价排名的结果，后显示自然排名，但竞价排名不管有多少家最多只显示一页，右侧是智能匹配的广告。

（三）网络社交平台

利用微信、微博、博客等网络社交平台，广发一些营销软文，宣传“野猪礁”这一品牌，以培养和引导潜在客户，提高产品的知名度。建立企业的微博、微信公众号，发布企业的产品信息及促销活动，和消费者形成双向互动，将更多的潜在客户转化为企业的实际客户。

（四）网络视频、微电影

将海参的生产、加工全过程录制下来，做成宣传视频，同时针对“野猪礁”这一品牌制作专门的微电影，投放到优酷等热门视频网站，在吸引网民收看的同时，使消费者

增加对“野猪礁”品牌海参的了解，从而实现口碑营销。

（五）食品安全追溯信息平台

利用物联网技术建立统一的食品安全追溯信息平台，对育苗、养殖、加工及销售等生产经营环节实现全程追溯，采用RFID技术为每只“野猪礁”海参配发“参ID”（电子身份证），通过“参 ID”可以查询到这只海参从育苗到销售的详细信息，让客户放心购买、放心食用。同时，针对客户私人定制的需求，“野猪礁”借力网络的便捷性，每天为限定数量的客户提供视频直播、现场料理、一对一服务及其他满足客户个性化需求的私人定制服务。

七、网络营销的组织保障

（1）网络市场开发部：通过研究市场情况、品牌宣传等方式，利用网络全面扩大品牌知名度，提升品牌价值。

（2）网络销售部：依据公司总体战略目标和规划，制定并完成销售目标，运用网络平台与客户保持良好沟通，满足客户需求，实现企业战略目标。

（3）网络技术支持部：主要负责企业网络交易平台的开发和维护，提供网络技术支持。

（4）网络宣传部：主要负责品牌宣传，通过网络技术对品牌进行推广。

（5）客户服务部：主要负责解答客户疑问，协助客户进行网上交易。

（6）订单管理部：主要负责处理客户订单，确保客户购买顺利完成。

（7）物流运输部：将产品及时、准确地送至客户手中。

（8）仓储部：通过对库存商品以及原料的合理规划，确保供销一体化，提高生产效率。

（资料来源：孟韬《市场营销：互联网时代的营销创新》）

思考题：

为你家乡的特色产品设计一个网络营销策划方案。

3. 实战训练

实战项目14　营销策划书的完善与推介研讨

项目要求：

运用营销策划书的完善与推介的学习内容，选择为一家企业撰写营销策划书，并进行完善、推介，在“营销策划书的完善与推介研讨会”上宣讲，由同学们讨论、评议，教师指导，达到交流、提高的目的。

附录A

“营销活动策划方案分析研讨”工学结合团队项目任务化实战培养模式

1.“营销活动策划方案分析研讨”工学结合团队项目任务化实战培养模式的特色

依据“营销策划实务”课程的定位，为了实现课程培养目标，在每个项目中增加项目策划实战，与线上线下营销活动策划理论同步进行诊断分析、策划，使学生通过每个实战策划项目认识营销策划、体验营销策划与实践营销策划。根据“营销策划实务”课程的培养目标，设计了 14 个“市场营销活动策划方案分析研讨”工学结合团队项目，让学生针对选择的企业运用学习的营销策划理论同步进行诊断分析、策划，形成实战培养模式的特色。

（1）改变了传统的由教师依据每个项目内容主观设计实战内容和方式的做法。

（2）改变了课后主观设计实战内容和方式，采取课前按照营销策划岗位工作内容和工作任务整体设计实训内容和方式，与学习内容同步进行。

（3）改变了传统实训方式“空对空”（虚）缺乏针对性、实践性的做法。由学生针对实际存在营销问题的企业进行诊断、策划，变“虚”为“实”。

（4）采用团队化运作，项目管理的方式，培养学生团队意识。

（5）通过撰写、宣讲、答辩、分享，培养学生应用写作的能力、语言表达的能力、应变能力，达到相互学习、相互启发、相互促进的目的。

因此，“营销活动策划方案分析研讨”团队项目任务化实战培养模式突出了实战，体现了职业性、实践性、技能性，使学生在真实的企业营销环境中体验市场营销实践活动，有利于学生职业能力和社会能力的培养。

2.“营销活动策划方案分析研讨”工学结合团队项目任务化实战培养模式的内容

实战项目 1　组建项目团队

项目要求：

按照自愿组合的原则，4～6 人组建项目团队。民主选举队长，由队长组织团队成员进行CIS设计，确立团队理念，根据团队理念设计队名、队旗、队歌、团队分工和管理制度。每次上课时，每个团队由队长带领成员展示团队形象，朗诵队名、团队理念，合唱队歌，增强团队意识，培养学生团队合作的能力。

实战项目2　品牌营销策划方案分析研讨

项目要求：

选择一家公司，运用品牌营销策划的学习内容，团队成员对该公司的品牌营销现状进行分析，提出建设性意见，撰写××公司品牌营销策划方案，制作PPT，在“××公司品牌营销策划分析研讨会”上宣讲，由同学们讨论、评议，教师指导，达到交流、提高的目的。

实战项目3　服务营销策划方案分析研讨

项目要求：

选择一家公司，运用服务营销策划的学习内容，团队成员对该公司的服务营销现状进行分析，提出建设性意见，撰写××公司服务营销策划方案，制作PPT，在“××公司服务营销策划分析研讨会”上宣讲，由同学们讨论、评议，教师指导，达到交流、提高的目的。

实战项目4　情感营销策划方案分析研讨

项目要求：

选择一家公司，运用情感营销策划的学习内容，团队成员对该公司的情感营销现状进行分析，提出建设性意见，撰写××公司情感营销策划方案，制作PPT，在“××公司情感营销策划分析研讨会”上宣讲，由同学们讨论、评议，教师指导，达到交流、提高的目的。

实战项目5 会员营销策划方案分析研讨

项目要求：

选择一家公司，运用会员营销策划的学习内容，团队成员对该公司的会员营销现状进行分析，提出建设性意见，撰写××公司会员营销策划方案，制作PPT，在“××公司会员营销策划分析研讨会”上宣讲，由同学们讨论、评议，教师指导，达到交流、提高的目的。

实战项目6　事件营销策划方案分析研讨

项目要求：

选择一家公司，运用事件营销策划的学习内容，团队成员对该公司的事件营销现状进行分析，提出建设性意见，撰写××公司事件营销策划方案，制作PPT，在“××公司事件营销策划分析研讨会”上宣讲，由同学们讨论、评议，教师指导，达到交流、提高的目的。

实战项目7　文化营销策划方案分析研讨

项目要求：

选择一家公司，运用文化营销策划的学习内容，团队成员对该公司的文化营销现状进行分析，提出建设性意见，撰写××公司文化营销策划方案，制作 PPT，在“××公司文化营销策划分析研讨会”上宣讲，由同学们讨论、评议，教师指导，达到交流、提高的目的。

实战项目 8　会议营销策划方案分析研讨

项目要求：

选择一家公司，运用会议营销策划的学习内容，团队成员对该公司的会议营销现状进行分析，提出建设性意见，撰写××公司会议营销策划方案，制作 PPT，在“××公司会议营销策划分析研讨会”上宣讲，由同学们讨论、评议，教师指导，达到交流、提高的目的。

实战项目 9　体验营销策划方案分析研讨

项目要求：

选择一家公司，运用体验营销策划的学习内容，团队成员对该公司的体验营销现状进行分析，提出建设性意见，撰写××公司体验营销策划方案，制作 PPT，在“××公司体验营销策划分析研讨会”上宣讲，由同学们讨论、评议，教师指导，达到交流、提高的目的。

实战项目 10　软文分析研讨

项目要求：

选择一家公司，运用软文营销策划的学习内容，团队成员对该公司的软文营销现状进行分析，提出建设性意见，为××公司撰写一篇软文，制作 PPT，在“××公司软文分析研讨会”上宣讲，由同学们讨论、评议，教师指导，达到交流、提高的目的。

实战项目 11　社群营销策划方案分析研讨

项目要求：

选择一家公司，运用社群营销策划的学习内容，团队成员对该公司的社群营销现状进行分析，提出建设性意见，撰写××公司社群营销策划方案，制作 PPT，在“××公司社群营销策划分析研讨会”上宣讲，由同学们讨论、评议，教师指导，达到交流、提高的目的。

实战项目 12　网络营销策划方案分析研讨

项目要求：

选择一家公司，运用网络营销策划的学习内容，团队成员对该公司的网络营销现状进行分析，提出建设性意见，撰写××公司网络营销策划方案，制作 PPT，在“××公司网络营销策划分析研讨会”上宣讲，由同学们讨论、评议，教师指导，达到交流、提高的目的。

实战项目 13　新媒体营销策划方案分析研讨

项目要求：

选择一家公司，运用新媒体营销策划的学习内容，团队成员对该公司的微信营销、直播营销或视频营销现状进行分析，提出建设性意见，选择一种营销方式，撰写××公司微信营销、直播营销或视频营销策划方案，制作 PPT，在“××公司新媒体营销策划分析研讨会”上宣讲，由同学们讨论、评议，教师指导，达到交流、提高的目的。

实战项目 14　营销策划书的完善与推介研讨

项目要求：

运用营销策划书的完善与推介的学习内容，选择为一家企业撰写营销策划书，并进行完善、推介，在“营销策划书的完善与推介研讨会”上宣讲，由同学们讨论、评议，教师指导，达到交流、提高的目的。

参考文献

[1] 陈德人. 网络营销与策划：理论、案例与实训（微课版）[M]. 北京：人民邮电出版社，2020.

[2] 马继刚,王娟. 网络营销与策划项目教程[M]. 第2版. 北京:机械工业出版社,2019.

[3] 秦阳，秋叶. 社群营销与运营[M]. 北京：人民邮电出版社，2017.

[4] 谢佩峰，叶青，吴磊. 社群营销与运营实战[M]. 武汉：华中科技大学出版社，2019.

[5] 刘望海. 新媒体营销与运营：从入门到精通（微课版）[M]. 北京：人民邮电出版社，2018.

[6] 谭贤. 新媒体营销与运营实战从入门到精通[M]. 北京：人民邮电出版社，2017.

反侵权盗版声明